셰프의 맛집

글과 사진 임선영

Chef in
Restaurant

상상출판

prologue
프롤로그

어머니의 손을 잡고 종종 시장에 따라나서곤 했다. 양손에 든 짐이 아무리 무거워도 국물떡볶이 한 그릇이면 힘이 솟았고 운동회 달리기 일등을 했다고 사주시는 돈가스 한 입에 칼 루이스가 된 기분이었다. 중학생이 되면서 학교 앞 중국집에서 자장면의 맛을 알았고 고등학교 때에는 어머니와 우아하게 경양식점에서 함박스테이크 써는 법을 배웠다.

음식을 먹으면서 희로애락을 알아간 나는 음식을 만드는 사람이 되고 싶었다. 내가 만든 음식이 다른 이에게 행복을 주고 슬픔을 견디게 해줄 힘이 될 수 있다면 그만큼 보람 있는 일이 없을 것 같아서. 마침 전 세계를 무대로 이름을 날리는 요리사의 다큐멘터리를 보게 되었다. 그땐 내 운명에 찬란한 빛이 비추는 듯했다.

고등학교를 졸업하고 요리 유학을 떠날 꿈을 꾸었으나 가정 형편이 넉넉지 않아 그 말을 입에 담지도 못했고 대학은 등록만 해 두고 오랜 시간 등록금 마련을 위한 아르바이트를 전전해야 했다. 학교 앞 식당에서의 아르바이트였다. 그렇게 시간을 보내다 자연스럽게 대학을 졸업하고는 할머니께 배운 국밥 솜씨로 동네에 작은 설렁탕집을 운영하는 한 여자가 되어 있었다.

다행스럽게도 나에게 재능이 있었는지 작은 설렁탕집에는 동네 손님이 점점 늘었고 매출도 꽤 늘었다. 그런데 할머니께서 손맛을 가르쳐 주실 때 한 가지 조건을 내세우셨다. 음식을 팔면서 번 돈은 다시 베풀어야 한다는 것. 그래서 주말이면 동네 공원에 나가 독거 어르신들에게 국밥을 나눠 드리며 할머니께 진 빚을 갚아 나갔다.

그러기를 몇 년째, 비가 내리던 어느 날 한 어르신이 내 국밥통 옆에 보자기로 싼 무언가를 슬쩍 두고 가시는 게 아닌가. 바빠서 열어 보진 못했지만 자리로 돌아와 그 보자기를 연 순간 나는 깜짝 놀랐다. 낡고 두툼한 수첩 하나와 반짝반짝 빛나는 황금수저가 있었기 때문. 그 수첩에는 손글씨로 정성스럽게 써내려간 메시지가 있었다.

"여기, 우리나라에서 최고로 가는 식당과 요리사들의 손맛을 기록한다. 음식의 맛은 가히 문화재라 할 수 있으나 아직 맛본 이들이 많지 않고 언제 바람처럼 사라질지도 모르니 나는 이를 기록하여 대대손손 남기기를 원한다. 음식을 하는 마음과 재주를 지닌 이에게 이를 이어 주고자 이 황금수저를 전한다. 이 수저를 내밀면 아래 적힌 식당에서 음식을 맛보며 훌륭한 요리사의 지침을 얻을 수 있을 것이다. 그 비용은 내가 먹은 음식의 값을 지불하면서 먼 훗날 누가 찾아오면 같은 음식을 대접해 달라고 부탁해 놓았다. 부디 황금수저가 좋은 주인을 만나 그 음식이 언젠간 사라져도 사람의 가슴 속에 기억되기를. 백 년이 지나도 그 음식의 맛과 가치가 재현될 수 있기를 바란다."

그리고 그 뒷장에는 식당의 이름과 요리 이름이 적혀 있었다. 나는 다음 날 바로 공원에 나가 그 어르신을 찾아봤으나 그의 흔적조차 찾을 수 없었다. 주변 어르신들께 물어보니 한때 호텔계에서 요리 솜씨로 이름을 날린 유명한 요리사라는 말밖에 들을 수 없었다. 돌아오는 길에 황금수저를 품에 꼭 안았다. 왠지 아버지가 다시 돌아와 대한민국 최고의 요리사가 되리라던 나의 오랜 꿈에 날개를 달아 주시는 것 같았다.

그날 이후로, 나는 가게에서 더욱 열심히 설렁탕을 끓였고 재료가 다 떨어지면 수첩에 적힌 식당을 하나씩 순례하기 시작했다. 동네의 쓰러져 가는 작은 식당, 이미 3대에 걸쳐 크게 이름을 드날리는 음식점, 개인이 이름을 걸고 하는 베이커리와 기업의 거대한 자본을 바탕으로 만들어진 브랜드까지. 이런 식당들을 단순히 방문만 하는 것이 아니라 나는 그 음식을 만들어 내는 셰프들까지 만나볼 수 있었다. 한식을 비롯한 세계요리의 전문가들과 좋은 음식을 만드는 손맛과 그 마음을 서로 공유할 수 있는 시간이었으며 그들은 이런 나의 질문에 내 어깨를 다독이며 그들의 미각과 요리 인생을 만들어 준 또 다른 맛집으로 나를 안내해 주었다.

황금수저의 위력은 대단했다. 사람을 살리는 음식이 무엇인지, '영혼의 손맛'이라고 감히 칭할 수 있는 맛에 대해 알게 되었다. 나는 이 황금수저로 음식의 맛을 보면서 머리에 서광이 비추는 듯한 느낌을 받았으며 음식을 위해 평생을 바친 장인들의 고결함까지 배울 수 있었다. 그 순간의 기록을, 그들의 맛집에 관한 이야기를 여기에 남긴다.

2015년 11월 30일
임선영(@ISYFOODLE)

• 목차

prologue 4

Menu
한식

Intro 밥의 몸, 국의 마음, 반찬의 축복 19
Interview 김태영 〈수불〉 경영자 20

자하 손만두 26
우래옥 27
봉피양 28
오장동 흥남집 30
김씨도마 31
락희옥 32
툇마루 된장예술 33
장서는 날 34
하모 35
봉쥬르밥상 36
자연은 맛있다 37
한성칼국수 38
양양메밀막국수 39
베테랑 칼국수 40
진주회관 41
이문설농탕 42
외고집설렁탕 43
영동설렁탕 44
대성집 45

부여집 46
형제추어탕 47
구마산추어탕 48
원주추어탕 49
춘엽순댓국 50
미락복아구찜 51
부부 청대문 52
강남따로국밥 53
동경전통육개장 54
듬북담북 55
우리바다수산 56
골목안 생태집 58
윤칼치 59
마포구이구이 60
장성 생태탕 61
노들강 62
진동회집 64
굴다리 식당 65
한옥집 66
장꼬방 묵은지 김치찌개 67
진고개 68
역전회관 70

맛나곱창 71
성일정육점 72
오삼부대찌개 숙주삼겹살 73
오가네 족발 74
대성갈비 75
마포원조주물럭 76
경동시장 포장마차 78
백년옥 79
피앙콩 할머니 80
춘천메밀막국수 81
희락갈치 82
감나무집 기사식당 83
리김밥 84
마복림할머니 떡볶이 85
한성돈까스 86
남산왕돈까스 87
방배기사식당 88
토속촌 89
동지팥죽 90
서래전집 91
양촌쿠킹 92

Interview 강민구 〈밍글스〉 셰프 94

무궁화 100
정식당 104
콩두 108
권숙수 110

Menu
양식

Intro 단막극을 오페라로 각색하는 요리의 힘 117
Interview 류태환 〈류니끄〉 셰프 119

레스쁘아 뒤 이브 124
파시오네 125
라싸브어 126
수마린 127
줄라이 128
테이블포포 130
비스트로 드 욘트빌 131
톡톡 132
다이닝텐트 133

Interview 이찬오 〈마누테라스〉 셰프 134

브레라 140
앙드뜨와 141
피자피케이션 자하 142
몽고네 143

Interview 피에르 가니에르
〈피에르 가니에르 서울〉 셰프 **144**

유로구르메 **150**
그라노 **151**
일 치프리아니 **152**
파올로 데 마리아 **153**

Menu
일식

Intro 내 안의 정직함과 대면하는 맛 **157**
Interview 남창수 〈미나미〉 셰프 **158**

조금 **164**
스바루 **165**
쥬안 **166**
이꼬이 **167**
제이타파스 인 스페이스 **168**
아비꼬 **169**

이치류 **170**
우동 카덴 **172**
교다이야 **173**
요멘야고에몬 **174**
그릴밥상 **175**
박용석 스시 **176**
코지마 **177**
마루심 **178**
와라쿠샤샤 **179**

Menu
중식

Intro 근사한 중국집은 동네의 축복 **183**
Interview 이연복 〈목란〉 셰프 **184**

현래장 **190**
신성각 **191**
호화반점 **192**
안동장 **193**
만다린 **194**

대성관 195
주 196
차이린 197
산동교자관 198
청키면가 199
쮸즈 200
오향만두 202
하하 203

Menu
디저트

Intro 새벽별 여행자의 메시지를 전하려 207
Interview 유기현 〈브래드랩〉 셰프 208

빠니스 214
빙봉 215
이도다이닝 216
더 플레이트 28 218
25브런치카페 219
태극당 220
쟝 블랑제리 221
리치몬드 제과점 222
올드 크루아상 팩토리 224
더 디저트 226
백미당 228
마랑코코 230

펠앤콜 231
디저트리 232
메종 엠오 233
몽상클레르 234
빠띠슈 235
부티커리 미엘르 236
오월의 종 + 커피 리브레 238
프린츠 커피 컴퍼니 242
북스쿡스 244
라본트 타르트 245
롤링핀 246
파파스 해피 파이 250
길트프리 252
끝고당 253
일 젤라또 254

Interview 제프리 해멀먼 셰프 256

어니스크 262
아티장 베이커스 263
루스티크 264
외계인 방앗간 266

epilogue 268

Menu
한 식

Restaurateur / 김태영
Chef / 강민구

Intro

밥의 몸,

        국의 마음,

                반찬의 축복

혼자 먹는 음식에도 추억이 깃들랴만
하늘도 땅도 아닌 밥그릇을 바라본다
따끈한 국물에 얼굴이 뜬다
나에게 반응하는 밥상의 온도
노곤하여 돌아가는 퇴근길에 설렁탕은 천천히 들라며 나른하게 식어 갔고
급히 먹고 나서야 할 아침밥은 홑이불 같은 밥덩이가 발구름판이 된다.
하소연을 하듯 국밥을 꾹꾹 말고 시큰둥한 기대로 김치 한 점 올리면
그 한술 입안에서 와락 나를 껴안으니
밥상을 물리고 다시 걷는 첫 발자국
내 나이는 그렇게 밥상으로 먹어 갔다
밥의 몸, 국의 마음
동그란 쟁반 내어 다가오던 꽃 같은 반찬의 축복

Interview

명문대 경영학과를 졸업한 청년이 뜬금없이 막걸리와 어울리는 한국 음식을 팔겠다고 했다. 사람들은 말렸다. 더 잘나가는 일을 하라고. 묵묵히 서래마을에 터를 잡고 오픈한 그날은 2010년 4월이었다. 춥지도 덥지도 않은 늦은 봄의 마지막 주 금요일. 그 이름을 술의 옛말인 '수불'이라고 지었다.
수불은 한국 사람도 좋아하고 외국인도 좋아하며, 전통주는 물론 와인도 곁들이고 이제는 서울에서 한국 음식을 멋스럽게 즐길 수 있는 대표 레스토랑으로 손꼽힌다. 섬세한 눈빛을 지니고 조용조용한 말투로 이야기하며 마음먹으면 꼭 해내는 강인한 추진력을 가진 김태영 대표를 만났다.
김태영 대표는 함축성에 주목했다. 혼자가 아니라 직원들과 각 지역의 명인들, 대학 교수진과 함께 연구한다. 그리고 마침내 손님들도 흥분하고 좋아할 수밖에 없는 음식을 만들어 테이블에 선보인다. 그것이 김태영, 이 한 사람이 특별할 수밖에 없는 이유가 아닐까.

김태영 〈수불〉 경영자

가치 있는 자원을 주고 돈을 받는 것이 비즈니스의 본질이라면 사람들에게 행복감을 주는 것을 생산하고 싶었다고 말하는 김태영 셰프. 그는 2003년에 한식 조리 기능사, 조주 기능사, WSET Advanced Level3를 취득하고 Johnnie Walker Bartender 과정을 수료했다. 2009년에는 막걸리 학교 및 전통주 연구소 가양주반을 수료하였으며 2010년에 ㈜수불의 문을 열었다. 현재에는 수불뿐만 아니라 ㈜피읖의 대표로도 있다.

술향과 장맛이 익어가듯
성숙됨이 맛을 냅니다

음식에 관심을 가지게 된 계기
대학 시절, 벤처사업의 주제와 관련된 수업에서 자꾸만 요식업에 대한 주제를 선택하게 되더라고요. 아르바이트를 하는데도 대학 주변의 식당은 분야별로 다 섭렵했던 것 같고요. 이상하게 끌렸어요. 공군장교로 입대하면서도 우연인지 필연인지 음식 관련 부서에 속하게 되었어요. 만화를 볼 때도 『드래곤볼』 같은 만화는 한번 읽고 그만인데 『미스터초밥왕』 같은 만화를 집으면 마음까지 두근거리는 겁니다.

좋아하는 것을 일로 만들 수 있던 원동력
가치 있는 자원을 주고 돈을 받는 것이 비즈니스의 본질이라면 사람에게 행복을 주는 것을 생산하고 싶었어요. 제가 좋아하고 잘할 수 있는 것을 생각했어요. 결론은 '술도 좋아하고 음식도 좋아하니 술에 어울리는 음식을 하자'였죠.

그런데 왜 한식이었나
발전 가능성을 따져 봤을 때 글로벌 시장으로 확장시킬 수 있는 나의 장점은 한식이라고 생각했어요. 그때만 해도 막걸리는 시골 아저씨들이나 마시는 값싼 술이었죠. 그래서 제가 막걸리와 어울리는 식당을 하겠다니 친구들이 이해를 하지 못하는 거예요. 그들을 이해시키기까지 꼬박 5년이 걸렸네요. 그 친구들이 이제는 누구보다 막걸리를 멋스럽게 즐긴답니다.

자신의 식당을 운영하기까지
음식점의 성패는 입지가 중요하니 서울에 안 다녀 본 데가 없었습니다. 서울 지도에 갔던 곳을 점 찍어 보라면 검은 물감을 확 부어버려도 될 정도였으니까요. 당시에 막걸리 학교에서 전통주를 배우고 있었는데 땀 흘리며 시장조사를 하던 저에게 지인께서 서래마을에 마침 자리가 났다고 이곳을 추천해주셨습니다. 의외로 가격 문턱도 높지 않고 길가에서 눈에 띄는 자리였어요. 특히 서래마을의 고즈넉하고 문화적인 분위기가 마음에 들었습니다. 그렇게 지인의 도움으로 수불의 1호점을 열게 되었죠. 만약 강남 쪽으로 갔다면 여태까지 고전하고 있었을 거예요. 그때 이곳을 추천해주신 분께 너무 감사드리죠.

본인이 추구하는 음식

현재 메뉴는 1호점 때와 많이 바뀌었어요. 그러나 바뀌지 않는 것은 수불의 음식철학입니다. 저희는 태생이 모던한 한식이에요. 그러니 변화의 방향은 전통을 보완하는 방향으로 이루어졌지요. 수불을 찾는 단골손님께 두세 번 방문해도 똑같은 음식을 드리는 것이 죄송스러웠습니다. 그래서 조금씩 개선한 것이 결과적으로 오늘날의 메뉴가 되었네요. 저희 주방은 정통 한식을 고집하지 않아요. 육회의 재료로 파르피초 형식을 낸다면 외국인들도 편하게 받아들이더라고요. 그러나 음식의 기본인 장에는 전통의 가치를 살리는 데 중점을 두고 있습니다. 아직 직접 장을 담글 정도는 되지 않으나 항상 좋은 장을 공수해 이용합니다.

한식을 발전시키는 일이란

한식의 전통 문화를 살리기 위해 특별한 일들을 시작했어요. 향토의 전통 식문화를 지역적으로 국한시키지 않고 서울 한가운데로 가져오는 작업이에요. 첫째는 '찾아가는 양조장'이라고 향토 문화를 대표하는 전통 양조장에 찾아가 명인의 술맛을 배우고 그 술과 어울리는 한식을 개발하는 일입니다. 이때 요리는 양조장 인근의 식재료를 활용했죠. 일례로 송명섭 명인의 막걸리와 죽력고를 만드는 양조장을 찾아가 그 맛의 진미를 보았어요. 그리고 그윽한 향미와 그 맛에 어울리는 음식인 불고기와 나물전을 개발했습니다. 그리고 이 일은 수불 매장에서 손님들이 술과 음식을 즐기는 것으로 완성되었죠. 둘째는 와인을 공부했습니다. 한식이 와인과 어우러질 때 비로소 와인에 익숙한 외국인들도 편안히 곁들여 먹을 수 있다는 생각이 들었거든요. 테이블에 와인이 있으면 분위기가 한결 부드러워져요. 국가 정상급 회담에도 전통주를 놓지만 꼭 엄선한 와인을 같이 곁들이는 것이 그 이유예요. 저는 전통주와 한식의 품격을 정의하는 데 와인이라는 브로치를 활용하고 싶었어요.

좋은 음식이란 무엇인가

손님들이 수불을 찾으면 음식에 사람의 소신이 기분 좋게 담겨 있다고 평가합니다. 수불에 가서 밥 한 끼를 먹으면 제 몸에 꼭 맞는 옷을 입은 것처럼 편안하고 기분 좋다고 말씀하시죠. 적정 가격을 지키며 국산 제철 재료를 사용하고 장맛이 훌륭하기 때문일 거예요. 흑임자 치킨이 여태껏 베스트셀러인 이유도 이와 관련되어 있을 겁니다. 바삭하게 튀긴 닭고기에 달콤한 소스를 입히고 국산 흑임자를 뿌린 한 접시. 맥주에도, 전통주에도, 그리고 와인에도 어울리니까요.

식당을 운영할 때 지키고자 하는 원칙은

저는 음식에 대한 환상을 정확한 정보로 대체하려고 노력해요. 그래서 음식 관련 교육에 참 관심이 많습니다. 이런 교육을 외부에서 배우는 것보다 수불 내에서 진행해요. 그럼 저 혼자뿐만 아니라 직원들도 체득할 수 있으니까요. 사장 혼자 잘나가는 조직 보다는 함께 일하는 사람들이 성장하는 공동체로 만들고 싶습니다.

한식의 발전을 위해서

저는 한식의 정의를 내리는 것보다는 현대적으로 살리는 방법에 관심이 많습니다. 김치라는 것을 정의하는 데도 사람들마다 다른 관점을 가질 수 있어요. 저는 다양성을 어떻게 현실에 살려나가는가에 중점을 둡니다. 전통 문헌에 근간하여 한식을 연구하시는 분들을 저는 깊이 존경합니다. 그분들의 노고가 저에게는 든든한 기본이 되니까요. 그리고 제가 할 일은 기본을 잘 갖추되 도시 사람들도 편하고 맛있게 먹을 수 있는 한식을 만드는 일이에요. 관건은 조화라고 생각됩니다. 전통과 현대, 이론과 현실, 맛과 문화. 이들을 은근하게 조화시킬 수 있는 음식과 공간에 '수불'이라는 이름을 걸고 싶습니다. 저는 전통을 복원하는 작업도 좋아해요. 『동의보감』에 기재된 약방으로 전통 약주를 만들어 손님께 선보였어

요. 참 반기시더라고요. 저는 그런 반응 하나하나가 너무 고마워요. 손님들과 함께 전통을 복원하고 현대에 맞게 재조명하며 얻게 된 성과는 참으로 큽니다.

세계에 펼치는 꿈
외부적으로 반가운 제안이 많이 왔어요. 특히 미얀마와 인도네시아 등 한류가 인기 있는 아시아 국가에서 수불을 자국에 열자는 제의를 해왔습니다. 현지의 한국 문화에 대한 애정은 참 대단했어요. 어떤 전문가분의 말씀으로는 한국 문화가 이 정도의 영향력을 갖기는 단군 이래 최초라고 표현하시더군요. 직접 나가 보니 일하기 참 좋은 시기라고 느껴졌어요. 이 고마운 기회를 잘 타보려고 해요. 준비와 힘이 필요한 시기입니다.

앞으로 추구하는 방향
저에게는 손님도 중요하지만 함께 일하는 직원들도 중요합니다. 모두 만족하고 행복해질 수 있는 곳이 수불이 되기를 바라거든요. 직원이 성장하고 만족해야 진정 마음이 담긴 서비스가 가능하다고 믿으니까요. 그래서 저는 직원들에게 한 가지를 강조합니다. 100점은 바라지 않는다. 80점이면 훌륭하다. 완벽을 추구하다 보면 무리하게 되고 자신의 몸을 혹사시키기 마련인데 그런 열정은

순식간에 불타오를지 모르나 지속적인 온기를 내지는 못해요. 그보다는 현재 조금 부족하더라도 20%의 부족함은 미래로 넘겨두고 이를 위해 내일을 준비하는 자세를 직원들과 함께하고자 합니다. 그래서 수불의 기업 문화를 만들어 가려 합니다. 이제 3호점이 되면서 조직이 확대되기 시작했고 곧 한 사람이 직접 관리할 수 있는 규모를 넘어서게 돼요. 이 규모를 이끌고 자생력으로 살아남기 위해서는 정확히 방향을 지시하는 캡틴과 배와 동료를 자기의 생명처럼 여기는 선원들이 합심해야 합니다. 그래서 그 배가 행복의 나라로 순항하는 배로 만들고 싶어요.

미래의 키워드 한식, 멋있을 수밖에 없는 이유
한국에서는 비만 체형인 사람도 미국이나 유럽으로 가면 슬림해 보이죠. 그만큼 한국인들이 적정 체중을 유지하고 있는데 그 주원인은 한식에 있습니다. 특히 전통장은 암흑 속에 가려진 보석이죠. 발효 과정에서 이미 잘 숙성된 맛이기에 어떠한 요리나 소스에도 빠르게 활용할 수 있어요. 전통장의 함축성은 참 깊고 풍요롭습니다. 이는 다른 외국 어느 음식 문화와 비교해도 뒤떨어지지 않아요. 함축된 것을 제대로 풀어내는 일이 저의 숙제이자 세계인에게 한식이라는 맛과 감동의 세계로 빠져들게 하는 중요한 열쇠가 될 것입니다.

사랑할 수 있도록 사랑해 준 그 사람
수불

내가 필요한 사람에게 한 잔, 나를 필요로 하는 사람에게 한 잔, 눈앞에 앉아 체온을 나누는 이에게 한 잔, 눈에는 없으나 나와 마음을 나누는 이에게 한 잔. 3년 숙성된 된장으로 맛낸 삼겹살 덮밥에 조선 명주 네 잔을 곁들이니 내면이 평온해지는 느낌. 투명한 잔 위로 아련히 떠오르는 사람들. 내가 누군가를 사랑할 수 있도록 나를 사랑해 주던 사람들의 얼굴이 그 위로 흘러간다.

한식의 기본과 깊이를 살린 식사와 명주를 즐길 수 있는 곳
수불에서 마시는 조선 명주 시리즈는 그 어디서도 찾아볼 수 없는 귀한 메뉴다. 관서감홍로와 전주 이강주, 정읍 죽력고는 깔끔하면서도 여운이 길다. 내 나라, 내 땅에서 나와 같은 사람이 숙성시킨 술을 마주하니 흘러간 시간이 이슬 같다. 김태영 대표는 한식에 대한 고민이 많은 젊은 오너다. 그 바쁜 광화문 사람들의 점심시간에 밥 익는 시간을 기다리라 명하고 땅에 가서 양파도 캐오고 전국을 돌아다니면서 명주를 골라왔다. 하얀 셔츠의 젊은 청년. 수불의 한식은 그를 닮아 열정과 절제, 그리고 깊음을 갖추었다. 기본이 충실한 이에게 형식과 틀은 열려 있으니 더함도 덜함도 없다.

서래마을 본점
ADD 서울시 서초구 반포동 88-6 영창빌딩 1층
OPEN 11:30~01:00(브레이크 타임 15:00~18:00)
TEL 02-3478-0886
PARKING 발레파킹
MENU 흑임자 치킨 2만원, 점심특선(차돌 영양 들깨탕, 된장소스 삼겹살 덮밥 정식 등) 1만 원대, 저녁세트(샐러드, 흑임자 치킨, 고추장 스테이크 등) 2~3만 원대, 한국의 명주 테이스팅(관서감홍로, 전주 이강주, 정읍 죽력고) 1만원

광화문점
ADD 서울시 종로구 도렴동 65 센터포인트 2층
TEL 02-6262-0886

#흑임자치킨은마성 #술을부르는한식 #장맛도좋아서 #한번오면또오게 #믿음

벼랑에 서거들랑
이 만둣국을
자하 손만두

살다가 한 번쯤은 벼랑 끝에 설 때가 있을 거야. 어머니는 이미 늙고 병들어 나에게 부빌 언덕이라곤 없을 테지. 그러면 나는 이 따뜻한 만둣국을 떠올릴 거야. 따뜻한 온기를 터질 듯하게 보듬은 만두피. 도톰한 그 살 한 덩이 물어 따끈한 고기육수를 목으로 넘기며 그래도 나는 사랑받았노라고 되뇔 거야.

ADD 서울시 종로구 부암동 245-2
OPEN 11:00~21:30
CLOSE 명절 연휴
TEL 02-379-2648
PARKING 발레파킹
MENU 만둣국 1만2,000원, 떡만둣국 1만2,000원, 물만두 7,000원, 편수만두 5,500원, 만두전골 3만7,000원

만두 하나도 예술이 된다 만두 하나도 예술이 된다는 것을 보여 주는 곳이다. 만둣국의 탕국마저 향기로워 한 그릇 마시면 자연스럽게 산이 어우러지는 창밖을 바라보게 된다. 1993년 인왕산이 일반인들에게 공개되면서 이곳에 문을 열었다. 숙주와 돼지고기, 두부가 선물 꾸러미처럼 빚어진 서울식 만두. 고기 우려낸 맑은 육수가 마음을 차분히 달래주고, 창으로 보이는 오후의 언덕이 깍두기와 더불어 가장 맛깔스러운 찬이 된다. 할머님 손맛을 이어 지금은 손녀따님이신 박혜경 씨가 운영한다. 만두를 시금치와 당근, 비트로 물들여 맛에 아름다움을 입히고, 떡만둣국에는 개성식 조랭이 떡이 들어간다. 여름에는 야채를 듬뿍 넣어 개운하게 만든 편수만두가 인기 있다. 이곳 만둣국 맛을 잊지 못해 외국에서 오면 꼭 이곳을 찾는다는 사람들이 많다.

ISYFOODLE #고운할머님손맛 #양반집한옥집 #인왕산에오르면 #우아한만둣국 #먹고나면어깨으쓱 #가슴쓰담쓰담

할아버지 손잡고
불고기와 냉면
우래옥

두툼한 할아버지의 손잡고 이곳에 왔었지. 온면의 따뜻한 육수를 손녀에게 먹인 후 고기판 위에 자작해진 양념장에 살며시 면을 풀어내셨어. 그럴 때면 불고기는 자작자작 빗소리를 내며 끓어가곤 했지. 육즙과 간장 양념이 면발에 스며드는데 거기선 신기하게도 할아버지 향이 났어.

ADD 서울시 중구 주교동 118-1
OPEN 11:30~21:30
CLOSE 월요일, 명절 연휴
TEL 02-2265-0151
PARKING 식당 앞 주차공간
MENU 평양냉면 1만2,000원, 갈비탕 1만2,000원, 불고기 3만원, 생등심 5만2,000원

평양냉면과 불고기로 을지로를 60년 동안 지킨 곳 삼삼한 양념의 불고기는 버섯과 어우러져 깊고 그윽한 향기를 내며 평양냉면은 소고기, 돼지고기, 노계, 감초, 생강, 양파 등으로 육수를 내어 메밀면과 잘 어우러진다. 순 메밀로 만든 구수한 면은 입에서 툭툭 끊기는 게 매력. 쌉싸래한 구수함이 냉면 마니아들에게 사랑받는 이유다. 삼삼한 양념의 불고기도 꼭 먹어 봐야 하는 메뉴. 입에서 살살 녹는 육질은 별다른 설명 없이도 좋은 고기임이 단번에 느껴진다. 설명을 안 해도 입으로, 마음으로 알게 되는 맛. 어르신도 좋아하지만 아이들도 좋아하는, 세대를 넘나드는 맛집이다. 불고기를 먹다가 그 육수에 메밀면 사리를 적셔 먹는 것도 이집에서만 맛볼 수 있는 별미다.

ISYFOODLE #평양냉면명가 #이만하면문화재 #메밀100%순면 #은은한육수맛 #불고기도꼭맛보길 #불고기육수에메밀면투하

평양냉면 휘파람
봉피양

돌이킬 수 없는 이별에 서글퍼 면발을 휘휘 저으니 웅어리진 가슴에 그리움이 풀어진다. 메밀꽃처럼 쏟아지던 그의 웃음소리, 나의 서늘한 뒷모습을 따스한 손길로 안아주던 그 사람. 면발엔 사랑 대신 식초 두 방울. 육수엔 그리움 대신 겨자 세 방울. 평양냉면 휘휘 감아 부르는 사랑노래. 호르륵 사박사박. 호르륵 사박사박.

김태원 장인의 60년 인생을 맛볼 수 있는 곳

봉피양 강남점과 방이본점에 가면 메밀 함량 100% 순면을 맛볼 수 있다. 그러나 무엇보다도 진미는 방이동 본점. 육수 맛이나 면의 맛이 오묘한 듯 다르다. 특히 면의 맛이 특별한데 국산 메밀을 계약 재배하여 가장 신선한 상태로 유통해 직접 제분해서 쓰기 때문에 향미가 달아나지 않는다. 한우를 오랜 시간 끓여 육수에서는 깊은 맛이 우러난다. 봉피양 여타 지점에서도 평양냉면을 팔지만 방이본점만큼 깊이 있는 맛을 우려내진 못한다.

메밀 함량 100%의 순면은 씹을수록 맛있다. 처음에는 일반면과 별다른 차이를 느끼지 못하나 천천히 씹고 있으면 고소함과 약간의 쌉싸래함이 느껴진다. 식초나 겨자를 넣으려다가 손을 멈춘다. 행여 이 간을 하는 순간 어렵사리 살려낸 메밀 향을 놓칠까 하여. 우리가 가난했던 시절에 쌀과 밀이 귀해서 먹기 시작했다는 메밀이 이제는 멀리 찾아가 웃돈을 얹어 주고 먹어야 하는 고급요리가 되었다. 그래도 오늘날 봉피양의 평양냉면은 그 시절처럼 그윽한 위로를 건네준다.

> ### 명장이 전수하는 냉면 먹기 팁
> 1. **간을 하기 전에 육수를 먼저 마신다.**
>   처음 먹을 때는 밍밍하지만 세 모금 정도 마시면 시원함을 느낄 수 있다. 그 후에 취향에 맞게 간을 한다.
> 2. **식초는 면에, 겨자는 육수에**
>   면을 젓가락으로 내렸다 들었다 하며 식초는 면 사이에 뿌리고 겨자는 육수에 푼다. 식초를 육수에 뿌리면 육수 맛이 변한다. 이후 고명과 함께 먹는다.
> 3. **평양냉면은 그릇째 들고 훌훌 들이켜듯 먹는다.**
>   그래야 맛도 있고 복도 들어온다. 시원하고 깊은 맛의 육수가 고소한 면발과 어우러지는 것을 느끼면서 먹는 게 중요하다.
> 4. **고명과 함께 먹은 후 편육은 맨 마지막에**
>   그래야 육수와 어우러진 면발, 고명의 영양, 편육의 묵직함까지 총체적으로 맛보고 즐길 수 있다.
>
> 우래옥을 거쳐 봉피양의 평양냉면을 책임지시는 60년 냉면 장인, 김태원 선생님. 냉면 한 그릇에 담긴 맛은 평양의 맛이 아니라 우리 현대사의 맛이다.

ADD 서울시 송파구 방이동 205-8
OPEN 11:30~24:00
TEL 02-415-5527
PARKING 발레파킹
MENU 평양냉면 1만2,000원, 순면 평양냉면(메밀100%) 1만6,000원
+TIP 가격이 오르면서 미안했는지 돼지수육이 두 점씩 기본으로 나온다

ISYFOODLE #평양냉면의진수 #김태원명장 #메밀맛의진심 #깊은맛의육수 #제육은보너스

바람찬 흥남부두에 가본 듯
오장동 흥남집

눈보라가 휘날리는 바람찬 흥남부두는 가보지 못했지만, 오장동 흥남집 알싸한 회냉면 매콤새콤달콤한 양념장을 면발에 후루룩 비벼 먹으면 심장마저 쫄깃해지는 기분이 든다. 촉촉하게 비 오는 날, 그리움의 땀샘도 활짝 열린다.

알싸하고 새콤한 양념장에 잘 삭은 가자미회가 쫄깃한 함흥식 냉면 오장동 냉면 거리에는 전문집이 여러 곳이지만 60여 년 동안 가장 장사가 잘 되는 곳은 흥남집이다. 고구마 전분이 들어간 쫄깃한 면발, 칼칼하고 매운 양념장이 입맛을 돋우는 곳. 회냉면은 양념장에 잘 삭은 회무침이 가득하고 섞임냉면은 회 절반, 고기 절반으로, 이맛저맛 다 맛볼 수 있어 재미있다. 그러나 아무래도 흥남집의 별미는 회냉면이다. 식사시간에 대기는 필수며 약간 때를 지나고 와도 냉면 한 그릇 먹는 사람들로 늘 실내가 웅성거린다.

냉면을 맛있게 먹는 법. 우선 따끈한 육수를 마신 후 냉면을 슬슬 잘 비벼 한입 먹는다. 그리고 테이블에 있는 식초, 겨자, 설탕, 양념장, 참기름 등을 더 곁들여 자신의 취향에 맞춰 맛 만들기. 회무침의 양념장에 칼칼한 고추를 쓰기 때문에 굳이 더 가미하지 않아도 충분히 매콤, 달콤, 새콤, 쫄깃, 꿀떡! 맛과 식감의 향연, 오감을 만족시키는 한 그릇이다. 부모님을 모시고 온 딸들, 부부와 함께 온 테이블, 연인의 모습도 보인다. 역시 오장동 냉면의 매력은 남녀노소를 불문한다.

ADD 서울시 중구 오장동 101-7
OPEN 11:00~21:00
CLOSE 둘째 주, 넷째 주 수요일
TEL 02-2266-0735
PARKING 식당 앞에서 안내, 무료주차
MENU 회냉면, 섞임냉면(회 반, 고기 반) 모두 9,000원

ISYFOODLE #함흥냉면절대강자 #오장동소스의비결 #맵지만중독적 #쫄깃탱글한면발 #회무침에반할걸 #할머니할아버지애정집

메밀묵에 탁주 한 잔
김씨도마

전화 한 통이면 달려오는 친구와 김 향이 솔솔 나는 순 메밀묵 무쳐 먹을까. 따뜻한 멸치국수 호로록 들이켜 볼까 아니면 서리 어린 막걸리 한 잔 따라줄까. 비 오는 날 전화하면 빗소리와 함께 달려오는 너. 비가 오니 오늘도 한잔해.

정갈함과 손맛, 재료의 진미를 조신하게 갖춘 곳 배우 류시원의 이모님이 주방을 맡아 운영하는 식당이다. 메밀묵은 매주 화요일 강릉에서 공수하며, 궁중 떡볶이는 전통의 맛을 고스란히 살렸다. 특히 도마국수가 진국인데 콩을 혼합 반죽하여 손으로 만든 면이 칼국수보다 투명하고 중면보다 탱탱하여 마지막 한입까지 풀어지지 않는다. 애호박 잔향이 퍼지는 멸치육수도 따끈하고 속에 깊이 퍼진다. 참 막걸리는 진천의 향토문화재로 등록된 작품으로 걸쭉하니 달콤하다.

ADD 서울시 종로구 내수동 74
OPEN 11:30~22:00(브레이크 타임 15:00~18:00)
CLOSE 일요일, 공휴일
TEL 02-738-9288
PARKING 인근 공영주차장
MENU 도마국수 7,000원, 도마 비빔국수 7,000원, 궁중 떡볶이 7,000원

ISYFOODLE #안동의우아함 #직접뽑은국수 #주인의품격 #류시원이모님 #그릇도우아하여 #궁중떡볶이예술 #육수의감칠맛

낭만적 한식주점
락희옥

우니 한입 물어 혀 위에서 살살 녹이니 눈이 스르르 감긴다. 녹진하고 달콤하여 나는 이걸 우니의 낭만이라 부른다. 잘 비빈 멍게 비빔밥에서 멍게의 짭조름한 바다 향과 김의 고소함, 참기름의 윤기가 느껴진다. 떡갈비는 처진 어깨를 쫄깃하게 세워주니 이 작은 식당에서 너의 낭만에 기대 쉬어 가야지.

ADD 서울시 마포구 용강동 494-56
OPEN 09:00~23:00
CLOSE 일요일
TEL 02-719-9797
PARKING 인근 공영주차장
MENU 성게알(우니) 3만원, 떡갈비 1만5,000원, 멍게 비빔밥 1만원, 육전 3만5,000원

한식의 간결함과 깊은 맛, 편안함까지 갖춘 곳 즐겁고 기쁜 일들만 가득한 공간이다. 한식당 20년 경력의 노하우로 좋은 식재료만 가져다가 군더더기 없이 깔끔한 음식을 내어 놓는다. 우니(성게알)는 신선하고, 멍게 비빔밥에 곁들여 나오는 밑반찬마저 정갈하다. 떡갈비는 소고기 씹는 맛을 제대로 느낄 수 있다. 새롭게 선보이는 육전은 좋은 고기의 맛을 기품 있게 살렸다. 와인전문가가 골라주는 와인은 어느 하나를 선택해도 음식의 맛을 최상으로 끌어올리며, 명품 진로로 말아 주는 소맥, 프리미엄 맥주도 맘껏 꺼내 먹을 수 있다. 락희옥에 한번 발길을 들이면 주인과 손님이 서로를 북돋아 주는 조합원이 되어 간다.

ISYFOODLE #손맛사는한식 #와인에어울림 #우니는녹진하게 #남다른보쌈 #재방문의사200% #친구처럼 #낭만적떡갈비 #주인냉장고에와인꺼내마시기

흰밥과 함께 사라진 간장게장
툇마루 된장예술

추석연휴로 빠져 들어가는 오후였어. 늦더위와 갈증은 게걸음 쳐 사라지는데 게을러도 너무 게으른 간장게장. 간장에 빠져 여름도 바다도 잊더니 흰밥과 함께 사라진다. 게 눈 감추듯. 밥이 게를 먹었나, 게가 밥을 먹었나?

ADD 서울시 종로구 인사동 4-2 중원빌딩 2층
OPEN 11:30~22:30
TEL 02-739-5683
PARKING 인근 공영주차장
MENU 된장 비빔밥 7,000원, 간장게장밥 1만3,000원, 함경도 가자미식해 1만5,000원, 북어찜구이 1만2,000원, 순 녹두빈대떡 1만원, 도토리묵 9,000원

30년 된 손맛이 가득한 함경도식 된장 음식 사장님이신 박중식 시인은 고향의 삼삼한 된장의 맛과 북엇국, 가자미식해를 필두로 열댓 가지 음식을 차려 낸다. 으뜸은 강된장에 부추와 치커리를 비벼 먹는 된장 비빔밥, 북엇국 한 숟가락과 약간의 참기름, 열무김치를 넣고 보글보글 끓는 강된장을 비벼 먹으면 코끝을 찌르는 깔끔함을 경험하게 된다. 간장게장밥도 심심한 맛과 짠맛의 경계에서 줄타기를 하며 마음을 들었다 놨다 하니 가히 선수라 할 수 있다. 맛이 예술이다.

비벼 먹는 된장은 짜지 않고 구수하다. 강된장보다는 맑은 편. 이게 비결이다. 된장 콩을 넣은 보리밥에 부추와 치커리, 고추를 소쿠리에 내어 준다. 보글보글 끓는 된장찌개 한 수저 넣고 비벼 먹으면 감칠맛이 으뜸. 간장게장밥도 뜨신 밥을 쓱쓱 비벼 먹기에 별미이다.

저녁에 가면 함경도 가자미식해나 북어찜구이에 막걸리를 걸치는 손님들이 많다. 밥을 시키면 기본적으로 곁들여 나오는 계란북엇국은 맑고 깊은 맛으로 인기가 많다. 간결하면서도 깊은 맛. 이건 모두 장맛이 좋아야 가능한 요리다.

ISYFOODLE #된장의깊은맛 #시인의밥맛 #그저부추에된장만비볐을뿐인데 #밑반찬은예술적 #음식만드는사람의우아함 #인사동명물

장터의 인정을 한상에 담은
장서는 날

젊어서 고생은 사서도 한다는 할아버지 말씀이 옳습니다. 장터를 돌고 돌아 맛있는 음식을 가져다가 강남 한복판에 차렸습니다. 직장인들 점심시간에도 장터의 흥분을 맛볼 수 있게. 내 나라 곳곳에 숨어 있는 군침 흘릴 만한 음식으로 살맛 날 수 있도록 발품 팔아 돌고 보니 소중한 게 참 많았습니다.

ADD 서울시 강남구 역삼동 827-68
OPEN 11:00~22:00
TEL 02-567-4475
PARKING 너른 주차장 구비
MENU 장날점심 한상 9,000원, 전라도식 불고기 찹쌀육전 1만5,000원, 소래포구 어시장 조개탕 1만9,000원, 함평 우시장 육회비빔밥 1만2,000원

Farm to Table? 장 to Table! 과연 이게 될까 싶었으나 문을 연 지 이제 막 1년을 넘어가는 지금. 손님이 말도 못하게 많다. 다섯 명의 젊은이들이 힘을 모아 전국 재래시장의 맛과 영양을 서울에 가져오겠다는 포부로 만들었다. 덕분에 동네 직장인들은 점심시간만 되면 오일장에 놀러가는 기분으로 맘껏 식사를 즐기는 중이다. 함평 우시장 육회비빔밥은 선도 좋은 육회에 고사리를 쓱쓱 비벼 구수하고, 찹쌀을 넣어 부친 전라도식 육전은 뜨끈할 때 겉절이에 싸 먹으면 온몸이 음식을 쫙 빨아들인다. 정말 장터 같은 곳으로 적절한 깊이와 신선한 재료, 캐주얼한 분위기가 있어 맛과 멋, 흥을 동시에 즐길 수 있는 식당이다. 점심시간에는 요일마다 다양한 구성의 점심 한상이 인기 있고 저녁에는 갖가지 안주로 소주나 막걸리를 곁들이며 내내 성황을 이룬다. 젊은이들이 운영하는 곳이기에 맛은 과연 어떨까 반신반의했으나 맛도 깔끔하고 지역색을 잘 살려 수준급으로 음식을 조리한다. 입구에는 경동시장에서 공수한 한방 약차를 준비해 놓았다.

ISYFOODLE #장터의맛과멋 #장날음식을푸짐하게 #점심한상도푸짐해 #육전도따끈따끈 #팔도막걸리 #밥집도주점도좋아라 #막걸리한잔데이트

간장은 우아하니
감출수록 드러나라
하모

배고플때 먹었다며 나물반찬 하모하모
깔깔해서 싫었다며 꽁보리밥 하모하모
고추장도 아니라며 간장양념 하모하모
제삿밥이 그리우니 니나이도 하모하모

ADD 서울시 강남구 신사동 627-17 HB 빌딩 2층
OPEN 11:30~22:00(브레이크 타임 15:00~17:00, 주말은 브레이크 타임 없음)
TEL 02-515-4266
PARKING 발레파킹
MENU 하모 반상(조선잡채, 육전, 석쇠불고기, 비빔밥) 2만5,000원, 진주 비빔밥 1만2,000원, 헛제사밥 1만원, 된장 칼국수 8,000원, 조선잡채 3만원, 육전 2만5,000원, 석쇠불고기 3만원

서울에서 진주 음식을 먹을 수 있는 곳 출판업에 종사하시던 박경주 사장님이 시어머님의 손맛을 이어 문을 열었다. 서민들의 음식이라기보다는 양반들이 솜씨를 우선시하며 만들어 먹던 교방 음식이 주를 이룬다. 담음새도 우아하며 맛은 자극적이지 않되 깊은 손맛을 느낄 수 있다. '하모'는 상대방의 의견에 기꺼이 한마음이 된다는 경상도 사투리에서 따왔다. 이름에는 음식에 쓰이는 간장과 된장도 직접 담그니 정성의 맛을 보이겠다는 철학이 담겨 있는 셈이다.
이곳의 인기메뉴인 헛제사밥은 조선시대 안동 지역의 유생들이 밤늦게 글공부를 하다가 출출해진 배를 채우기 위해 향을 피우고 축문도 읽고 가짜 제사를 지낸 후 차려 놓은 제사 음식을 먹었던 데서 유래했다. 들기름으로 양념한 나물에 간장 양념을 슬슬 비빈다. 여섯 가지 나물과 보리밥에 얹힌 소고기구이를 슬슬 비벼 한입 먹으면 기분이 좋아진다. 하모 반상은 점심에 제공되며 조선잡채, 육전, 석쇠불고기와 비빔밥 등이 나온다. 제대로 된 진주 비빔밥을 맛보기에도 좋은 곳이다.

ISYFOODLE #진주교방음식 #진주비빔밥 #헛제삿밥 #간장의감칠맛 #오래가는정성 #어머님모임장소 #철들면좋은맛 #나이들수록생각날듯

엄마 냄새 맡고플 때,
누나 밥 먹고플 때
봉쥬르밥상

변변한 향수 하나 없던 엄마 곁에서는 언제나 사골국물 끓이던 향이 났다. 떠돌던 길 위에서 동생을 다독이던 누나의 손맛이 그런 향이었을까.

ADD 서울시 서대문구 연희동 192-29
OPEN 11:00~22:00(브레이크 타임 15:00~17:00)
CLOSE 월요일
TEL 02-337-9850
PARKING 발레파킹
MENU 뽀얀봉밥탕 9,000원, 맑은봉밥탕 9,000원, 힐링버섯탕 9,000원, 소고기부추비빔밥 9,000원, 모듬수육 3만원, 육회 2만5,000원, 육전 2만5,000원

연희동 카페거리에서 사랑받는 집밥 연희동 카페거리에서 1년 반 동안 꾸준히 사랑받는 맛집으로 큰따님인 정윤지 셰프가 산뜻한 솜씨로 메인을 맡고, 어머님이신 서종금 셰프가 사골국과 곰탕을, 막내따님은 홀을 담당한다. 좋은 한우와 사골을 우려내는 정직한 설렁탕을 판매하나 저염식과 조미료 무첨가로 비벼 내는 소고기부추비빔밥 또한 맛이 조화롭고 구성지다. 밑반찬으로는 연두부와 샐러드를 내오는데 들깨로 간을 하여 고소함이 묻어난다. 1+등급 이상의 최상급 한우만을 써서 어머님이 정성껏 끓여 내시는 곰탕은 은은하니 구수하다.

ISYFOODLE #엄마의손맛 #언니의솜씨 #시인이되는밥상 #가족처럼밥먹어요 #밑반찬도깔끔해 #노엠에스지 #저염식 #최상급한우로우린곰탕

나는 지금
사랑을 하고 있을까
자연은 맛있다

콩국수 두둑하게 집어 입으로 후루룩 넘긴다. 입과 코언저리로 동그랗게 그려지는 고소함. 그 첫 느낌에 모두들 스르르 빠져들지만 그 끝에 실려 오는 비릿함을 삼킬 수 있으면 사랑. 철컥 가슴이 내려앉아 더 시원하고 달콤한 걸 찾으면 미련이다. 나는 지금 사랑을 하고 있는 걸까. 미련 속에 살고 있는 걸까.

ADD 서울시 강남구 삼성동 159 코엑스 B1 1111호(영풍문고 근처)
OPEN 11:30~22:00
TEL 02-551-3933
PARKING 코엑스 지하주차장
MENU 국산콩을 갈아 만든 콩국수 8,000원, 양지 사골 칼국수 8,000원, 소고기구이와 곤드레나물밥 9,500원, 견과류 듬뿍 샐러드 비빔면 1만3,000원

민낯 같이 맑은 콩국수 100% 국산콩만 갈아 콩의 그윽한 맛을 제대로 음미할 수 있다. 면은 풀무원에서 나온 생면을 쓴다. 쫀득한 면발은 삶아 내는 정도도 딱 알맞고, 풀무원에서 운영하는 곳이기에 풀무원 원료로 음식을 요리한다는 장점이 있는 곳. 기타 역사가 깊은 유명 콩국숫집 못지않게 콩국수 마니아들에게도 인정받고 있다. 그러나 콩국수는 여름에만 판매한다.

ISYFOODLE #순백콩국수 #노엠에스지 #풀무원 #비릿한고소함 #곱빼기필요없어

화장기 없는 긴 생머리의
첫사랑
한성 칼국수

뽀얗고 맑은 육수에 애호박 고명만 여리게 떠 있다. 첫키스의 기억이 그러하듯이 낭만적이지도 극적이지도 않으나 가슴으로 스며드는 깊은 향이 국물에도 스며들었다.

ADD 서울시 강남구 논현동 62-13
OPEN 11:30~22:00
TEL 02-544-0540
PARKING 빌딩주차장
MENU 칼국수 7,000원, 빈대떡 8,000원, 콩비지 8,000원, 수육 2만1,000원

첫사랑의 추억처럼 뽀얀 칼국수의 맛 1983년에 경기여고 동창생이었던 미모의 세 여인이 문을 열어 일대 청년들이 몸살을 앓게 한 곳이다. 올해로 31년이 되어 첫사랑의 주인공들은 모두 나이를 먹었지만 칼국수의 맛과 향미는 그때 그대로이다. 사골국물로 맛을 낸 칼국수는 우윳빛 실크 같이 부드럽다. 장식이 없어도 입으로 쏘옥, 몸으로 쏘옥 흡수되는 맛. 제육, 빈대떡, 굴전 등은 아저씨들의 인기안주이며 여기는 단골도 대를 이어 찾아온다.
양지와 사태로 우린 칼국수. 조개의 깊은 맛을 살려낸 조개탕. 얌전하고 깔끔하게 부친 동태전. 지금은 우아한 따님이 손맛을 이으며 손님들을 정성을 다해 맞이하고 있다. 맑고 고운 국물맛으로 내로라하는 인사들이 드나들었던 맛집이다.

ISYFOODLE #할아버지의첫사랑 #칼국수는우아하고 #동태전투명투명 #단골도대를이어 #충성모드

투박한 네가 좋아
양양메밀 막국수

방앗간에서 직접 메밀을 제분해 뽑는 막국수를 먹는다. 메밀 향이 가득한 밥에 앉아서 시원하게 면 한 그릇 말아 먹으면 얼음동동 육수에 시름도 떨치고 매콤상콤한 북어회에 시린 웃음이 나기도 하지. 찹쌀과 누룩으로 빚어낸 고택의 찹쌀 생주는 투박한 맛이지만 내 안에도 특유의 품격이 생겨난다.

ADD 서울시 서초구 방배동 793-1
OPEN 10:00~22:00
TEL 02-3482-3738
PARKING 가게 앞 차 한 대 댈 정도, 건물 뒤에 주차공간이 따로 마련되어 있다.
MENU 회막국수 9,000원, 메밀막국수 7,000원, 메밀전 1만3,000원, 김치말이 비빔국수 4,000원

만드는 사람의 솔직함이 녹아 있는 막국수 여름철이면 신기하게도 메밀이 당긴다. 고소하고 담백하며 씹을수록 그윽한 향이 나는 메밀이 순수하게 들어 있는 막국수. 방배동에 메밀 함량 100%로 맛깔나게 면을 뽑는 막국수 집이 있으니 그곳이 바로 양양메밀막국수이다. 동네에 있는 자그맣고 조용한 식당이지만 이미 식도락가들에게는 꼭 한번 들러 봐야 할 곳으로 알려져 있다.
대표님이 방앗간에서 직접 제분한 메밀가루로 바로 반죽을 하여 면으로 뽑아 준다. 거피를 하지 않은 가루여서 메밀 특유의 거뭇거뭇한 색도 살아 있다. 밀가루도 전분도 들어가지 않는다. 깔끔하게 뽑아낸 면발은 입에 묵직하게 들어가서는 뭉툭하게 씹히는데 그 맛이 참 솔직하다.
그러나 면만으로 좋은 막국수가 태어나지는 못하는 법. 정성껏 우려낸 양지육수를 살얼음 동동 뜨는 최적의 온도를 유지하여 그릇에 오롯하게 담는다. 오리지널 막국수도 좋지만 위에 북어회를 올린 회막국수를 더욱 추천한다. 북어회의 달콤하면서도 쫀득한 맛이 막국수의 먹는 재미를 더해주기 때문. 곁들여 나오는 너댓 가지 밑반찬도 간이 슴슴하고 깔끔하다. 특히 무채는 약간의 상큼함만 가미하여 무 특유의 시원함을 느낄 수 있다.

ISYFOODLE #막국수고수 #메밀100% #주문후메밀반죽 #메밀향가득히 #북어회는새콤달콤 #김가루깨가루고소히 #밑반찬도맛있어 #찹쌀생주는꼭맛봐야

돌아오게 만드는 칼국수
베테랑칼국수

나무야, 넌 한데 서 있어서 그 맛은 모르겠지. 고속터미널에 있는 참으로 맛난 칼국수의 맛을. 티켓을 끊고 앉아 허공 보며 기다리다 고춧가루, 김가루, 들깻가루 듬뿍 뿌린 뽀얀 칼국수를 받았을 때의 그 기쁨을. 길처럼 쫄깃한 면발을 호로록. 못 가본 길이 있어 설렐 수 있다는 걸 너는 아마 모를 거야.

센트럴시티점
ADD 서울시 서초구 반포4동 111-1
OPEN 09:00~22:00
TEL 02-6282-1977

인사동점
ADD 서울시 종로구 종로5길 14
OPEN 11:00~21:00
TEL 02-739-1977
MENU 칼국수 7,000원, 쫄면 7,000원, 만두 6,000원

하나의 작품이 되는 칼국수 1977년에 전주에서 처음 문을 열어 지금까지 사랑받고 있는 베테랑칼국수. 전주의 명물이었던 이곳이 서울 고속버스터미널에 입점했다. 터미널의 한구석을 당당하게 차지하고 있는 베테랑칼국수가 생기고 나서부터 터미널에는 버스를 타기 위해서가 아니라 이 칼국수 한 그릇을 먹기 위해 줄이 늘어서기 시작했다.
면발은 일반 칼국수보다 얇고 동글동글해 마지막 한입까지 쫄깃하며 국물은 멸치육수의 개운함과 계란의 진득함, 위에 흩뿌려진 들깻가루, 김, 고춧가루가 감칠맛을 선사한다. 42년 경력의 김석호 씨가 만드는 칼국수 한 그릇은 하나의 작품이 된다. 육수를 내고 그 위에 달걀을 풀고, 면을 담는 과정이 모두 예술이라 해도 무리가 없기 때문. 칼국수에 곁들여 먹는 만두도 따끈따끈하니 맛있다. 얇은 피 안에는 당면과 국산 돼지고기, 두부가 적절하게 들어가 있어 간장에 찍어 먹으면 담백하다.

ISYFOODLE #전주명물칼국수 #진득한국물맛 #면발이부드러워 #안락한수프마시듯 #여름엔콩국수 #칼쫄만세트로

어른인 척 콩국수
진주회관

순하게 지나가던 어느 여름날, 밥상에 마주한 콩국수. 콩국이 우유처럼 걸쭉합니다. 엄마의 품이면 폭하고 안기련만…. 김치 한 쪽 올려 먹다 어른인 척 카드 긁고 일터로 갑니다.

ADD 서울시 중구 서소문동 120-35
OPEN 10:00~22:00
TEL 02-753-5388
PARKING 식당 앞 공영주차장(주말에는 무료)
MENU 콩국수 1만원, 김치볶음밥 7,000원, 김치찌개 7,000원, 금강산 섞어찌개 7,000원

서소문 콩국수 전문점 진주 대안동 진주극장에서 '삼호식당'이란 이름으로 콩국수를 팔던 조원래(1대) 대표가 서소문으로 올라왔다. 처음엔 하루에 6그릇도 안 팔렸으나 아들 조걸 씨가 바쁜 서울 사람들에게 진하고 고소한 콩국수를 먹이고자 조리법을 다시 정리했다. 지금은 하루에 4,000그릇 넘게 팔리는 콩국수가 되었다. 콩국은 맷돌을 고집하다 물량이 많아지자 조걸 씨가 콩국 전문 기계를 직접 설계해 NASA에 부품을 납품하는 업체에서 기계를 제작했다. 기계는 맷돌보다 입자가 고우면서도 걸쭉한 콩국을 만들어 낸다. 강원도 18개 농가와 계약 재배를 하여 햇콩만 쓰니 고소함이 살아 있다. 면에는 땅콩가루와 메밀가루, 감자전분, 잣 등을 섞어 반죽하니 고소하다. 면발의 탱글탱글한 식감이 콩국을 감싸 안고, 김치는 달콤하여 콩국수에 간을 맞춘다. 순수한 콩국의 맛을 좋아하는 사람에게는 간이 셀 수 있으나 파스타처럼 낭만적 고소함이 가득한 한 그릇이다. 52년 콩국수, 지금은 3대인 조창배 씨가 가업 이어받기에 열중이다. 재·경계 인사들의 여름철 보양식으로도 유명한 콩국이다.

ISYFOODLE #고소함의극치 #걸쭉한콩국물 #크림파스타저리가라 #탱글탱글한면발 #달콤한김치는신의한수

우리나라 최장수
설렁탕의 비결
이문설농탕

ADD 서울시 종로2가 견지동 88
OPEN 08:00~21:00
CLOSE 명절 연휴
TEL 02-733-6526
PARKING 인근 공영주차장
MENU 설농탕 8,000원, 특설농탕 1만원, 도가니탕 9,000원, 수육 2만8,000원

ISYFOODLE #최장수설농탕 #뽀얀국물 #밋밋하나깊은맛 #문화재급음식 #죽기전에꼭한번맛봐야 #손기정김두한도 #먹고나면입안개운 #노엠에스지 #가짜설렁탕은가라

불타 사라져도 옛터에 복원하여 남대문이라 부르듯이 할머니는 세상을 떠나셔도, 엄마손의 옥반지로 남아 있다. 백 년이라는 시간 동안 사라진 것도, 떠난 사람도, 마음에 있으면 다시 살아나는 법. 그 이름 같이 순한 맛이 귀하게 남아 뽀얀 설농탕, 이문설농탕이 되었다.

110년 전통의 우리나라 최장수 식당 건국 후 식당 허가를 받은 1호점으로, 홍씨라는 사람이 '이문옥'이라는 간판을 걸고 설농탕을 팔았다. 16시간 가량 양지와 사골 도가니를 넣고 우려내는데 처음에는 장작으로 우려내다 연탄으로, 지금은 가스불로 진한 육수를 끓여 낸다. 백년식당이나 가족이 대를 이은 것은 아니다. 간판과 조리법을 인수 받아 지금은 전성기 씨가 운영. 창립자 후손이 대를 잇는 가업식당과는 또 다른 발전의 형태다.

맛으로만 보자면 외고집이나 마포옥, 영동설렁탕을 들겠으나 백 년이라는 시간을 지켜온 뽀얀 국물은 문화적인 의미로라도 꼭 한번 맛볼 만하다. 특히 시큼털털한 깍두기와 시원하면서도 개운한 국물이 합해지면 그야말로 완전체가 된다. 고기는 썰어 올려두어 육향이 덜하고 조금은 뻣뻣한 감이 있으나 머릿고기와 지라, 소 혀 등이 함께 어우러져 이름값을 두둑이 한다. 마라톤 영웅 손기정, 풍운아 김두한과 함께 이문설농탕 손님 명단에 오르는 것도 개인사의 한 획이다.

주인의 미소처럼 맑은 설렁탕
외고집설렁탕

ADD 서울시 강남구 대치4동 923-22
OPEN 10:00~21:00
CLOSE 일요일, 명절 연휴
TEL 02-567-5225
PARKING 약 6대 정도 가능(식사시간에는 줄을 서니 약간 피해가면 편하다)
MENU 설렁탕 9,000원, 육개장 1만1,000원, 수육(中) 4만원, 수육(大) 5만5,000원

ISYFOODLE #외고집이멋있어 #깊고구수한국물 #좋은재료선한미소 #엄마들의일순위 #설렁탕도테이크아웃시대

주인 미소부터 맑고 설렁했어. 설렁탕 한 숟갈 입안에 넣으니, 감탄이 저절로. 맑은 탕국에 연녹색 대파 향이 퐁당, 여인네처럼 순한 향이 향긋. 똬리를 곱게 튼 소면을 젓가락으로 살살 흔드니 삼단 같은 머리가 촉촉하게 휘날리네. 뜻대로 되지 않아도 좋아. 나를 고스란히 받아들여주는 탕국 한 그릇 있다면 말이야.

1++ 횡성한우, 무항생제 사골로 우려낸 설렁탕 외고집설렁탕의 설렁탕은 횡성한우를 쓰고 천일염을 써서 좋은 것이 아니라 무엇을 더 첨가하지 않아서 좋은 맛이 난다. 이 정도면 외고집이라 할 만하다. 집에서 우려낸 어머니표 사골국보다 낫고 동네마다 있었으면 하는 설렁탕집이다. 이곳에서 설렁탕을 먹고 영동설렁탕과 이문설농탕을 대하면 그 맛의 순수함과 변주를 잡아낼 수 있다. 분유 넣고 끓이는 가짜 설렁탕도 딱 알아볼 수 있는 설렁탕 절대 미각도 덤으로 갖게 된다.

한 번 볶은 소금, 가늘고 맵시 나는 소면, 그리고 탕국에 맞추어 숙성된 김치와 깍두기까지 별미다. 젓갈을 거의 쓰지 않고 맵지 않은 고춧가루로 양념하여 김치마저 말끔하다. 그런데 이렇게 심심하기만 했다면 아마추어였을 것. 신기하게도 한입 아삭 씹으면 짠한 시큼함이 느껴진다. 김치를 알맞게 숙성시켜야 나는 이 특유의 맛을 잡을 줄 아는 사람이니 탕국과 어울리는 근사한 김치를 만들 수 있었을 것이다.

잘 살았다 설렁탕
영동설렁탕

시큼한 김치를 국물에 풀고 소면과 머릿고기를 말아 한입에 후루룩 마신다. 깍두기 와삭와삭 씹어 소주 한 잔으로 넘기면 캬~ 설렁탕은 신김치를 국물에 풀고 수육과 소면을 말아 후루룩 먹어야 탕도 맛나고 김치도 제대로 된 맛이 나는 법이다.

ADD 서울시 서초구 잠원동 10-53
OPEN 24시간
TEL 02-543-4716
PARKING 너른 주차공간
MENU 설렁탕 9,000원, 수육 3만5,000원

신김치와 설렁탕의 끝내주는 케미 1970년, 강남 개발의 역군들이 피터지게 일한 후 한 사발 시원하게 말아 먹곤 했던 국밥이다. 신김치가 맑은 국에 녹아 절정의 케미스트리를 뿜어내는 곳으로 팔순을 넘기신 양상순 할머니가 40년 가까운 내력을 이어오다 아들 김용호 씨에게 물려주었다. 처음에는 머릿고기, 사골, 소의 각 부위를 다 고아 맛이 진득했는데 지금은 부산물을 빼고 사골만 우려낸 국물에 삶은 양지와 머릿고기만을 내어 맑은 탕으로 바뀌었다.
담백하면서도 시원한 맛이 특징. 맑은 기름은 잘 익은 깍두기 하나 얹어 먹으면 기가 막히게 구수해진다. 함께 나오는 양지편육과 머릿고기도 부드럽게 녹아든다. 깍두기는 통째로 썰어 와삭와삭 베어 먹는 소리가 여기저기서 들리고, 손님들의 식성에 따라 갓 담근 새콤달콤 겉절이를 가져다준다.

ISYFOODLE #진득한맛의비밀 #강남신화 #깍두기국물 #겉절이도맛있으니

어머니와 함께 소주를
대성집

모녀로 보이는 두 여자가 도가니탕을 가운데 두고 마주 앉았다.
"엄마, 전 아빠 같은 사람이랑 결혼할래요."
어머니는 나지막이 빨간 참이슬을 시키신다.
"그래 결혼해서 꼭 너 같은 딸도 낳아라."

ADD 서울시 종로구 행촌동 209-35(독립문 옆)
OPEN 08:00~21:30
CLOSE 일요일, 명절 연휴
TEL 02-735-4259
PARKING 식당 앞 주차공간
MENU 도가니탕 1만원, 수육 2만2,000원, 해장국 6,000원

아버지를 닮은 60년 전통 도가니탕 뼛골이 빠지도록 고생스럽게 고아낸 도가니는 이가 없는 아기들도 먹을 수 있을 만큼 보드랍다. 오랜 시간 우직하게 우려낸 탕국은 말도 못하게 은은하고 인자하다. 보리 반, 쌀 반으로 고슬고슬 지은 밥에 곁들인 새콤한 깍두기와 김치는 행여나 남아 있을지도 모를 도가니의 비릿함을 확실히 잡는다. 국내산 도가니는 이곳이 서울에서 최고로 푸짐하다. 기름기를 꼼꼼하게 갈무리한 후 먹기 좋은 크기로 썰어 내니 한입 기분 좋게 녹아든다. 허름한 60년 식당에서 새 건물로 이사를 한 지 1년여, 그래도 국밥의 진하고 고운 맛은 그대로이다. 여기에서는 소주도 레드라벨 클래식만을 찾는다. 원래는 해장국집으로 시작했는데 지금은 한국에서 도가니탕을 대표하는 곳이 되었다. 식당 벽면에는 이곳의 도가니탕을 먹고 살아갈 힘을 찾았다는 단골손님들의 손편지가 걸려 있다.

ISYFOODLE #도가니탕명가 #해장국도좋아요 #해장하러갔다가해장술 #깍두기는국밥에날개를달고 #참이슬은클래식 #허기가마구마구 #사람을먹이기위한음식

여기, 애끓는 우족탕
부여집

가난한 시절, 배불리 먹이고 싶었던 할머니 마음. 탕국과 김치라도 정갈하고 픈 어머님 손맛. 가업으로 키워 내는 든든한 아드님 뱃심까지. 맛으로 새겨지는 곰탕에 얽힌 철학.

ADD 서울시 영등포구 당산동2가 162-13
OPEN 11:00~21:00
TEL 02-2633-0666
PARKING 식당 주차공간
MENU 우족탕 1만5,000원, 꼬리곰탕 1만 8,000원

꼬리곰탕으로 이어온 68년 동안의 역사 맑은 꼬리곰탕은 한술만 떠먹어도 보약을 먹는 것 같고 푹 고아진 꼬리 부위는 입으로 살짝 뜯어도 살이 기분 좋게 발라진다. 꼬리곰탕과 같이 보약이 되는 탕은 우족탕. 이곳에서는 꼬리곰탕은 꼬리대로, 우족탕은 우족대로 따로 끓여 낸다. 그래서 꼬리곰탕은 투명한 맑은 국물을 내고 우족탕은 뽀얀 맑은 빛을 낸다. 우족탕은 족발을 좋아하는 사람이라면 환호할 만한 맛. 느끼함은 하늘로 날아가고 뽀드득거리는 콜라겐 부분과 보들보들한 껍질 부분만 하얗게 남았다. 고아낼 동안 기름을 계속 걷어 내기 때문에 느끼함도 완벽하게 잡았다. 무더운 날 개운하게 몸을 챙길 수 있는 음식. 할머니의 허름한 가게를 이어 어머님이 하시다가 최근에 아드님이 가게를 운영하고 계시니 3대째 가업인 셈이다. 사업 수완이 좋은 아드님은 우족탕을 택배로 전국 배달하기 시작. 이제는 제주도에서까지 주문하는 손님들이 생겼다고 한다.

ISYFOODLE #우족탕이개운해 #콜라겐쏙쏙 #꼬리곰탕은보들보들 #68년전통 #택배로먹을수 있어요 #영등포우족탕의전설

가을, 타올라야 추어탕
형제추어탕

지금 내가 서 있는 계절에는 녹음이 아직 성숙지 않으며 장마의 지리함이 간혹 내린다. 중복을 치달아 낙엽처럼 잊혀진 시간. 나의 젊음도 아직 다 익지 못하여 추어탕집을 찾을 때, 지난여름을 후회하진 않지만 한 마리 미꾸라지보다 꿈틀거리지 못하여 한 그릇 추어탕보다도 끓어오르지 못해 아쉬워.

ADD 서울시 종로구 평창동 281-1
OPEN 09:30~21:00
CLOSE 명절 연휴
TEL 02-919-4455
PARKING 너르고 편안한 주차장
MENU 서울식 추탕 1만2,000원, 갈아 만든 추어탕 1만1,000원, 미꾸리어죽 1만5,000원, 미꾸리 튀김 1만8,000원

서울 3대 추어탕집 중 원조격 1926년 동대문 밖 신설동 경마장에서 형제가 간판 없이 맛난 추탕을 끓여 인기가 하늘을 찔렀던 곳. '형제주점'이라 불리다 이제는 한적하고 너른 터를 마련하여 성업 중이다. 셋째 아드님과 며느님이 미꾸라지를 통째로 우리고 우거지를 넣어 매콤하면서도 얼큰하게 끓여 내는 서울식 추탕의 명맥을 잇는다. 사골이나 양지로 육수를 낸 후 두부, 유부 등과 함께 통 미꾸라지를 넣고 끓여 내니 깊은 맛은 한결같다.

최근에는 젊은 사람들 취향과 입맛에 맞추어 된장 양념에 미꾸라지를 갈아 넣은 남도식 추어탕도 마련했다. 함께 나오는 소면에 말아 먹으면 든든한 보양식이 된다. 한적한 테이블을 보며 사람들에게 점점 잊히는 것이 아닐까 서글프나 맛과 명맥을 90년 동안 꿋꿋하게 이어줘서 고맙다. 1926년에 개업한 용금옥, 1933년에 개업한 곰보추탕과 형제추어탕을 역사와 전통이 오래된 서울 3대 추어탕 명가로 꼽는다. 현재는 평창동 숲을 끼고 있어 맑은 공기를 만끽할 수 있을 뿐만 아니라 골프장과 대형 주차장을 완비하여 추어탕 한 그릇을 먹는데도 여행을 온 듯한 기분을 느낄 수 있다.

ISYFOODLE #서울3대추어탕 #미꾸라지통째로 #얼큰한매운맛 #몸보신엔최고 #사장님도친절해 #백년이란전통

뒤끝 없는 구수함
구마산추어탕

구수하나 뒤끝 없는 추어탕 한 사발. 우거지 푹 고아 부들부들. 뼈째 간 미꾸라지는 밥보다 훨 좋은 보약이다. 홍고추 한 수저 털고, 반주 한 잔으로 시름 털고, 개운하나 든든하게. 그렇게 추어탕 한 사발 쭉.

ADD 서울시 영등포구 국제금융로 70 미원빌딩 2층
OPEN 11:30~21:00
CLOSE 일요일, 명절 연휴
TEL 02-783-3269
PARKING 건물 주차장
MENU 추어탕 9,000원, 육개장 9,000원, 미더덕찜 1만5,000원, 불갈비 3만원

ISYFOODLE #마산식추어탕 #대통령도사랑해 #소고기불고기 #육개장도깊은국물 #40년역사 #추어탕은꼭맛봐야

마산 부잣집의 옛 맛을 내는 곳 1970년대 중반 여의도백화점 근처에 처음 문을 열어 40년간 그 맛을 이어오는 곳이다. 주인할머니 신복순 여사는 마산으로 시집가 추어탕 끓이는 법을 모질게 배웠다. 그리고 지금은 고운 따님이 대를 이어 나간다. 추어탕과 소고기 불갈비가 유명하다. 그 맛의 깊이와 정갈함이 남달라 여의도 재·경계 인사는 물론 역대 대통령이 사랑했던 추어탕집이기도 하다. 최근 육개장과 비빔밥이 추가되었다. 육개장은 시원한 무와 대파 향에 고추가 더해져 칼칼한 끝맛을 담당한다. 고기의 영양을 담백하게 고아 내는 맛은 여타 육개장 전문점에서도 보기 힘들다. 고기는 1인분에 3만원이라는 가격이 약간 부담스러운지 요즘은 주문이 뜸하다. 밑반찬도 맛있다. 김치도 물론 국산재료로 담그고 잔반은 쓰지 않는다. 이 정도면 명품 추어탕이라 하여도 손색이 없을 것이다.

엄마의 감기와 추어탕
원주추어탕

이 세상은 모든 게 다 리스크다. 나에게 오롯한 휴식은 엄마라는 두 글자. 오랜만에 마주한 엄마는 감기가 폭삭 걸리셨다. 그 와중에서도 자식 주신다며 동치미를 담아 오셨다. 입맛이 도통 없으시다니 이제는 나도 엄마를 위해 무언가를 할 수 있어야 했다.

ADD 서울시 강남구 역삼1동 809-1
OPEN 06:30~24:00
CLOSE 명절 당일
TEL 02-557-8647
PARKING 식당 주차장
MENU 갈아서 추어탕 9,000원, 통마리 추어탕 1만원, 전복 추어탕 1만4,000원, 메기 매운탕 2만7,000원, 미꾸라지 튀김 1만원

아픈 우리 엄마, 몸보신 시켜드리기 위해 뜨끈한 추어탕 한 그릇 '원주추어탕'은 부추와 미나리를 듬뿍 넣고 푹 고은 추어탕이 무쇠솥에 나온다. 통추어도 있지만 씹기조차 힘겨워 보이는 엄마를 위해 뼈째 갈은 추어를 주문한다. 행여 나에게 감기가 옮을까 자식 이름을 부를 때도 탕을 떠드시던 손으로 입을 가리신다. 미꾸라지를 갈아 넣어 간을 삼삼하게 한 탕에 간 고추와 산초가루를 뿌린다. 직접 담근 고추장으로 국물맛은 진득하게, 양지머리와 내장으로 육수를 먼저 내기 때문에 깊은 맛도 난다. 직접 불에 올려 끓여 먹는 것은 원주 스타일이다. 쫀득한 밥 한 그릇에 파김치를 곁들이니 한 끼를 거뜬히 드셨다. 추어가 기를 넣고 부추가 몸을 데워 엄마의 목소리가 한결 부드러워졌다. 엄마의 감기는 아주 가끔 있는 일이지만 사실 매일 자식 때문에 몸살을 앓으셨다. 이젠 내가 당신을 위해 무언가를 할 수 있어야 한다.

ISYFOODLE #주물솥에보글보글 #원주식추어탕 #부추와버섯가득 #양지머리육수 #비린맛절대없음 #어른모시고가기운동 #매콤함도조절가능 #추어튀김뼈째바삭 #엄마의감기명약 #없던 기운도바짝 #여자도잘먹어요

비 내린 다음 날의 순댓국
춘엽순댓국

호수처럼 물결 진 하늘에 먹물로 한 점 찍어 탕국을 끓인다. 사랑, 그 시절의 입김을 불어넣은 따끈한 순대가 몽글몽글. 솥밥에 누룽지까지 구수하고 따뜻하다. 들깻가루 솔솔 뿌려 어제의 땀내를 훌훌 털고 여린 부추를 곁들이니 조간신문의 눅눅함에도 인정이 가득하다.

ADD 서울시 서초구 잠원동 45-14
OPEN 09:00~22:30
CLOSE 명절 연휴
TEL 02-546-0255
PARKING 인근 공영주차장
MENU 보통순댓국 7,000원, 만만이(고기만/내장만/순대만) 7,000원, 얼큰순댓국 7,000원, 순대 한 접시 5,000원, 간단한 접시(순대, 머릿고기) 1만원, 술국 1만5,000원, 순대 곱창전골 2만원

순댓국와 솥밥에 녹아 있는 주인장의 정성 식용비닐에 당면을 쑤셔 넣은 무늬만 순대가 아니라 선지를 듬뿍 넣고 야채로 간을 해서 달큼하면서도 깔끔한 맛이 난다. 특히 7,000원의 순댓국에도 솥밥을 하나하나 지어주시니 깊이 있는 밥맛도 감동이다. 숭늉으로 입가심하면 하루가 든든하다. 아우가 운영하는 본점도 좋지만 누님이 운영하는 잠원점에 정을 두는 사람이 많다.
가게에 들어가면 순댓국을 맛있게 먹는 방법이 나오는데 우선 진한 국물맛을 보고 새우젓이나 들깨, 양파절임으로 기호에 맞게 간을 한 후 국과 밥을 따로 먹다가 순댓국에 말아 먹으면 된다. 그리고 솥에 물을 부어 숭늉을 만들어 먹으면 개운한 입가심까지 말끔하게 완료할 수 있다.

ISYFOODLE #누님의순대 #순대는푸짐해 #맑은국물 #갓지은솥밥 #숭늉까지개운하게 #순댓국에순대와머릿고기 #들깨로만간하기

미나리 먹고 속 차리자
미락복아구찜

하지 말아야 할 일과 안 해도 되는 일을 과감히 빼봐. 그럼 해야 하는 일, 심지어 하고 싶은 일을 맘껏 해도 시간이 남게 될 거야. 그래도 그렇게 바쁠수록 복지리를 찾도록 해. 미나리 먹고 속 차리면 모든 일이 술술 풀릴 테니.

ADD 서울특별시 서초구 방배1동 905-4
TEL 02-582-1035
PARKING 식당 앞 공간
MENU 복지리 7,000원, 볶음밥 2,000원, 아구찜 3~5만원

조미료 없는 맑은 복지리 방배동을 30여 년 넘게 조용히 지켜온 곳. 복지리는 야채와 버섯, 천연재료만으로 육수를 내고 미나리와 콩나물로 시원함을 더한다. 밑반찬으로 내는 복어껍질 초무침도 쫄깃하고 상큼하다.

조미료 음식을 못 먹는 이모님이라 아귀찜도 심심하고 감칠맛나게 만든다. 개운한 지리를 먹고 난 후 미나리와 들기름으로 촉촉하게 비벼 주는 볶음밥이 별미. 여타 식당에서 식후 비벼주는 밥 중 깔끔한 감칠맛이 으뜸이다. 9년 전 가격을 고수하지만 음식 맛은 고급 복집 이상으로 품격 있다.

미나리가 듬뿍 들어간 복지리는 머리를 다듬은 콩나물이 아삭하게 밑에 깔리고 미나리를 먼저 익혀 먹은 후에 복은 푹 끓여 국물과 함께 먹으면 맛있다. 복은 실하니 통통하고 와사비 간장에 찍어 먹으면 감칠맛이 폭등한다. 이집에 가면 쌀 80%로 빚은 양평에서 만든 산삼주가 있는데 복지리의 개운함을 잘 받쳐 준다. 미나리와 마늘이 조화를 이루어 복지리의 시원함은 최고조에 달하고, 미나리를 신나게 먹고 있으면 한 바구니 푸짐하게 더 내어 주신다. 탕국은 조미료 하나 없이 무, 멸치, 버섯 등 천연재료로 우려 맑고 개운하다.

ISYFOODLE #개운함의최상급 #동네밥집 #인심도가득 #미나리해독 #속차리자한사발 #아구찜도맛나요 #볶음밥은꼭먹어야

혀에 착 감기는 고깃국
부부 청대문

사골국물은 가슴을 적시고 고기는 혀에 착착 감긴다. 40년 공력이 고스란히 담겨 있는 특미 해장국. 주인장은 한 시간 동안 팔 국밥 만들려고 하루 온종일 솥을 못 떠나고, 푸짐히 담아 손님에게 내놓으니 그 정을 못 잊어 손님들은 계속해서 다시 와. 사골과 도가니만 우려내고 푹 익은 우거지는 멍울도 풀어낸다.

ADD 서울시 중구 광희동 298-2
OPEN 17:00~18:00
TEL 02-2273-6772
PARKING 불가
MENU 해장국 1만7,000원

ISYFOODLE #이런푸짐함은처음 #할머니손맛 #고깃국의진수 #조폭도반할맛 #기업회장도공수해가는해장국

서울에서 가장 먹기 힘든 고깃국 하루에 한 시간만 영업하는 가게다. 일흔다섯의 국밥집 할머니는 하루 종일 사골과 도가니를 우려 국물을 내고 그 위에 설도부위를 든든하게 올려 주신다. 준비한 재료가 다 떨어지면 사정없이 문을 닫아 버린다. 집 간장으로 간을 해서 짭조름하나 그 어디에서 파는 해장국보다 맑다. 기업 회장님들도 조용히 공수해 간다는 맛. 저녁 5시에서 6시. 딱 한 시간만 영업하는데 한 그릇이 1만7,000원이다. 사악한 가격에 고개가 갸우뚱해지지만 한 그릇 뚝딱 해치우면 수긍이 간다. 일단 한번 먹어보시라.

마음 따로 기댈 국밥
강남따로국밥

ADD 서울시 서초구 잠원동 19-10
OPEN 24시간
TEL 02-543-2527
PARKING 30분 무료
MENU 따로국밥 8,000원

ISYFOODLE #국물이시원해 #선지로배채워요 #콩나물이아삭아삭 #김치맛은예술 #24시간언제라도

따로국밥만 40년 끓여내는 곳 일 년 사이에도 흥망과 희비가 교차되는 신사동에서 40년간 국밥 하나로 그 이름을 지켜온 곳이다. 선지가 푸짐하고 대파와 무가 듬뿍 들어가 자극적이지 않으며 목의 간지러움을 긁어주듯 친절한 칼칼함이 있다. 직장인들의 숙취를 달래주기에도 부족함이 없는 국밥. 신사동에서 예약 없이도 24시간 편안하게 찾아갈 수 있는 국밥집으로 한정식집이라 해도 아깝지 않을 정도로 실내며 주방, 화장실까지 깔끔하니 기분이 상쾌하다. 메뉴는 따로국밥 딱 하나. 국내산 한우와 양지 사골로 깊은 맛을 우려내며 국내산 배추와 고추로 만드는 김치는 강남일대의 명물로 따로 김치만 포장해 가는 손님도 많다.

따로국밥은 대구에서 유래한 음식이다. 1950년 6.25전쟁 때 대구에는 고깃국에 밥을 말아 팔던 국밥이 흔했는데 서울이나 외지에서 피난 온 부유층에게는 그 밥이 꼭 가축의 사료 같아 보였다고 한다. 그래서 국 따로, 밥 따로 먹기 시작하며 이런 자부심의 표현으로 '따로국밥'이라 이름 지었다. 대구의 따로국밥 역사가 60년인데 강남에서 40여 년이나 지속된 국밥을 먹을 수 있다는 것만으로도 우리에겐 행운이다. 이곳의 탕국 우리는 불은 24시간 꺼지는 법이 없다.

내 마음에 단풍들도록
동경전통 육개장

오후 3시가 되어갈 무렵 서늘한 가을이 어깨를 툭 쳤어. 아직 코트를 꺼내 입지 못해 인사는 못 했지. 괜스레 미안한 마음에 파 향이 가득한 육개장만 후루룩. 올해에는 육개장처럼 빠알간 단풍을 가슴에 피워야겠다. 이렇게 속으로 먼저 나누는 가을 인사.

ADD 서울시 강남구 역삼1동 635-4
OPEN 07:00~23:00
CLOSE 명절 연휴
TEL 02-566-9779
PARKING 인근 공영주차장
MENU 전통육개장 7,000원, 사골갈비탕 6,000원, 황태북엇국 6,000원, 제육볶음 2만원

파 향이 그윽한, 칼칼하면서도 담백한 육개장 광주가 고향인 오경희 대표님이 24년째 육개장을 끓이고 계시는 곳. 사골을 하루 종일 끓인 육수에서는 깊은 맛이 나고 양지와 사태는 그 핏물을 빼고 4시간 정도 끓이다가 결대로 찢어 푸짐하게 넣는다. 마무리로 고춧가루와 파, 마늘을 넣고 3시간 정도 끓이면 끝!
그리워할 동(憧)과 서울 경(京)을 붙여 만든 이름. 사골이나 육우, 김치, 쌀 등도 국산을 고집한다. 빨간 어묵조림은 이집의 귀염둥이. 고향집 담요 같은 육개장에 도톰하게 부쳐낸 계란고명을 더하면 식사 내내 고소함을 더해준다. 오랜 단골이 많다. 일수 찍고 다시 오는 손님들의 사랑방이기도 하다.

ISYFOODLE #밑반찬에부침개 #파향녹진한육개장 #칼칼하나진한국맛 #고기는야들야들 #빨간어묵조림 #서울식육개장 #밥집겸술집

아버지도 고백을 해
듬북담북

일평생을 사랑한단 말 한마디 못한 아버지도 부드러운 미소로 고백하게 만드는 북엇국이 여기 있다. 새콤달콤 바지락 회무침에 소주 한 잔 따라드리니 살짝 허공보시다 다시, 로맨티스트로 돌아온 한 남자. 나의 아버지.

ADD 서울시 서초구 서초동 1691-5
OPEN 24시간
TEL 02-3477-8689
PARKING 전용주차장이 넓대(무료)
MENU 북엇국 7,000원, 바지락 회 무침 1만2,000원

맛있는 북엇국이 있는 곳 뽀얀 국물에 황태의 감칠맛과 고소함이 진하게 배어 있는 한 사발. 바지락 회 무침은 미나리와 배, 무를 초고추장에 솔솔 무친 것인데 한 입 아삭하니 베어 물고 소주 한 잔 걸친 후 북엇국으로 가슴 달래면 아버지와 할 수 있는 완벽한 브런치가 된다. 북어는 강원도 고성에서 바닷바람으로 말리고, 쌀밥은 백미를 도정한 지 한 달이 넘지 않도록, 두부가 도톰한 북엇국과 밥은 배부를 때까지 리필 가능하다. 24시간 영업으로 아침에는 해장하러 나온 이들, 점심에는 점심식사, 저녁에는 술 한 잔과 맑은 국물로 하루 종일 살아가는 이야기가 북어의 쫀득한 살처럼 쫄깃해지는 곳이다.

ISYFOODLE #남자들의안식처 #해장국일까술국일까 #담백한북어맛 #국물은리필돼요 #바지락무침상큼상큼

싱싱한 활어에
입맛이 불끈불끈
우리바다수산

활어는 제철에 먹어야 가장 맛있다. 꽃게, 새우, 전어, 방어, 산낙지 등 가을에 먹으면 더 맛있는 음식부터 사시사철 입맛 당기는 활어는 지친 몸에 힘을 불어 넣는 음식들이다. 푸짐한 인심처럼, 오로지 싱싱함과 맛으로 입소문이 난 우리바다수산은 유명연예인들도 즐겨 찾는 맛집이다.

활어회도 맛있게 먹는 요령이 있다!
강두섭 사장은 활어회를 맛있게 먹는 방법으로 제철에 나는 활어를 먹는 것을 추천한다. 광어와 우럭은 봄·가을에 맛있고, 늦가을에는 방어, 추운 겨울에는 도미와 고등어도 맛있다. 보통 활어는 살이 단단한 생선이 식감도 좋고 더 쫄깃쫄깃하다. 도미나 광어가 살이 단단한 편이라 회로 인기가 많은 이유다. 또한 생선의 뱃살이 부드럽고 담백한 맛이 깊다. 왕새우를 먹을 때는 머리를 떼어내서 소금에 바삭하게 굽거나 버터구이로 먹으면 금상첨화다.

동네 단골들도 입맛 당기는 푸짐한 음식 망원동 인근에서 가장 유명한 음식점을 꼽는다면 단연 우리바다수산이다. 동네 단골들도 엄지를 척 치켜세울 정도로 싱싱한 활어 맛을 자랑한다. 망원역 인근에서 10년째 자리를 지키고 있는 우리바다수산은 퇴근 무렵이면 손님들로 늘 북적거린다.

우리바다수산이 10년 동안 한자리에서 동네 단골들이 찾는 맛집으로 자리 잡은 이유는 간단하다. 강두섭 사장은 매일 아침마다 대형 활어차로 인천활어시장에서 싱싱한 활어를 실고 온다. 이 덕분에 신선한 활어를 손님상에 낼 수 있고, 제철에 나는 수산물로 새로운 메뉴를 개발하기도 한다. 제철마다 입과 혀를 즐겁게 만들어 주는 해산물이 사시사철 넘쳐나고 싱싱한 맛과 몸에 좋은 별미를 선보이는 강 사장의 음식에 대한 넉넉한 인심을 맛볼 수 있는 집이다.

해산물은 짝꿍처럼 같이 먹을 때 맛이 더 좋아지는 음식들이 많다. 매운탕에 낙지를 넣으면 국물이 개운하면서 시원한 맛을 내고, 왕새우를 버터구이로 만들어 먹으면 맛이 훨씬 고소하고 바삭한 맛을 더해준다는 것을 알고 있는 강 사장은 간단한 조리법으로 해산물끼리의 궁합을 맞춰 메뉴를 개발한다. 구청이나 주변 회사원들은 회를 다 먹은 다음에 물회 막국수로 마무리하면 배가 터질 듯한 포만감과 뒷맛을 깔끔하게 마무리를 할 수 있다고 추천한다. 또한 칼칼하고 시원한 매운탕을 곁들여 먹으면 더욱 좋다.

ADD 서울시 마포구 성산동 649-5
OPEN 12:00~05:00
TEL 02-322-3489
PARKING 주차공간 있음
MENU 광어+우럭(大) 3만1,000원, 도미 3만5,000원, 멍게·해삼·오징어 1만5,000원, 물회 막국수 1만5,000원, 매운탕 7,000원

ISYFOODLE #단골부자맛집 #제철에먹는활어의맛 #망원동터줏대감 #매일아침공수되는활어 #해산물궁합이최고

야호! 퇴근길의 짜릿한 해방감
골목안 생태집

야호! 외치고 싶어. 집으로 돌아오는 퇴근길에는 말야. 그냥 들어오긴 뭔가 아쉬워, 골목 안 생태집으로 터벅터벅 걸어 들어왔지. 보글보글 춤을 추며 끓고 있는 맑고 칼칼한 생태탕 한술. 거기에 더하는 술 한 잔. 크… 살맛난다!

ADD 서울시 강남구 역삼동 834-77
OPEN 10:00~22:00
TEL 02-508-6959
PARKING 가게 앞 공간
MENU 생태탕 1만2,000원, 동태탕 7,000원 (고니 추가 5,000원)

생태탕 잘 하는 곳 맑고 칼칼한 국물에 생태 한 마리가 고스란히 들어가 있다. 무와 콩나물, 그리고 맑게 우러난 시원한 국물이 별미. 재래식 손두부를 써서 두부 한 점도 고소하다. 미식가 연예인들도 자주 찾는 곳이라 옆에서 밥 먹고 있는 사람을 쳐다보면 아는 이들일 때가 있다. 생태가 비릿하지 않게 손질을 잘 한다. 생태를 발라 먹고 어간과 알을 먹다가 고니를 추가해 먹으면 푸짐하게 한 끼 해결. 생태탕이 보글보글 끓고 있으면 잘생긴 사장님이 직접 와서 뼈를 발라 주신다. 그러면서 손님과 이야기도 나누고 '생태가 실하죠.' 하며 살점도 떼 준다. 국물은 맑고 칼칼하니 약간 매운 편. 밑반찬도 직접 만들고 국내산 쌀로 밥을 짓는다.

ISYFOODLE #슈퍼주니어생태탕 #최민식도엄지척 #생태통째한마리 #국물맛이얼큰해 #퇴근길의해방감

고품격 갈치구이
윤칼치

깊은 바다에서 주름 깨나 잡던 갈치는 서울 화덕구이집에서 운명의 불구덩이에 휘감겼다. 둘러앉아 그의 살점을 먹어치운 이들은 은갈치의 헌신을 추모하고자 맑은 미역국 한입 삼키고 다시 바다로 그를 보내주었다. 은갈치, 담백하고 풍요로운 바다로 돌고 돌아가는 영롱한 은빛.

ADD 서울시 서초구 고무래로 14-6
OPEN 11:30~20:30
TEL 02-6253-9292
PARKING 발레파킹
MENU 갈치구이 정식 1만6,000원, 고등어구이 정식 1만3,000원, 갈치조림 3만6,000원(2인)
+TIP 와인 반입 가능

화덕 생선구이 전문점 모든 포커스가 '갈치와 고등어를 제일 맛있게 굽자'에 맞춰진 곳이다. 이를 위해 천연 황토화덕도 개발했다. 이 화덕은 황토 세라믹으로 만들어져 원적외선이 발생하는데 이 덕분에 생선이 타지 않고, 곳곳에 열을 침투시켜 생선을 골고루 구워 낸다고 한다. 항균 처리까지 되어 있다고 하니 생선구이집에 오면 늘 신경 쓰이는 위생 문제까지 세련되고 깔끔하게 잡았다. 제주 은갈치는 더 이상 서민적인 반찬이라 하기 힘들어 배가 통통한 세네갈산 특품으로 맛있게 구워 주지만 그 맛이 꽤 괜찮으며 고등어구이도 훌륭하다. 함께 나오는 미역국, 달걀찜, 오징어전도 맛깔스러운 곳이다.
건물 1층에는 구이전용화덕을 설치해 생선을 굽고 손님들은 지하로 내려가 밥을 먹는다. 조리하는 과정을 보면서 식사하러 들어가는 기분도 색다르다. 특히 홀을 분주하게 돌아다니며 손님들과 인사하는 주인의 서비스가 인상 깊다. 밑반찬으로 나오는 계란찜, 도자기에 나오는 나물무침, 미역국도 깔끔하여 아이들을 데리고 오는 주부들이 많다.

ISYFOODLE #갈치구이촉촉하게 #고등어도끝내줘요 #밑반찬은엄마손맛 #황토세라믹화덕구이 #생선구이고소해 #세련된직장인술집 #가족단위단골손님 #착한엄마되기좋은곳

답 달아 주는 생선 구이
마포구이구이

생선 구이를 먹으면 머리가 똑똑해지는 기분이다. 내가 채운 비밀번호를 기억하지 못해 방에 들어가지 못 했던 날. 골목을 기웃거리다가 탄불에 구워 주는 세상에서 가장 구수한 생선 구이를 먹고 비밀번호가 번뜩 떠올랐다. 언제나 답이 없는 월요일, 축 저진 몸을 직화 생선 구이로 풀어보는 건 어떨까.

ADD 서울시 마포구 도화동 55
OPEN 10:00~22:00
CLOSE 월요일
TEL 02-703-9292
PARKING 가게 앞 주차공간
MENU 고등어구이 백반, 삼치구이 백반 6,000원, 임연수구이 백반 7,000원, 주꾸미 6,000원(주꾸미 먹고 난 후 밥 볶아 먹기), 목살구이 1만1,000원, 삼겹살 1만1,000원

평생 생선만 구워온 달인의 직화구이 30년간 생선만 구운 '굽달' 할아버지의 불 조절은 예술이다. 생선 구이 백반을 주문하면 갓 구운 생선과 맛깔스러운 밥, 반찬과 된장국이 나온다. 숯불에 구우면 베스트이겠으나 탄불 구이로 구운 생선도 바삭한 겉껍질과 촉촉하면서도 부드러운 속살을 자랑한다. 이곳에서는 주꾸미도 인기가 많은데 웬만한 전문점보다 주꾸미의 선도가 좋다. 삼삼한 고추장 양념에 구워 먹다가 그 양념에 밥을 비벼 달라면 김과 함께 고소한 밥까지 먹을 수 있으니 정말 훌륭한 한 끼 식사가 된다.

이곳의 또 다른 매력 포인트는 30년간 생선만 구워 오신 어르신의 뒷모습이다. 불 조절의 공력이 고등어와 삼치의 맛을 최고로 끌어올린다. 매일 바뀌는 깔끔한 밑반찬과 미소국도 별미. 고슬고슬 잘 지어진 밥에 생선살을 올려 먹으면 윤기가 자르르. 주문하면 밖에서 구워 내오시는 생선은 노릇노릇. 겉은 바삭하고 속은 속절없이 촉촉하다. 저녁에는 삼겹살과 주꾸미에 반주를 걸치는 손님들로 붐빈다.

ISYFOODLE #달인의생선구이 #겉은바삭속살촉촉 #직화구이생선 #주꾸미에밥비비기 #마포의자랑 #30년생선만구워

이별한 후에 생태탕
장성 생태탕

떠나려거든 좋은 기억도 가져갔으면 좋겠습니다. 맘 놓고 사랑도 못 하는 사람을 위로해주는 칼칼한 생태탕의 맛.

ADD 서울시 강남구 언주로 149길 7
OPEN 11:00~22:00
CLOSE 매주 월요일
TEL 02-3446-0037
PARKING 식당 앞 주차공간
MENU 생태탕 1만2,000원, 생태탕(특) 1만4,000원(알과 고니 추가), 대구탕 1만6,000원, 고등어구이 8,000원

강남에서 먹는 생태탕과 대구탕의 칼칼한 맛 십여 년 넘게 꾸준히 사랑받은 곳으로 안정된 맛의 생선탕을 내온다. 하지만 꽤 오래전부터 생태가 우리나라에서 잡히지 않아 일본 북해도산 생태를 사용해 생태 본연의 맛 자체를 잃어버린 아쉬움이 있다. 원전사태 이후로 내키지는 않으나 어쩔 수 없이 칼칼한 국물이 당길 때면 이곳에 들른다.

이곳의 가장 큰 미덕은 1인분도 주문이 가능하다는 점이다. 미리 끓여 나온 탕을 양철냄비에 덜어 살짝 데워 먹으면 된다. 미나리와 콩나물, 무를 푸짐하게 넣어 국물이 시원하고 칼칼하다. 조미료도 소량으로 제한하여 자연의 맛을 느낄 수 있다. 생태뿐만 아니라 고니와 알도 푸짐해 1인분에도 주인장의 인심이 한껏 묻어난다. 또 하나 놓치지 말아야 할 것은 고소한 고등어구이다. 가스오븐에 구웠는데도 겉껍질은 바삭하면서도 고소하고 속은 야들야들하니 참하다. 와사비 간장에 살짝 찍어 먹으면 몸이 화들짝 놀라는 별미다. 탕을 시켜도, 고등어구이를 주문해도, 밥과 참한 밑반찬이 푸짐하게 나온다. 생태가 좀 꺼려진다면 대구탕을 주문해도 좋다.

ISYFOODLE #돌아와라생태야 #개운한국물 #대구탕도별미 #안동간고등어 #저염식 #일인분도후하게 #직장인회포풀기 #고니가득알가득

품을 줄 아는 밥상
노들강

ADD 서울시 강남구 논현동 184-1/98
OPEN 11:30~22:00
TEL 02-517-6044
PARKING 발레파킹
MENU Set B(노들강에서 자랑하는 민어회, 민어전, 삼합, 육전, 꼬막, 전복, 병어회, 방어회, 민어탕, 생굴 등을 모두 맛볼 수 있는 푸짐한 한상) 7만원

내 몸에 바다가 필요할 때는 매생이로 너울너울, 민어회와 병어회는 들쩍지근하게. 육전이 살짝 땅끝의 맛내다가 나 대신 욱해주던 홍탁삼합. 묵은지와 꼬막회무침은 휘파람을 솔솔 부니 모든 걸 품을 줄 아는 밥상. 남도요리는 언제나 살가운 우리 어미의 얼굴을 닮았다.

서울에서 남도음식을 먹으려면 여기로 가자 전라도식 김치와 밑반찬, 그리고 우리나라 남쪽 해안에서 잡히는 통통한 활어를 맛볼 수 있는 곳. 특히 민어를 잘 다룬다. 민어회는 두툼하게 썰되 뱃살과 부레 껍질을 따로 내어 맛보게 한다. 겨울철 병어 또한 구수하다. 생긴 모양 그대로 썰어 씹는 맛이 입안을 즐겁게 한다. 방어는 익숙하나 또 빠지면 섭섭한 맛. 전복도 하나 있어 꼬들꼬들 씹히는 맛이 바다 냄새를 더한다.

매생이국은 진득해 바다의 파도를 몸속으로 쳐내는 듯하다. 온몸이 바다의 향으로 물든다. 겨울철에는 꼬막이 나온다. 산뜻하게 쪄서 한 번, 아삭아삭 상큼한 회무침으로 또 한 번. 작은 꼬막살이지만 고소함이 살아 있다. 민어전도 잘한다. 신선한 민어를 확보하기에 계란만 살짝 입혔는데도 살결이 고스란히 오돌토돌 씹힌다. 특히 이곳에서는 육전도 별미다. 활어 사시미와 독특한 맛의 조합을 이룬다. 야들야들하게 썬 고기를 계란에 살짝 둘러 고소하게 튀겨낸 맛. 고기와 생선의 딱 중간 감칠맛을 연출한다. 홍어전은 참 특별한 맛이다. 보기엔 순둥이처럼 생겼는데 한입 씹어 보면 훅 하고 올라온다. 눈물이 핑 도는 삭힘의 알싸함. 익히면 홍어는 그 향취가 더 진해진다. 살짝 간장에 찍어 먹으면 막힌 가슴이 뻥 하고 뚫린다.

묵은지가 제대로 맛을 내기에 삼합도 좋다. 적절히 삶아진 돼지수육에 홍어를 올리고 묵은지로 맛깔나게 둘러싼다. 제대로 된 삼합. 우선 묵은지가 서곡을 알리면 뒤를 이어 홍합이 훅 하고 쳐들어오고 그 뒤를 성격 느글느글한 돼지수육이 쓰윽 들어온다. 절대로 배반할 것 같지 않은 의리의 삼총사가 내는 맛이 근사하다.

노들강의 매력은 제대로 익은 김치에 있다. 파김치, 갓김치, 묵은지가 남도의 생선과 탕국을 탄탄하게 뒷받침한다. 그러곤 바다와 땅끝의 맛을 최대치로 끌어올린다. 마지막으로 나오는 민어매운탕은 시원하고 든든하다. 이는 연한 선홍빛 바다를 떠다 놓은 듯 생생하다. 누가 바다를 그저 블루라고 했을까.

ISYFOODLE #민어회큰형 #남도음식 #생선회와육전의조화 #홍어삼합눈물쏙 #묵은지녹진하게 #선홍빛바다 #민어매운탕

가을 마음에 세꼬시
진동횟집

세꼬시는 바다에서 물오른 코스모스
뭉텅이로 투명하게 흐드러지다가
입에 닿으니 꼬들꼬들 고소한 바람이 분다
씹고 있으니 제 이름의 향미로 피어난다

ADD 서울시 서초구 잠원동 15-1
OPEN 12:00~22:30
TEL 02-549-2179
PARKING 식당 앞 주차공간
MENU 세꼬시 3만5,000원, 모둠회 3만원

세꼬시를 대표하는 서울 맛집 매일 산지에서 물차로 올라오는 도다리, 숭어, 광어를 쫄깃하고 고소하게 손질한다. 특히 세꼬시 정식에는 적지 않은 세꼬시와 계절마다 가장 맛난 3종 스시를 꼽아 내놓고, 문어숙회, 반건 오징어회가 1코스로, 좋은 솜씨로 부친 해물전과 동태전, 조기구이가 2코스, 제대로 된 밥맛을 내는 미역국과, 알밥, 세꼬시를 만들고 난 서더리탕으로 시원함과 얼큰함의 3코스를 마무리한다. 전어회가 한창일 때에는 저녁에는 줄을 서나 점심은 한적한 편. 마산에서의 30년 역사가 배인 특제 장맛에 마늘과 고추를 올리고 깻잎에 싸서 먹는 세꼬시 한 점. 가을 마음을 울린다.

ISYFOODLE #서울에서세꼬시처음 #밑반찬하나하나정성이 #푸짐하고신선 #남해안진동직송 #봄멸치 #가을전어농어 #젓갈도직접 #1980년시작 #직장인완소횟집

휘청거리는 나를
굴다리 식당

저문 밤에 너를 두고 취하는 이유는 김치찌개가 얼큰해서가 아니야. 계란말이가 보들보들해서도 아니고, 칠성사이다가 제 수명을 다해 밍밍해져서도 아니야. 그저 길가에 있는 가로등 불빛처럼 휘청거리던 날, 소리 없이 웅크리고 들쳐 업어 준 너에게 취하고 싶어서야. 단지 그뿐이야.

어머님 본점
ADD 서울시 마포구 도화동 181-45
OPEN 08:00~22:00
TEL 02-716-0066

아드님 별관
ADD 서울시 마포구 도화동 182-10
OPEN 10:00~23:00
TEL 02-706-0323
PARKING 바로 옆 도화동 주민센터 공영주차장
MENU 옛날 김치찌개 7,000원, 제육볶음 1만원, 계란말이 8,000원
+TIP 김치찌개만 주문해도 계란말이가 두세 조각 나오긴 한다

유명해지는 게 싫은 사장님의 김치찌개 사장님의 어머님이 굴다리에서 40년간 김치찌개와 제육볶음을 파셨다. 하지만 가게가 헐릴 거라는 소문에 마포 갈매기살 골목에 자리를 알아보기도 했다. 그러나 다행히 아직은 헐리지 않아 아들도 어머니를 따라 굴다리 식당을 같이 운영하고 있다. 구수하고 얼큰한 김치찌개, 밑반찬은 가자미조림과 들기름에 구운 김, 총각김치가 나온다. 개나리빛의 야들야들한 계란말이는 고소하고 짜지 않되 입맛이 돈다. 커피 자판기도 에코컵을 쓰는 마음씨 고운 식당. 이집 제육볶음은 마포의 자랑이다. 살점과 비계가 예술로 승화된 듯 고추장의 도움으로 완전체를 이룬다. 커피프린스와도 가까워 김치찌개를 먹은 후 커피 한잔 마시기도 좋다.

ISYFOODLE #돼지고기두께놀라워 #김치찌개가입에녹아 #얼큰함의교과서 #김치는문화재 #의자에도앉고바닥도좋아요

소나기와 김치찜
한옥집

소나기 내리던 날, 뒤에서 우산을 받쳐 주던 사람이 있었어요. 비를 피해 한옥집 처마 밑으로 쏙. 마주 앉은 우리는 푹 익은 김치찜에 계란말이를 주문했었죠. 당신이 그랬던가요. 비가 그치는 건 기다리는 게 아니라고. 얼큰한 김치찜을 먹을 때면 그날의 당신과 마주 앉는 기분이 들어요. 아직도, 난 그래요.

ADD 서울시 서대문구 냉천동 178
OPEN 10:00~22:00
CLOSE 명절 연휴
TEL 02-362-8653
PARKING 인근 감리신학대학 주차장
MENU 김치찜 8,000원, 계란말이 7,000원,
김치찌개 8,000원, 김치등뼈찜 2만5,000원

숙성된 김치와 돼지 목살을 푹 찜 쪄주는 곳 이 없는 할머니가 되어도 다시 찾고 싶을 만큼 보드라운 맛을 자랑한다. 이곳의 하이라이트는 김치찜. 직접 담근 김치를 7~8개월 묵히고 시큼한 맛을 고스란히 살려 쪄 특유의 감칠맛이 폭발한다. 도톰한 돼지고기는 오랜 시간 쪄서 김치 양념이 속까지 배고 살결이 젓가락 사이로 속속들이 찢어지니 입에 들어가면 살살 녹는다.
김치찌개에는 라면사리가 나오는데 면을 익혀 먹다 보면 부대찌개는 옵션으로 얻은 기분도 난다. 한옥집에서는 1년간 쓰는 김치가 600톤이다. 이 정도면 기업 수준. 매콤하면서도 칼칼한 김치맛을 보드랍게 감싸주는 것은 계란말이다. 고운 노란색을 띈 계란말이는 무려 계란 열 개가 들어간다. 주문하면 앞에서 아주머니가 부쳐주시는데 계란 가운데에 치즈를 살짝 넣어 그 맛이 늪처럼 부드러워진다. 방송을 타면서 더욱 유명해졌지만 맛의 깊이와 정겨운 한옥의 분위기, 친절한 아주머님들의 웃음은 한결같다. 김치등뼈찜은 푸짐해서 소주 안주로 인기가 많다.

ISYFOODLE #김치찜의절대강자 #폭익은돼지목살 #김치찜에김싸먹기 #계란말이에치즈찐득 #계란말이도최강자 #김치등뼈찜소주소환

개운한 새 출발
장꼬방 묵은지 김치찌개

묵은지 탈탈 털어 시원하게 국 끓이고 가마솥 누룽지로 속편한 첫 마디를. 계란말이 길처럼 부치다가 돌돌 말아 한입 되듯 김칫국 좀 흘리면 어때. 하루살이 길 가다 보면 켜켜이 쌓이겠지.

ADD 서울 서초구 서초동 1438-8
OPEN 24시간
TEL 02-522-0035
PARKING 발레파킹(무료)
MENU 장꼬방 찌개 7,000원, 계란말이 7,000원, 장꼬방 돼지숯불구이 8,000원

10여 년간 사랑받아온 김치찌개 좋은 국산 재료와 깔끔한 조리법, 후한 인심이 이 가게의 인기 비결이다. 주요 메뉴는 묵은지 김치찌개, 계란말이, 돼지고기 숯불구이 세 가지이다. 평일과 주말에도 이 3종 세트를 먹기 위해 테이블이 모두 들어찬다. 맛의 포인트를 잡자면 김치찌개는 맑고 칼칼한 김칫국 스타일로 돼지 목살과 묵은지가 씹히는 맛이 부드럽다. 계란말이는 베스트 오브 베스트이자 예술의 경지이다. 주문과 함께 대형 철판에서 10개의 달걀이 투척되어 즉석계란말이가 나오는데 켜켜이 말아 구워 부드럽고 고소하다. 돼지숯불구이는 주문과 함께 숯불에서 굽기 시작한다. 뜨끈하고 구수한 맛. 쌈장에 얹어 상추쌈 싸서 먹으면 든든하고 소주 한 잔에 딱 어울리는 안주거리다.

식재료와 밑반찬은 전북 진향군 동향면에서 직접 재배한 식재료만 사용한다. 기본 찬은 김, 오뎅, 묵은지이다. 하나하나 삼삼하고 깔끔한 맛을 내고. 김은 살짝 구워 재래식으로 내오는데 고소한 맛이다. 이집만의 특별한 점은 가마솥에 지은 고들고들한 밥이 무한 리필되며 식사 후 가마솥 숭늉으로 든든하게 입가심을 할 수 있다는 것이다. 밥은 물론 반찬도 무한으로 제공된다.

ISYFOODLE #묵은지야들야들 #가마솥누룽지와어울려 #계란말이는환상적 #돼지숯불구이맛나요 #포장은천원이싸

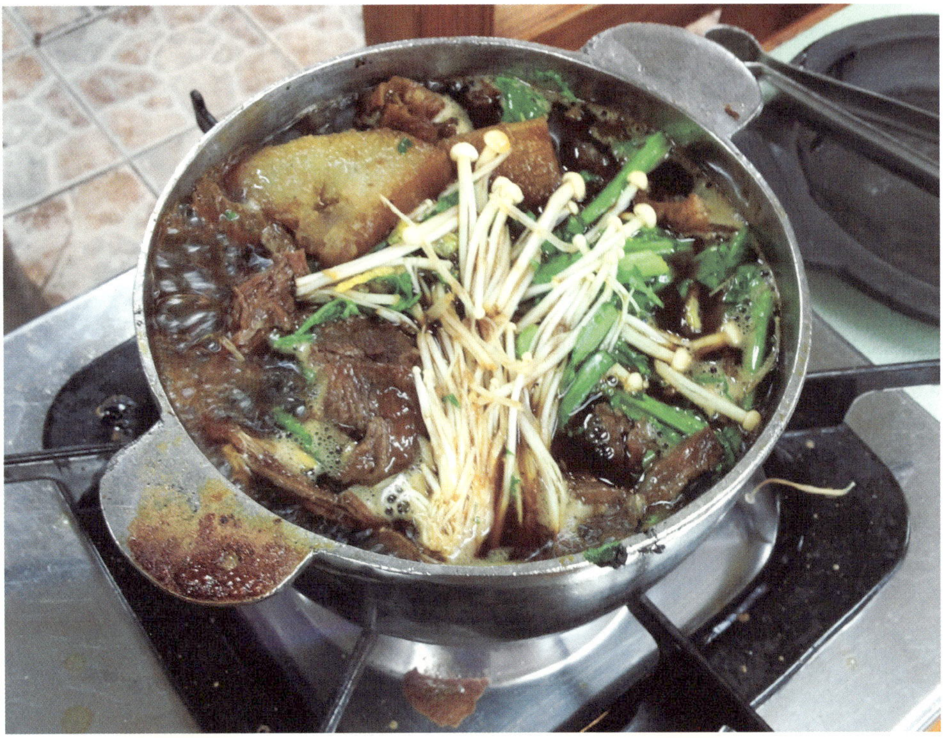

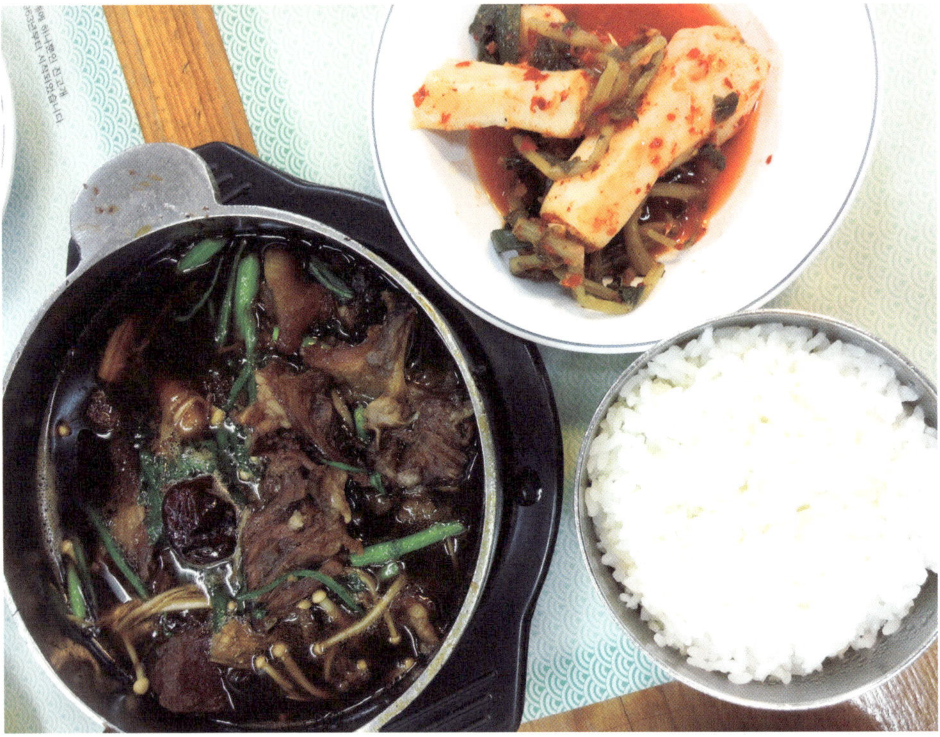

사리 살살 녹아드는 갈비찜
진고개

마음에 짠하게 남는 사람은 고맙고도 미안한 사람입니다. 갈비찜 백반, 짭조름한 간장 양념, 사리 살살 녹아드는 고기는 달콤함이 감돌아요. 김이 모락모락 나는 쌀밥에 고기 한 점과 총각김치 올려 밥 한술 비벼도 그만입니다. 마음에 짠하여 널 버리고 어찌 갈까.

ADD 서울 중구 충무로 3가 30-16
OPEN 11:00~21:30
CLOSE 일요일 격주
TEL 02-2267-0955
PARKING 식당 앞 빈터
MENU 갈비찜 정식 1만 7,000원, 게장 정식 1만 6,000원, 오이소박이 정식 8,000원

ISYFOODLE #역사의한페이지 #진고개갈비찜 #오이소박이는예술 #since1963 #충무로머스트잇

들쩍지근한 갈비찜 백반이 맛있는 곳 이렇다 할 한식집이 없던 1960년대 진고개의 음식을 먹는 일은 호사스러운 일이었다. 그 후 60년의 시간 동안 영화의 거리 한쪽을 묵묵히 지켜온 진고개는 간장게장이 유행하기 전부터 간장게장을 만들었고, 옛날 서울식 불고기, 오이소박이, 점잖은 비빔밥은 지금 먹어도 맛나다. 이집의 별미인 옛날식 갈비찜의 짭조름한 간장 양념에는 달콤함과 그윽함이 가득. 미나리와 청양고추의 감칠맛이 고기의 향을 최고조로 끌어올리고, 김이 모락모락 나는 쌀밥에 고기와 총각김치 올려 먹으면 그 맛을 잊을 수 없다. 갈비찜은 1인분씩 끓여 내오는데 한우는 푸짐하게 쌓여 있고 푹 졸여진 무와 스지는 달큰하니 밤알과 대추는 달콤함을 담당한다. 특히 이집은 밑반찬을 만드는 솜씨도 좋다. 총각김치는 시큼하니 잘 익었고 무절임에서도 연륜이 보인다. 장도 직접 담그는데 된장에는 맛살과 마늘을 살짝 섞어 쌈으로 먹기 아주 좋다. 옛날식 샐러드도 깔끔한 맛이 나고 이집 오이소박이를 추억의 미식으로 기억하는 사람도 아주 많다.

1960년대 전쟁 직후의 서울. 이곳에서 불고기와 게장을 먹을 수 있는 사람은 부러움의 대상이었다. 그때만 해도 남도 음식이나 제주도 음식을 서울에서 즐기는 것은 꿈도 꾸지 못했던 일이었기 때문. 서울 사람들이 먹는 음식의 모양을 정갈하고 품위 있게 요리하여 사람들에게 사랑받는 진고개였다. 그때로 다시 돌아갈 수는 없지만 이렇게 음식에서나마 과거를 돌아볼 수 있기에 진고개의 음식을 먹는 것은 역사의 한 페이지를 먹는 것이라 해도 과언이 아닐 것이다.

바싹불고기, 깻잎에 휘날리며
역전회관

가는 해는 술국으로, 오는 해는 바싹불고기로. 용산역 역전회관에서 만나는 사람들은 내게로 오고, 떠나는 사람들은 내게서 간다. 맑은 고깃국에 뭉툭한 선지, 하얀 술 한잔. 안녕은 이렇게. 숯불 맛 달콤한 바싹불고기 깻잎에 싸 주며 또 만나, 이렇게.

ADD 서울시 마포구 염리동 173-21
OPEN 11:00~22:00
TEL 02-703-0019
PARKING 발레파킹
MENU 바싹불고기 백반 1만4,500원, 낙지비빔밥 1만원, 선지 술국 1만원
+TIP 예약은 필수이며 주요 식사시간을 피하면 편하게 식사할 수 있다.

50년 전통의 바싹불고기 원조 1962년부터 시작되어 지금까지 명맥을 이어오는 곳이다. 바싹불고기의 시초가 되었고 지금은 낙지볶음, 육회, 선짓국 등을 맛있게 만들고 있다. 그 장대한 역사의 시작은 1928년 김막동 할머니였다. 순천에서 설렁탕, 수육, 불고기 등을 만들어 팔기 시작했고 1962년 2대가 그 뒤를 이어 용산 역전에서 바싹불고기를 개발하며 이름을 '역전회관'으로 바꾸고 개업했다. 그리고 3대 때는 1990년대 용산이 재개발되면서 마포로 이동하여 지금의 모습을 갖추었다. 장맛이 구수하고 전체적으로 달콤한 편. 특히 바싹불고기는 한우로 만들어 육질이 야들야들하고 간장 양념이 달콤하다. 깻잎에 싸서 먹으면 감칠맛이 깊다.
낙지비빔밥은 된장에 고추장을 약간 섞어 구수하면서도 칼칼하다. 콩나물, 무채, 김, 소고기, 낙지, 계란, 들깨, 대파 등 푸짐한 내용에 뜨끈한 쌀밥을 비벼 먹으면 고소하면서도 매콤한 감이 입안에 가득 퍼진다. 술국은 맑고 든든. 나주곰탕 같은 맑은 고깃국에 선지가 푸짐하다. 무와 콩나물이 국물의 시원함을 더한다. 두 사람이 먹어도 충분히 남을 정도다. 밑반찬도 깔끔하며 식당 분위기가 좋아 역사가 참 잘 보존되어 갈 식당이라는 것이 보인다.

ISYFOODLE #바싹불고기원조 #불맛고기 #얇아도진한맛 #깻잎에싸면더맛나요 #낙지비빔밥도인기 #술국은푸짐개운 #우아한전통

발라드를 뺏긴 나날
불곱창을 사수하라
맛나곱창

더 이상 치밀어 오르는 가요가 없어 오랜 친구 불러내 구워 먹는 곱창 한 점. 열정도 상처도 불판에 지글지글. 연한 살점 하나에 한숨도 편안히, 수다도 편안히.

ADD 서울 성동구 홍익동 130-1
OPEN 13:00~05:00
CLOSE 넷째 주 일요일
TEL 02-2282-3349
PARKING 인근 공영주차장
MENU 돼지곱창구이 1만1,000원, 소곱창구이 1만8,000원, 간·천엽 1만원, 순대곱창 1만1,000원

사람냄새 나는 왕십리의 시작 인근 마장동에서 배송된 부속물을 정갈하게 가다듬어 매콤하게 숙성된 양념장에 초벌구이 한다. 작은 가게로 시작했지만 신선도와 양념의 맛이 좋아 단골손님이 인근에서 가장 많다. 연한 돼지곱창과 생으로 내오는 간과 천엽이 인기메뉴. 타오르는 연기 없이 속편한 친구 만나 한잔하기 좋은 곳이다.

ISYFOODLE #일류셰프도인정한맛 #곱창이깔끔 #양념장도좋아라 #쫀득거리는식감 #줄서서먹는곱창

정육점 이모의 고기 특강
성일정육점

고기는 비 오는 날 구워야 제맛이지. 치마살은 보들보들 버터사탕처럼 녹아들고 토시살은 고소하니 씹는 맛이 일품이야. 제비추리 길쭉하니 쫄깃함은 사뿐사뿐. 치이익 칙, 빗소리에 구워지는 고기 한 점에 우울함도 녹아버리는 거여.

ADD 서울시 성동구 성수1가2동 7-3(뚝섬역)
TEL 02-2292-6696
MENU 소고기 특수부위(치마살, 토시살, 제비추리로 구성, 2~3인이 고기의 맛을 느끼며 먹을 수 있는 양이다) 6만원/500g

혀끝에 올려놓으면 살살 녹아 버리는 고기 마장동에서 17년간 고기를 다루다가 지금은 뚝섬역으로 가게를 확장했다. 소고기 특수부위라는 메뉴를 정성껏 내온다. 안심과 등심은 어디에서든 먹을 수 있으나 한 마리당 500g 정도 나오는 제비추리와 토시살은 친한 이모님이 운영하는 정육점에나 가야 얻어 먹을 수 있다. '맛있다' 보다 맛이 '다르다'라고 느껴지는 재밌는 소고기가 있는 정육점. 된장은 물론 소금도 찍어 먹을 필요 없이 살살 녹는 육질을 자랑한다.

ISYFOODLE #한우의진미 #부위별로맛달라요 #한돈은매력덩어리 #이모님카리스마 #정육식당은매력적 #성동구대표고깃집

오삼부대찌개
숙주삼겹살

엉켜 앉아 통통 삼겹살

치이익 치이익. 구워줘요. 잘라줘요. 아기돼지 삼겹살. 영차영차 뒤로 굴러! 앞으로 굴러! 오삼 부대찌개 엉켜 앉아 권해요. 통통하게 깔끔하게.

ADD 서울시 강남구 논현동 16
OPEN 24시간
TEL 02-540-7871
PARKING 건물 옆 동신 주차장(발레파킹 2,000원)
MENU 부대찌개 6,500원, 숙주 삼겹살 1만 2,000원(숙주와 김치는 무한리필)

불량스런 과거를 벗은 부대찌개와 삼겹살 윤정희 대표는 음식에 대해 남다른 철학을 지닌 사람이다. 가장 즐겁게 먹을 수 있는 요리야말로 가장 건강한 요리여야 한다는 것이 그녀의 철학. 그래서 윤정희 대표는 이 가게의 밑반찬까지 고향 친정어머님이 농사지으신 토란대와 가지를 말려 삼삼하게 무쳐 낸다.
부대찌개도 이런 철학을 바탕으로 만든다. 된장과 천연재료로 한 달 동안 숙성한 양념장으로 국물의 맛을 낸다. 부대찌개의 베스트프렌드인 햄과 소시지는 한 번 끓는 물에 바르르 끓여 첨가물을 말끔히 빼낸다. 거기에 숙주나물과 오징어 삼겹살을 더 넣어 영양을 살렸다. 면은 쫄면을 기본으로 넣어서 불어도 터지지 않는 쫀득한 센스까지 갖췄으며 쥐눈이콩을 넣어 씹는 맛과 고소함, 깔끔한 영양까지 살린다. 이곳의 또 다른 베스트 메뉴는 숙주 삼겹살. 삼겹살을 주문하면 특제 주물판에 숙주 물을 듬뿍 올려 올리브 오일에 아삭하게 구워 준다. '삼겹살 기름이 쭉 빠질 동안 숙주로 해독하고 김치로 간을 하세요. 고기는 흡입 말고 감칠맛 있게 씹어 드시고.' 삼겹살을 더 맛있게 즐길 수 있는 방법은 덤이다.
이집의 마지막 하이라이트는 철판 계란말이. 계란 위에 모차렐라 치즈를 솔솔 뿌려준다. 고소하게 익는 향에 살살 돌려 말면 쫀득한 치즈를 품은 계란말이가 완성된다.

ISYFOODLE #부대찌개강자 #숙주개운하게 #삼겹살도웰빙 #소주는방울방울 #미식가의삼겹살집 #약콩부대찌개 #친정농사밑반찬

사랑이 서툰 연인의 족발
오가네 족발

사랑이 서툰 사람들에게 혹은 어디로 가야 할지 모르는 남자에게 족발은 든든한 발이 되어 주고 쫀득거리는 껍질은 그 여자의 피부에 윤기 나는 물광효과를. 입가심 막국수는 배포 있게 후루룩 양푼째 시원하니 사랑, 그거 별거 아니야. 이게 바로, 족발집 해피엔딩.

ADD 서울시 강남구 도곡동 416-11
OPEN 11:00~02:00
TEL 02-575-0067
PARKING 식당 앞 주차공간
MENU 정승족발(매일 한정 50족) 큰 것 3만 8,000원, 작은 것 3만3,000원, 양푼막국수(성인 세 명이 먹을 만한 양) 1만2,000원
+TIP 배달 불가능

도곡동의 까다로운 입맛도 만족시킨 도곡동에서 쫀득거림으로 유명한 족발집이다. 입맛이 깐깐하기로 유명한 타워팰리스 주민들도 자가용으로 공수해 먹을 만큼 완성도 높은 맛을 자랑한다. 느릅나무 등 한방 약재를 넣은 씨육수의 맛있는 비법은 이미 30년을 이어져 내려온 것. 이 육수로 질 좋은 돈족의 핏물을 말끔하게 빼내고 그 자리에 구수한 육수가 고스란히 배도록 만든다. 오가네 족발의 오세진 대표는 족발 하나만큼은 자신의 일생을 걸고 만든다고 자부하는 의리파 형님이다. 족발 후 먹는 청량한 양푼막국수는 이집의 또 다른 별미. 살얼음 동동 띄운 국물에 쏙 들어가 있는 쫄깃한 메밀면은 시원하면서도 고소하다.

ISYFOODLE #족발의숨은고수 #쫀득함이남달라요 #껍데기는말캉말캉 #여름엔막국수 #깨끗한핏물제거

시인과 친구의 돼지고기
대성갈비

한 주에 대한 넘치는 의욕보다 먼저 돌아오는 월요일 점심시간. 아침 배달차로 들어온 쌈야채의 이슬에서 잠을 깬다. 푸짐한 제육볶음에 젓가락을 꽂으니, 살코기와 껍데기가 버무려진 고기 한 점. 양배추와 대파가 달콤하니 당귀잎에 한입 싸 먹고 고개 숙여 혼자 웃는다. 로또 맞은 듯한 이 기분.

ADD 서울시 성동구 성수동 1가 2동 668-21
OPEN 12:00~21:00(점심 백반은 14:30 전에 주문 마감)
CLOSE 둘째 주, 넷째 주 일요일
TEL 02-464-3012
PARKING 식당 앞 서너 대. 인근 공영주차장 이용
MENU 점심백반 8,000원. 참숯돼지갈비(200g) 1만원

16년 동안 성수동을 지켜온 고깃집 돼지 숯불갈비가 유명하나 점심에는 백반을 먹으러 온 사람들로 자리가 금방 찬다. 제육볶음과 싱싱한 채소, 세 종류의 담음김치와 장아찌 그리고 콩나물무침. 흑미로 지은 밥과 소고기 뭇국의 든든함으로 한 끼 완성. 제육볶음은 돼지고기가 혀 위에서 살살 녹는다. 적당하게 비계도 있어서 양념이 찐득하고 살코기는 폭삭 익은 양배추와 대파를 얹어 먹으면 달콤하다. 흑미밥, 소고기 뭇국은 마음을 달래 주고, 여러 채소가 특히 신선해. 상추에 깻잎, 쌉싸래한 당귀잎에 고기를 올리면 씹는 내내 향긋함이 코끝을 감돈다. 대성갈비는 성수동의 터줏대감이자 인심 좋은 돼지갈비집이다.

ISYFOODLE #제육백반예술 #고급진매콤함 #상추쌈당귀잎 #참숯의향연 #돼지고기의최대치 #성수동지킴이 #비올때더맛나요

독해봐야 별거 없다
마포원조주물럭

이빨 빠진 호랑이라도 여전히 고기를 좋아하는 법.
한때 큰소리 치던 직장상사는 퇴직 후 까마득한
후배가 사는 주물럭에도 녹을 만큼 순해졌다.
야들야들 숯불구이에 녹아드는 등심 한 점.
독해봐야 별거 없다. 그제?

ADD 서울시 마포구 용강동 45-1
OPEN 11:00~23:30
CLOSE 명절 연휴
TEL 02-716-3001
PARKING 발레파킹
MENU 주물럭 4만5,000원/150g, 누룽지 4,000원, 된장찌개 2,000원

ISYFOODLE #주물럭의명가 #마포에선주물럭 #살살녹는고기 #고기후된장찌개

소고기구이의 감칠맛을 느끼고 싶을 때 마포 일대를 비롯하여 주물럭 고기가 성하던 날이 있었다. 주물럭은 한우 등심에 소금과 후추, 그리고 약간의 참기름으로 밑간을 하여 주물럭거리는 모습에서 그 이름이 생겼다. 숙성된 고기를 참숯에 구워 먹는데 그 맛이 생고기보다 야들야들하고 간장 양념 불고기보다 감칠맛이 돌아 소고기계의 한 계류를 이루는 이름이 되었다. 그래서 생고기를 먹는 사람들도 이 맛을 즐기고 불고기의 달짝지근한 맛을 좋아하는 이들도 주물럭은 엄지를 치켜든다. 물론 양껏 먹는 것보다는 스테이크를 먹듯 약간은 아쉽게 먹는 게 묘미.

마포원조주물럭은 1970년대부터 주물럭을 구워 왔다. 그 당시는 마포고등학교 옆 '실비집'이라는 이름이었는데 이집이 인기를 얻자 그 주위로 주물럭집이 퍼지기 시작했고 마포 일대가 주물럭 거리가 되기에 이른다. 지금은 고기범 씨가 3대째 대를 이어 맡고 있는데 그 맛은 여전히 그대로다. 연하고 부드러운 주물럭 고기를 숯불에 구우니 씹기 좋게 적당량의 지방이 녹아 흐르고 숙성된 고기는 보드랍게 씹힌다. 고기 간수를 잘 하기 때문에 생갈비도 맛있다. 아무 양념을 하지 않아도 특유의 감칠맛이 돈다. 고기의 맛을 좋게 해주는 밑반찬도 깔끔하다. 고기를 먹고나면 식사로는 누룽지와 된장찌개가 나오는데 누룽지는 흑미밥으로 만들어 구수함이 진하고 된장찌개도 얼큰하니 속에 든 건더기도 알차다.

한우가 값이 나가는 탓에 이제 주물럭은 더 이상 서민요리라 할 수는 없다. 하지만 소고기구이를 사랑하는 사람들이 큰맘 먹고 별미를 맛보고자 방문하는 곳이고, 여의도에서도 가까워 금융계와 방송계 사람들이 퇴근 후 많이 찾는 곳이다.

정겨움이 미치도록
경동시장 포장마차

ADD 서울시 동대문구 경동시장 내
OPEN 시장 영업시간과 동일
MENU 잔치국수 3,000원, 족발 8,000원, 콩국수 4,000원, 모둠순대 4,000원

ISYFOODLE #이모님카리스마 #어른들의고민상담소 #껍데기볶음매콤해 #막걸리한사발걸치고 #시장은이재미로

일요일 경동시장 포장마차에는 진한 삶의 향이 배어 있다. 노름에 빠졌다 이제는 맘 잡고 대리운전 한다는 남자에게 이모님은 돼지꼬리도 내주고, 진한 콩국수와 참이슬 한 잔을 상으로 내준다. 이곳에서는 아무리 푸짐히 먹어도 만원이 안 된다. 서글픈 인생을 위로하는 맛이다.

일 년 내내 이곳은 영업 중 경동시장의 중심에서 포장마차 네 가가 일 년 사시사철 영업 중이다. 여기는 삶은 돼지머리와 꼬랑지뿐만 아니라 푸짐한 순대도 팔고, 국수 삶아 파는 김이 언제나 모락모락 피어오르는 곳이다. 나이가 지긋하신 이모님은 삶을 지휘하듯 우아하게 움직이시며 의자에 걸터앉은 이들에게 음식을 담아 주신다. 그 손길을 따라 요즘 삶은 나아졌는지 친척들 건강은 어떤지 시시콜콜한 이야기들이 상을 넘나든다. 손님들은 고민이며 자랑이며 술술 털어놓고는 내어 주는 맛있는 음식들로 배를 넉넉하게 채우고 돌아간다. 순대 1인분에는 순대, 내장 등이 푸짐하게 나오며 돼지꼬리는 깻잎이나 양파 등 갖은 야채와 함께 매콤하게 볶고, 시원한 멸치육수로 만든 잔치국수는 산에 갔다 돌아가는 사람들에게 인기 만점인 메뉴다. 여름에 직접 콩을 갈아서 만드는 콩국수와 우무콩국도 인기다.

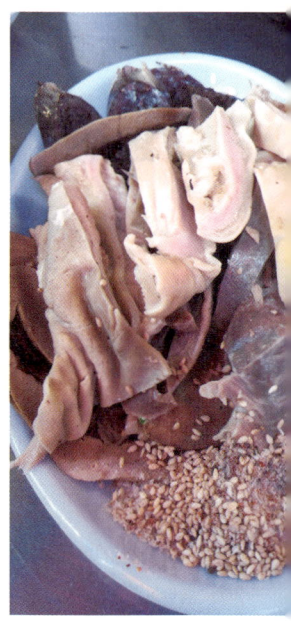

믿을 만한 두부집
백년옥

비빔밥에 계란프라이, 두부 두 조각, 그리고 김과 풀 약간. 이 하찮은 것들이 들깨유에 비벼져 하나의 예술 작품이 된다. 믿음이란 들깨유 같은 것이 아닐까. 투명하여 보이지는 않으나 조각난 일상을 하나로 모아 잘 살아낸 하루로 만드는 힘. 그게 바로 삶의 믿음일 테니.

ADD 서울시 서초구 서초3동 1450-6
OPEN 10:00~22:00
CLOSE 명절 연휴
TEL 02-523-2860
PARKING 공간 많음
MENU 두부 야채비빔밥 8,000원, 자연식 순두부 8,000원
+TIP 입구에서는 그날 만든 비지를 무료로 나눠준다.

우직하게 지켜온 두부의 길 예술의 전당으로 일정이 잡힌 날이면 언제부터인가 두부의 향이 코끝으로 밀려오기 시작했다. 예술의 전당 맞은편에서 40년 이상 콩을 삶고 두부를 만들어온 백년옥 때문이다. 특히 봄기운이 살아나는 시기에는 손두부와 야채를 듬뿍 넣고 금방 구워낸 계란프라이에 콩나물, 김가루를 듬뿍 뿌리고 쓱쓱 비빈 후 파간장으로 살살 간을 해먹는 두부 야채비빔밥이 별미다.
겨우내 몸에 쌓인 쌀쌀한 기운은 자연식 순두부로 내보내면 좋다. 맑게 나오는 몽글몽글 순두부. 더 더할 것도 없이 콩 자체만으로 고소함과 구수함, 부드러움이 완벽한 조화를 이루어 입속에서 폭발한다. 소리 내지 않고 자신의 일을 묵묵히 해나가는 모습. 음식이 사람이라면 아마도 백년옥의 두부 요리는 이런 우직한 모습을 하고 있을 것이다.

ISYFOODLE #믿을만한콩두부맛 #국산콩은고소해 #두부야채비빔밥 #순하디순해 #순두부에파간장

향에 기대어 되비지
피양콩할마니

나는 어민도 싫고 농민도 싫어 도시민이 되었지만 할머니는 고향이 좋아도 실향민이 되셨다고 한다. 가마솥에 뭉근히 익히는 되비지에서는 초가을 아침 들녘처럼 구수함이 살포시 느껴진다. 뜨순 밥에 콩비지 올려 양파간장을 슬슬 비벼 먹고 나니 떠돌이로 사는 동안 고향으로 기댈 수 있겠다는 생각.

본점(할머님과 따님이 운영)
ADD 서울시 강남구 대치동 894
TEL 02-508-0477

역삼점(며느님이 운영)
ADD 서울시 강남구 역삼동 836-72
OPEN 10:00~23:00
TEL 02-545-5801
MENU 콩비지 7,000원, 김치콩비지 7,000원, 버섯콩비지 8,000원, 무콩비지 7,000원, 피양접시만두 7,000원, 콩국수 9,000원

할머님이 40년간 손맛으로 되비지를 끓여 주시는 곳 평양에서 내려오신 할머님을 통해 고향의 손맛을 느낄 수 있다. 여기서는 두부를 빼지 않은 되비지를 먹을 수 있다. 국산콩을 정성껏 불려 가마솥에 삶아 맷돌로 간다. 콩의 구수함을 최고조로 끌어올린 한 사발. 돼지고기를 아주 잘게 다져 감칠맛이 숨어 있다. 첫술은 오리지널 맛으로, 두 번째는 양파간장에 밥을 슬슬 비벼, 세 번째는 알맞게 새콤한 김치를 올려 먹는다. 여름에는 콩국수도 유명한데 걸쭉한 콩국물에 쫄깃한 면 사리는 마니아층이 두껍다. 밑반찬만으로도 풍성. 조를 살짝 뿌려 지은 밥도 고슬고슬, 여기 콩비지는 한입 먹고 눈을 감으면 그 맛이 그려진다. 잃었던 고향을 되찾아 주는 음식. 지금은 따님과 며느님이 함께 식당을 운영하고 있으며 콩 박사로 유명한 서울대 이기호 교수님이 할머님의 손자이시다. 할머님이 손맛으로 콩 요리를 하셨다면 손자는 콩 발효 에센스를 개발하고 약콩 두유를 히트시키며 생활에 콩을 가져다 편하게, 맛있게 이롭도록 하였다.

ISYFOODLE #두부를빼지않아되비지 #국산콩의구수한맛 #맷돌로스르렁 #손자는콩박사 #할머님이아직도 #며느리도대를이어 #손두부환상고소 #밑반찬맘껏 #위생적 #콩향기정겨움

꼬숩고 속 시원한 메밀국수
춘천메밀막국수

경동시장에서 35년간 메밀막국수를 뽑아 파신 이모님과 함께 꼬숩은 메밀면수와 거친 막국수 한 그릇 먹으며 가을은 속 시원해지길 소망하는 소박한 기도를 했다. 말복, 꿈틀거림은 아껴두었다 올겨울에 써야겠다.

ADD 서울시 동대문구 제기동 989-13 경동시장 1번 출입구
OPEN 10:00~시장 마감까지
TEL 02-966-1498
PARKING 인근 경동시장 공영주차장
MENU 메밀막국수 6,000원, 닭무침 7,000원

35년 전통의 진수 경동시장 사거리의 냉면 거리에는 유일하게 막국수 가게가 하나 있다. 35년 전통의 춘천메밀막국수. 크지 않은 가게지만 문을 여는 순간 확 밀려드는 메밀 향이 고소한 곳이다. 아니나 다를까 메밀이 한쪽에 수북이 쌓여 있고 30년을 훌쩍 넘은 재래식 제분기가 친구처럼 그 옆에 서 있다.

주문을 넣었으나 느릿느릿한 이모님. 우선 면수를 내어 주신다. 메밀 껍질 하나 버리지 않고 전체를 갈아 넣어 매일 면을 뽑기 때문에 면수도 걸쭉하다. 거기다 따끈하기까지. 면에는 80% 이상이 메밀, 그리고 나머지는 쫄깃하라고 전분을 첨가한다. 살얼음이 낀 육수는 다른 통에 따로 나오는데 손님들은 우선 면을 맛보고 메밀 향을 느낀 후 그 위로 육수를 천천히 붓는다. 투명한 무절임에도 주인의 성품이 보이는 듯하다. 면에 메밀의 껍질 내육이 모두 들어 있다. 이런 구수함 때문에 메밀은 가난함이 없어졌어도 살아남았으리라. 이 맛을 잊지 못해 멀리서 경동시장 둘러본다는 핑계로 찾아오는 어르신들이 많다.

ISYFOODLE #경동시장맛집 #춘천메밀막국수 #35년전통 #닭과고기뼈6시간육수 #메밀80% #고소한메밀향 #면발의고수 #자가제면 #통메밀의고소함 #닭육수는해장용 #단골손님많은곳

다행히 내게는
돌아갈 집이 있다
희락갈치

해가 진 하늘 아래 고가도로는 귀가 차량으로 수놓이고 그 위를 달리는 내게도 다행히 돌아갈 집이 있다. 배고프면 밥집으로, 그리우면 술집으로, 자글자글 끓어오르는 갈치조림. 달큼한 무를 흰밥에 올려 갈치 한 점으로 희희낙락. 다행히도 내게는 밥 같이 할 네가 있다.

ADD 서울시 중구 남창동 34-33 남대문시장 갈치골목 내
OPEN 03:00~21:00
CLOSE 명절 연휴
TEL 02-755-3449
PARKING 남대문시장 공영주차장
MENU 갈치조림 2인분 1만6,000원, 모듬생선구이 8,000원, 계란찜 4,000원

50년 동안 양은냄비에 갈치를 졸인 남대문 갈치골목에만 들어서면 "갈치튀김이랑 계란찜, 서비스로 드려요~"라고 외치는 집이 무수하다. 하지만 이 수많은 집을 거쳐 이곳에 온 이유가 있다. 일단 내부가 무척이나 깨끗하다. 주방은 문을 활짝 열고 밑반찬은 하나하나 랩으로 싸서 준비. 손님이 오기 전 애벌로 익힌 갈치조림을 주문이 들어오면 다시 자글자글 끓여 낸다. 무와 대파가 녹을 만큼 뭉근히 익히고 맛은 매콤하면서도 달콤하다.

계란찜은 뚝배기에서 김이 모락모락. 그 안에는 해물과 야채가 듬뿍 들어 있다. 갈치조림 국물과 계란찜을 밥에 쓱쓱 비벼 먹는 것도 별미. 요즘은 가자미, 꽁치, 어린조기를 모듬으로 묶어 숯불에 구워 주니 감칠맛이 끝내준다. 생선살 하나하나 그 맛을 살려 잘 구웠고 껍질은 고소하다. 재래식 김에 밥 한술, 매콤하면서도 달콤한 무 한 점, 맛있게 잘 익은 갈치를 얹어 싸먹으면 땀나게 맛나다.

ISYFOODLE #남대문갈치조림레전드 #무맛이꿀맛 #자글자글 #시장은이맛에 #위생도으뜸

부릉부릉 질주 돼지불백
감나무집
기사식당

손님이 가자는 곳으로 가지만 결국은 돌아온다. 마지막에 남는 건 주인이기 때문에. 기사식당 불백은 삶의 운전대를 잡고 있는 주인들의 몫이다.

ADD 서울시 마포구 연남동 515-19
OPEN 24시간
TEL 02-325-8727
PARKING 언제나 너른 주차장 구비
MENU 돼지불백 8,000원, 소불백 8,000원, 황태찜 8,000원, 생선구이 8,000원, 고등어김치조림 8,000원, 두부찌개 8,000원, 오징어볶음 8,000원, 닭볶음탕 8,000원

불백이 맛있는 곳 돼지고기 불고기에는 은은한 단맛 양념에 숯불 향이 진하게 배어 있다. 이를 더욱 맛있게 먹을 수 있는 이유는 쌈 싸먹는 상추가 특별히 연하고 고소하기 때문. 이는 쌈을 많이 싸먹는 기사님들을 위해 쌈 야채를 특별히 주문하는 센스를 발휘하는 주인장 덕분이다. 이렇듯 길 위의 허기진 기사님들을 위로하는 식당은 아직도 많이 남아 있다.

이곳에서는 밥도 반찬도 양껏 가져다 먹을 수 있다. 가게에 들어가면 한쪽에는 대형 밥솥이 있고 또 한쪽에는 반찬을 푸짐하게 가져다 놓은 식대가 있다. 입가심으로 드시라고 내놓는 잔치국수는 한 올, 한 올이 투명하다. 이곳은 '연남동 기사식당'으로도 불리는데 아직도 옛 가정집 모습 그대로 남아 있어 밥을 먹으러 갈 때면 친구네 집에 가는 기분이 든다. 감나무집 기사식당에는 소고기불백도 있지만 여기서는 돼지불백이 더 인기가 많다. 기름에 지글지글 튀기듯 구운 계란프라이도 놓치지 말아야 한다.

ISYFOODLE #무한도전불백 #연남동터줏대감 #기사식당은정겨워 #관광객도많아요 #불백은달콤

김밥 한 줄로 소풍길
리김밥

ADD 서울시 강남구 신사동 610 서원빌딩 1층
OPEN 09:00~21:00(토요일 07:30~20:00)
TEL 02-548-5552
MENU 일반 리김밥 2,800원, 슈퍼야채 리김밥 3,500원, 매콤견과류 리김밥 4,000원, 더블치즈 리김밥 3,800원 불고기치즈 리김밥 4,000원

ISYFOODLE #프리미엄김밥의원조 #한입을먹어도감동 #매콤견과류김밥짱 #반반맛보는재미 #달인의김밥

소풍가기 전날 밤. 진주햄 소시지로 김밥 싸던 엄마는 아이의 잠든 모습보고 씩 웃으며 오양맛살을 추가로 넣어주셨다. 기죽지 말길, 어디서도 어깨를 쭉 펴는 아이가 되길 바라며. 소풍은 끝났지만 매콤달콤 견과류가 듬뿍 담긴 김밥 하나 입에 넣고 토닥토닥 다독이는 엄마의 손길을 아직 나는 기억한다.

동그라미 하나에 엄마표 애정이 듬뿍 매콤견과류, 버섯불고기, 참치, 파프리카 김밥은 이곳의 사대천왕. 김밥의 달인으로 주목받는 이은림 대표는 김밥 하나에도 배합의 묘미와 영양의 어우러짐이 있다는 철학을 고수하며 꼬투리까지 맛나게 먹을 수 있도록 손님을 챙긴다. 솔직히 엄마가 싸준 것보다 맛있다. 우리나라 프리미엄 김밥의 1세대이며 아이들은 물론 인근 직장인들에게도 점심메뉴 1순위로 꼽힐 정도로 맛있는 김밥이다. 김밥에 사이다를 곁들여 먹는 맛이 어느 일품요리보다 맛깔스럽다.

고수는 최후에 칼을 뽑지
마복림할머니 떡볶이

Before 하찮은 다소 싼티 나는 비주얼
After 양념장과 재료의 엄청난 케미
Option 흐물흐물 누른 납작만두는 고소함에 홀딱 넘어감

ADD 서울시 중구 신당1동 292-112
OPEN 08:00~21:00
CLOSE 둘째 주 · 넷째 주 월요일
TEL 02-2232-8930
PARKING 발레파킹
MENU 떡볶이 2인분(오뎅, 쫄면, 라면, 만두, 계란) 1만1,000원, 치즈 떡사리 추가 1,000원

ISYFOODLE #떡볶이의레전드 #마복림할머니 #만두에홀딱빠져 #익을수록예술적 #소주와사이다 #추억에아롱아롱 #떡볶이재벌

추억이 스믈스믈 밀려오는 공간과 맛 떡볶이 하면 역시 신당동 원조 마복림떡볶이다. 마법의 소스로 유명하여 그 비밀을 밝히기 위해 수많은 기자들이 찾아갔으나 철통 같은 보안을 아직도 유지 중! 그 비밀은 혀로 느낄 수 있을 뿐이다. 뻔히 보이는 식재료의 조합이지만 약 10분 정도 끓다 보면 어느새 새로운 맛의 경지가 눈앞에 펼쳐진다.
소스의 비결을 간단히 알려준다면 고추장과 춘장의 조합에 있음. 그 이상은 마할머님의 며느리가 되어야 알 수 있다. 그런데 이걸 어째, 막내아드님까지 이미 장가가신걸. 라면사리는 쫀득쫀득 설익었을 때도 별미이고 입가심으로는 일회용 팩으로 된 단무지 한입. 하이라이트는 튀김만두의 투신! 바삭하고 고소한 튀김만두가 매콤한 떡볶이 국물과 어우러져 흐물흐물 입에 녹고 만다. 얇고 싼티가 나는 떡이지만 얇기에 양념이 쏙쏙 밴다. 여기에 쏘사(소주와 사이다 황금비율 6:4)를 잊지 말길. 신당동이 사라지지 않는 한 나는 흰머리 날리면서 이곳을 찾을 테다.

어른이 되면 실컷!
한성돈까스

100m 달리기 일등하고 먹었던 돈가스의 도톰하고 바삭하던 맛. '어른이 되면 돈 많이 벌어 돈가스 실컷 사 먹어야지!'라 다짐했던 날의 기억. 신사동 골목길에 있는 돈가스집에서 나는 지금의 꿈도 먼 훗날에는 바삭한 돈가스 한 조각 맛일 거라 생각한다. 추억 반, 웃음 반이 섞인 묘한 맛일 거라고.

ADD 서울시 서초구 잠원동 21-5
OPEN 11:00~22:30
TEL 02-540-7054
PARKING 주변 주차공간 있음
MENU 돈가스 8,500원, 생선까스 9,000원, 치킨까스 8,500원, 비후까스 1만5,000원
+TIP 점심에는 늘 줄을 서나 테이블 회전이 빨라 10분 이상 기다리는 법이 없다

30년 이상의 역사를 자랑하는 돈가스집 한성돈까스의 입구에 걸린 간판은 옛 간판 글자체 그대로다. 특별한 정겨움을 풍기는 이곳은 바삭한 튀김옷, 두툼한 목살, 시원한 깍두기가 삼위일체를 이루는 곳이다.

허름한 호프집 같은 내부로 들어가는 입구에서는 고기를 튀기는 아주머니의 손이 분주하게 움직인다. 두툼한 목살을 계란이 듬뿍 들어간 튀김옷과 입자가 굵은 빵가루를 묻혀 노릇노릇 튀긴다. 그리고 이것을 썰어 접시에 내어 주는데 한 토막, 한 토막 그 존재감이 육중하다. 튀김옷이 두꺼워 반을 벗겨 먹는 사람들도 있다. 고기에서 잡내가 나지 않고 육질이 부드러워 한입, 한입이 듬직하니 맛있다. 겨자와 특제 소스를 섞어 찍어 먹으면 별미. 시원한 깍두기와 양배추 샐러드는 돈육의 느끼함을 알싸하게 잡는다. 연한 미소국 같은 된장국과 고슬고슬 잘 지어진 흰밥이 함께 나와 집밥을 먹는 느낌도 든다.

ISYFOODLE #바삭돈가스지존 #신사동30년 #도톰한목살이관건 #깍두기와돈가스가잘어울려 #포장해도맛나요

우리는 어찌해야 할지를
알고 있을지도
남산왕돈까스

누구는 결혼을 하고 누구는 아기를 낳았다. 나는 멀리서 돌아오고 친구는 멀리로 떠났다. 누구에게나 그맘때는 오는 것. 돈가스집에 와서도 첫눈에 냄비 순두부를 골라 먹듯이 우리는 매번 무엇인가를 어찌해야 할지를 알고 있을지도.

ADD 서울시 중구 예당동 8-53
OPEN 11:30~23:00
TEL 02-755-3370
PARKING 무료 발레파킹(차를 대고 있으면 커피자판기 서비스까지 제공)
MENU 왕돈까스 8,000원, 옛날순두부 6,000원, 음료수(환타 · 사이다 · 콜라 1,500원), 치즈왕돈까스 1만1,000원

남산에 가는 맛있는 이유 남산은 서울에서 계절을 가장 가깝게 느낄 수 있는 곳이다. 그래서 봄이 되면 그 절정의 미(美)를 즐기기 위해 몰려든 사람들로 남산은 복작거린다. 그 수선스러운 분위기의 남산엔 아이를 데리고 와도 어머님과 아버님을 모시고 와도 모두 다 만족하는 남산왕돈까스가 있다. 특히 3.9km의 남산 등산로를 걷고 땀을 뻘뻘 흘린 후에 이곳에서 먹는 돈가스의 맛은 더욱 개운하다.
얇게 썰어낸 목살을 바삭하게 튀겨 달콤한 옛날식 소스를 듬뿍 얹어 주는 돈가스의 맛. 살코기를 튀겨 담백하다. 먹기 전에 나오는 크림수프에 후추 듬뿍, 곁에 나오는 선홍빛 양배추 샐러드도 추억이 한가득 담겨 있고, 한 사람이 먹기엔 많다 싶을 정도로 풍족한 양을 자랑한다. 돈가스가 느끼할까봐 청양고추와 깍두기를 내어 주는 게 이곳의 30년 이상된 노하우. 부엌까지 오픈형으로 만들어 위생적으로 음식을 조리하는 사장님의 자신감 또한 느껴진다.
냄비에 나오는 맑은 순두부는 아침 산책을 하는 남자들에게 인기다. 멸치육수가 따뜻한 냄비순두부도 백만 번을 먹어도 질리지 않을 맛이다. 주문하면 한쪽에서 즉석으로 만드는 계란프라이의 향긋한 향에는 77년도부터 시작하여 지금까지도 건재한 남산왕돈까스의 추억이 가득 담겨 있다.

ISYFOODLE #왕돈까스지존 #수프맛도옛날맛 #냄비순두부향긋하게 #청양고추어울려요 #등산후돈가스 #남산에가는이유

지글지글 불판 불백
방배기사식당

사라질지도 모르겠어요. 문 닫을지도 모르겠어요. 사장님은 방글방글 웃으며 앓는 소리. 불백은 지글지글, 기사님은 싱글벙글. 물김치에 조기구이, 길 가다가 한상 뚝딱. 주차 딱지 책임지니 밥 드실 땐 편안하게 드세요. 이곳은 노곤한 기사들의 피로를 풀어 주는 아지트다.

ADD 서울시 서초구 방배동 871-15
OPEN 24시간
CLOSE 토요일
TEL 02-532-9358
PARKING 식당 앞 주차공간
MENU 돼지불백 8,000원, 조기구이 7,000원, 오징어찌개 7,000원, 참치회덮밥 7,000원, 조기매운탕 7,000원

1인분의 불백도 정성껏 불백 1인분을 시켜도 지글지글 맛있게 구워 주는 곳. 20년간 이어온 친정어머님의 가게를 따님이 이어받아 반찬 하나에도 따스한 손맛이 느껴진다. 기사님들 편히 드시라고 반찬과 밥도 집처럼 내어 준다. 국산 식재료로 담백하게 맛내는 마음은 어머님대부터. 박근혜 대통령도 찾아갈 만큼 기사식당 중에서도 품격이 있으며 기사님께는 대통령보다 여사장님이 더 인기 있다.
사장님은 항상 "주차공간 확보가 힘들어요. 인력비랑 식재료도 올라서 앞으로 더 할 수 있을지 모르겠어요."하면서도 방글방글 웃는 표정이다. 이집의 특별한 점은 1인분의 불백도 불판에 올려 즉석으로 구워 주신다는 점. 양념이 잘 배인 돼지고기를 푸짐하게 올려 사장님이 직접 구워 주는데 밥에 한 점 올려 먹으면 별미다. 양파와 당근, 대파를 많이 넣어 자연스러운 달콤함이 있다. 돼지불백, 반계탕, 쌀과 김치 모두 국내산 식재료를 쓴다. 식당을 들어가기 전에 손을 씻는 세수간을 마련해 둔 것도 재미있다.

ISYFOODLE #기사님줄서는식당 #불판에구워주는불백 #승승하니맛나요 #상추쌈에야무지게 #오징어찌개도보글보글 #엄마손맛 #20년전통

30년간의 몸보신
토속촌

나무가 심어진 안뜰을 지나 한 끼 먹기 좋은 영계에 갖은 곡물을 갈아 넣어 국물 맛이 걸쭉한 토속촌 삼계탕. 다리를 얌전히 꼬고 앉은 닭 안에는 4년생 인삼과 찹쌀, 호박씨, 검정깨, 호두, 잣, 약대추, 은행, 해바라기씨가 찰떡궁합으로 섞여 있다. 30m 줄을 서더라도 1년에 한 번은 몸 생각해서 여기로.

ADD 서울시 종로구 체부동 85-1
OPEN 10:00~22:00
TEL 02-737-7444
MENU 토속촌삼계탕 1만5,000원, 오골계삼계탕 2만2,000원, 해물파전 1만5,000원 전기구이통닭 1만4,000원

이제는 외국인들에게까지 사랑받는 식당 1983년에 문을 열었다. 삼계탕의 주재료인 닭과 찹쌀, 각종 약재는 물론 김치에 들어가는 배추와 무, 양념 재료들을 모두 국산으로 쓰며 꾸준히 그 맛과 전통을 유지하는 곳이다. 고 노무현 대통령이 사랑한 삼계탕집이라 하여 '대통령의 삼계탕'이라는 별칭이 붙기도 한 집이다. '대한민국에서 제일 건강한 음식을 만든다'라는 정명호 창업자의 음식 철학이 지금도 뽀얀 국물에 아로새겨져 있다. 고급 인삼과 찹쌀, 검정깨, 호두, 잣, 토종밤, 약대추, 은행, 마늘, 해바라기씨 등이 연한 영계와 함께 푹 고아져 한 그릇 먹으면 몸에서 잠자던 세포들이 깨어나는 기분이다.

ISYFOODLE #대통령의삼계탕 #건강한음식철학 #뽀얀국물 #견과류와약밤까지 #제대로몸보신 #줄서도또먹어요

어머니의 팥죽
동지팥죽

겨울이 오늘처럼 사나워지면 어머니는 보일러 한쪽에 쭈그려 앉아 깊은 솥에 팥죽을 쑤셨다. 새알을 동그랗게 돌리는 동안 팥 앙금을 고이고이 내리고 아랫목에 둘러 앉아 겉절이를 쭉 찢어 얹어 주셨다. 구수한 팥죽과 아삭한 겉절이, 그리고 마음을 쫀득하게 덮던 새알심의 따뜻함이 이곳에 있다.

함지박 사거리에 있는 소박한 가게 미소가 순한 여사장님은 정읍에서 형님이 보내주시는 팥을 매일 아침에 삶아 곱게 내린다. 찹쌀도 직접 빻아 새알심을 만들고 그날 겉절이는 그날에 담가 아삭하고 상큼하니 팥죽의 좋은 친구가 된다.
온돌을 간 아랫목이 정겹다. 팥의 질이 좋아 간을 하지 않기에 밥상 옆엔 구운 소금과 황설탕이 있다. 들깨수제비와 칼만둣국도 하는데 직접 반죽해 칼로 썬 국수에 김치만두를 담고 시원한 국물에 폭 담겨 나온다. 간단히 김과 버섯, 애호박, 고명만 있어도 맛이 깔끔하다. 호박죽도 뭉근하게 익혀 좋다.

ADD 서울시 서초구 방배동 812-1
OPEN 11:00~21:00
CLOSE 일요일
TEL 02-5596-6272
PARKING 맞은편 농협 주차장
MENU 새알팥죽 8,000원, 팥칼국수 7,000원, 들깨수제비 7,000원, 호박죽 7,000원, 칼만둣국 5,000원
+Tip 점심시간에 가면 칼만둣국을 3,000원만 받는다(현금으로 결제 시). 여사장님의 인심도 후해 팥죽 많이 달라고 하면 한가득 팥죽을 내어 준다.

ISYFOODLE #옛날팥죽 #새알심가득 #앙금만내려 #팥죽계의에스프레소 #겉절이환상궁합 #엄마가끓여준맛 #호박죽도맛있어

마음으로 전 부쳐요
서래전집

하트메이드 가정식이 있다. 토닥토닥 마음을 두드리는 밥 한 그릇에 치익 소리를 내며 맛깔나게 익은 전 한 접시. 마음에서 손으로, 음식에서 사람으로 그 온기가 전해지는 곳.

ADD 서울시 서초구 방배4동 818-4
OPEN 11:30~24:00(브레이크 타임 14:00~17:00), 일요일 17:00~24:00
TEL 02-596-2763
PARKING 식당 앞 공간
MENU 전 정식(6,000원, 모둠전 6가지와 반찬), 모둠전 2만원, 해물파전 1만5,000원, 도토리묵이나 잔치국수 5,000원

모둠전 여섯 가지와 근사한 백반 점심에 가면 모둠전 여섯 가지와 백반이 나오는 전 정식을 즐길 수 있는 곳이다. 주문하면 바로 구워 주는 고소한 오징어전, 동그랑땡, 동태전, 애호박전이 일품이다. 6,000원으로 밥상을 받아 앉으니 감사하고 미안한 마음까지 든다.

송기진 대표는 이 자리에서만 12년 넘게 장사를 하고 있다. 한식과 양식 조리기능사 자격증을 따고 손님을 늘 섬기는 마음으로 요리하는 그는 반찬 하나에도 일절 화학조미료를 쓰지 않는다. 동네사람들의 사랑을 받는 곳이라 '사랑방'이라 불리는 곳. 벽에는 서래마을 예술가들의 만화와 막걸리 한 잔 걸치며 쓴 인생 이야기들이 가득하다.

솜씨가 좋은 방배동 주부들도 명절이 되면 송 대표에게 주문을 할 정도로 전이 맛있다. 특히 아삭하게 씹히는 애호박전은 은은하며 달콤한 호박의 향을 고스란히 살렸다. 두부와 야채가 조화를 이루는 동그랑땡도 담백한 맛이 일품. 양파간장에 찍어 먹으면 입안도 마음도 푸근하다. 그날그날 바뀌는 백반을 먹기 위해 출석 도장을 찍는 사람들도 꽤 된다. 한 사람이 와도 늘 같은 정성으로 밥을 먹여 보내는 곳. 따뜻한 된장국이 소박하지만 품위 있는 곳이다.

ISYFOODLE #마음으로부친전 #집밥보다따숩은 #엄마들도인정한맛 #비오면막걸리에 #예술가사랑방 #소박따뜻집밥

손수건이 예쁜 친구
양출쿠킹

꽃무늬 손수건을 주고 떠난 친구가 돌아와 내 앞에 영화처럼 앉아 있어. 멀리 마음에만 있던 때도 좋지만 밥 한술 나누는 게 사람 사는 맛. 명란비빔밥 한 술에 추억이 톡톡 터지고, 향긋한 유자차에는 사려 깊은 네 미소가 담겨 있네.

1호점
ADD 서울시 강남구 신사동 558-10 1층
TEL 070-4201-4420

2호점
ADD 서울시 강남구 신사동 565-3
OPEN 11:00~21:00(일요일과 공휴일은 예약 손님만)
TEL 02-547-4420
PARKING 가능
MENU 명란와사비덮밥·양출정식(그날 가장 신선한 재료로 만드는 정식. 스타터, 메인, 디저트 포함) 1만 원대

가로수길에서 마음 편하게 한 끼를 해결하고 싶다면 가로수길의 대로변에서는 조금 벗어난 아담한 공간이지만 그 안은 고소한 음식 향으로 가득하다. 아름다운 여인인 김양출 대표. 연예계 활동을 하다가 일본 요리 유학을 다녀왔다. 서울로 돌아와서는 마음 통하는 지인과 함께 따뜻하게 밥 먹을 공간을 열었는데 그 이름이 '양출쿠킹'이 되었다.

작은 공간이지만 울림은 깊다. 이천 토박이쌀, 신안 천일염 같이 좋은 식재료를 선정하며 그 가치를 최대치로 끌어올리기 위해 정갈한 조리법에 신경을 썼다. 덮밥류와 정식 중 하나를 선택하면 된다. A코스로 주문하면 스타터, 메인(덮밥이나 정식에서 선택), 디저트가 나온다. 스타터는 세 가지인데 과일샐러드와 홈메이드 선식, 과실차로 구성하여 산뜻하게 입맛을 살리고 식욕의 문을 열기에 충분하다. 따뜻한 유과차나 생강차는 손님의 몸을 생각하는 주인장의 마음.

덮밥은 명란와사비덮밥이 좋다. 감칠맛 나는 명란에 알싸한 와사비, 아삭아삭 신선한 야채의 조합이 꽤 훌륭하다. 약간의 장아찌와 김으로 간을 보충한 것도 좋은 선택. 정식은 매일 바뀌는데 사골육수 매생이떡국, 오래 정성껏 고은 사골국밥, 일본식 돈지루 등 먹고 나면 든든하고 속 편한 음식으로 구성했다.

일식의 정갈함과 한식의 편안함을 고루 갖추었다. 테이블이 많지 않아 오래 앉기는 좀 미안하나 충분히 편안하고 든든하게 한 끼 해결할 수 있는 괜찮은 집밥이다. 무엇보다 음식과 손님에 대한 정성이 빛나는 양출 대표와 그 외 스태프들의 눈빛이 좋다. 그래서 셰프들뿐만 아니라 미디어 관계자들도 꽤 이곳을 즐겨 찾는다. 시작은 작았지만 초심을 잃지 않는다면 인기와 성장력은 충분히 높아질 곳이다.

ISYFOODLE #아리따운집밥 #일식과한식사이 #정갈한손맛 #친구와점심을 #장근석도사랑한맛

Interview

음식과 관련된 전문가들뿐만 아니라 미디어로부터도 주목받고 있는 젊은 셰프 강민구. 28세라는 나이에 최연소로 '노부' 총주방장 자리에 올랐고 치맥과 '무명식당'의 연타석 히트 등 그는 화려한 이력으로 세간의 화제가 되어 왔다. 그러나 진가는 2014년 5월, 서울 청담동에 밍글스를 오픈하며 발휘되기 시작했다.
지금까지 그래왔듯 자신의 목표를 명확히 하고 그 길을 고집스럽게 걸어갔을 뿐이다. 곁눈질을 하지 않기에 그 속도는 다른 이보다 훨씬 빠르고 간결했으며 성과도 좋았다. 발효와 숙성을 직접 시키며 진정한 슬로푸드를 연출해 내는 것이 그가 바라는 청사진이다. 물론 조화라는 것이 톡 쏘는 맛이 없어 장기레이스를 버티지 못하면 이름 없이 사라져버릴 수도 있다. 그러나 나는 음식에 대한 그의 진정성을 통해 이 거친 길을 오래 걸어갈 수 있는 뚝심을 보았다.

강민구 〈밍글스〉 셰프

최상의 맛은 아닐지라도 독특한 매력이 있는 음식을 만들어 가고 싶다는 강민구 셰프. 그는 2010년부터 2012년까지 누부 아틀란티스, 나소, 바하마(NOBU ATLANTIS, Nassau, BAHAMAS)의 총괄 주방장이었고, 2012년부터 2014년까지는 에스엠 크라제(SM KRAZE)의 총괄주방장 겸 R&D팀장으로 활동했다. 2014년에 밍글스의 문을 열어 현재까지 오너셰프로 일하고 있다.

한국인 셰프의 이름으로
세계 최고를 꿈꿉니다

요리의 방향성
제 요리를 정의할 틀은 없지만 굳이 설명하자면 전통을 기반에 둔 창작이라 할 수 있습니다. 한국적인 요소에 아메리칸, 스페니시, 이탈리안, 프렌치가 적절히 본인의 자리를 찾아 들어갑니다. 그러나 베이스는 한국의 전통장입니다. 맛을 살리기 위해서는 신선한 식재료가 무엇보다 중요하죠. 그래서 매일 아침 텃밭에서 채소를 수확하고 재래시장에서 신선한 해산물과 육류를 선별합니다. 레스토랑에 출근하여 가장 먼저 하는 일이 그날의 메뉴를 정하여 프린트 하는 일입니다. 맛의 최대치를 낼 수 있는 식재료로 그날 메뉴를 구성하니까요.

언제부터 요리사의 꿈을 꾸게 되었나
중학생 시절, 음식 다큐멘터리를 보면서 요리에 관심을 갖게 되었어요. 경기대 외식조리학과에 진학하며 본격적인 요리인이 되기로 마음먹었습니다. 한국의 전통주 명맥이 끊기는 것을 보며 안타까운 마음이 들기도 했었고 서서히 마음 한켠에는 전통장과 한식을 보다 가치 있게 활용하는 셰프가 되고 싶다는 열망이 생겼습니다.
대학을 졸업하면서는 세계적인 셰프가 되자는 평생의 목표가 생겼어요. 그래서 한식·일식·양식·중식 조리 기능사 자격증을 차례로 땄지요. 한국에서만 배우면 한계가 있겠다 싶었어요. 그래서 해외 진출을 염두에 두고 영어를 공부했습니다. 그 시간도 제겐 아까웠어요. 그래서 공부하다 남은 시간에는 서울에서 유명하다는 레스토랑에 지원해 묵묵히 일하곤 했습니다. 그렇게 좀 더 나은 요리사가 되기 위해 한 단계씩 차근차근 준비해갔었죠.

해외에서의 경험은 어떤 도움을 주었나
미슐랭 3스타의 스페인 산 세바스티안의 마르틴 베르사테기(Martin berasategui), 2스타의 베뉴(Benu, 샌프란시스코), 1스타 수베로아(Zuberoa, 산 세바스티안), 엘 보이오(El bohio, 마드리드) 등 세계 최고의 셰프들과 직접 만나며 그들의 요리에 대한 장인정신과 감각을 체득했어요.
남들보다 빨리 일어나 늦게 퇴근하며 세계적인 셰프들의 인정을 받기 시작했죠. 요리사는 성실성이 전부라 할 수는 없지만 다행히도 제게는 섬세한 미각이 있었습니다. 그래서 소스의 맛을 감별할 때, 육수의 맛을 낼 때, 미묘한 맛의 차이를 감별하는 일은 제 담당이었어요. 아시안 퀴진을 진행해야 할 때면 제가 코스를 주도하는 일이 베테랑 선배들에게도 어느새 당연하게 받아들여졌습니다.

세계적인 레스토랑의 최연소 총주방장으로 선정될 수 있었던 요인은 저는 아시아인이며, 최고가 되기 위해서는 최고를 따라하는 것이 아니라 제가 쓰이는 곳으로 향해야 한다고 생각했기 때문이었습니다. 미국의 리츠칼튼호텔이나 기타 미국과 스페인의 미슐랭 스타급 레스토랑에서 요리를 할 때 알았죠. 아시아적인 것 하나만 잘 해도 세계 정상에 도전해 볼 수 있다는 것을. 그래서 노크를 한 곳이 '노부'였어요.
당시 아시아 최고를 넘어 세계 최고의 레스토랑으로 주목받던 노부에 입사 신청서를 넣었습니다. 그리고 2009년 보조 부주방장으로 합류해도 좋다는 승낙을 받았죠. 그리고 2010년, 반년 만에 마이애미 지점의 부부주방장으로, 일 년 만에 30여 명의 쟁쟁한 선배들을 제치고 바하마 최고의 리조트인 아틀란티스 호텔 안에 자리한 노부 총괄주방장으로 선임되었습니다. 그게 28살 때였습니다.
한국인이 세계적인 레스토랑 노부의 최연소 총주방장으로 선정되기까지 어려움이 있었지만 한 계단 한 계단 밟는다는 마음으로 꾸준히 버텼어요. 목표가 명확하다면 불가능이 없다는 것을 요리

에서 입증하고 싶었죠.

다시 한국으로 돌아온 이유
이탈리안, 프렌치, 일식까지 최고 경력을 쌓게 되자 다시 생기는 갈증이 있었으니 바로 한국인 셰프로서의 정체성이었습니다. 세계에서 최고가 되기 위해서는 누구도 따라할 수 없는 자신만의 클래스가 필요하더군요. 그래서 해외에서의 길었던 여정에 마침표를 찍고 한국으로 돌아왔습니다.

좋은 요리의 조건이란
제가 생각하는 좋은 요리란 두 가지로 나뉩니다. 첫째, 최고로 신선한 재료와 요리사의 테크닉이 만나 누가 먹어도 감동할 만큼 완벽한 맛을 연출하는 요리, 둘째는 최고 수준은 아닐 수 있으나 셰프의 스타일이 감각적인 맛으로 살아나는 요리. 저는 후자를 선택했습니다.
저의 요리는 절대적인 맛을 추구하지 않습니다. 단지 '강민구'라는 한 사람이 요리를 사랑하고 요리를 위해 살아온 삶의 여정을 담아내는 것이지요. 손님이 이를 이해하고 다시 찾아 주실 때 요리인으로서 가장 큰 보람을 느낍니다.

앞으로 추구하는 요리는
밍글스는 서로 다른 것과 어우러져 조화를 이룬다는 의미입니다. 한국 전통장의 가치를 최대로 끌어올리되 프랑스와 이태리의 식재료를 과감하게 도입하고 태국과 중국의 향신료도 적절하게 활용할 겁니다. 한식의 세계화에 대해서는 할 말이 없지만 한식의 요소 하나하나를 최대한으로 활용하는 것은 제 요리의 방향이자 앞으로 풀어나가야 할 숙제입니다. 국내에서 인정받는 것을 넘어서서 한국인, 더 나아가 아시안 셰프로서 국제무대에 당당하게 설 것입니다. 한국인이라는 이름으로 받은 유산을 최대한 활용하며 그 가치를 요리에 담아내고 싶어요.

요리를 할 때 지키고자 하는 원칙은
저는 최상의 맛은 아닐 수 있으나 독특한 매력이 있는 음식을 만들고 싶어요. 한국 음식의 훌륭한 포인트를 살려 외국인들도 무리없이 즐길 수 있는 요리로 만들고 싶은 거죠. 그래서 사고의 틀을 깨는 것이 무엇보다 중요했습니다. 스태프를 선발할 때도 경력보다는 요리에 대한 기본적인 이해와 열정을 우선시합니다. 그리고 제 자신의 목표를 이루기 위해 한눈팔지 않고 그 길을 꾸준히 걸어 나갈 겁니다.

장독대와 달빛 소나타
밍글스

장독대가 깊은 마을에 태어난 소년은 장독대에 기대어 세상을 꿈꾸고 장독대에 올라타 큰 세상을 열망하다 장독대를 등지고 세상 속으로 떠났습니다. 높이, 그리고 멀리 오를수록 갈증이 나던 시작점. 청년이 돌아와 장독대를 품에 안자 그가 흘리던 땀의 피로를 조용히 닦아 주는 고향, 장독대. 숨죽여 기도하던 장맛을 내어 주자 이 세상에 달빛은 환하게 부서집니다.

서로 다른 것의 조화를 이룬다는 의미의 밍글스 한식의 전통장과 발효초를 기반으로 조화가 뛰어난 요리를 맛볼 수 있다. 이미 세계 최고의 레스토랑을 거쳐 유명해진 강민구 셰프는 유명세와 수입 향신료로 뒤범벅이 된 정체불명의 요리가 아니라 가까운 아침 텃밭에서 수확한 채소를 가지고 전통장을 가미하여 제철에만 느낄 수 있는 풍미를 낸다. 특히 디저트 장트리오는 된장 크림브륄레, 간장 피칸, 고추장 흑미 등을 바닐라 아이스크림과 위스키 콤에 곁들여 내는데 전통장이 달콤함으로 재탄생하여 색다른 친근함이 느껴진다. 영화 세 편 볼 돈 아껴 밍글스의 런치부터 시작할 것. 강셰프가 직접 차리는 요리를 먹었다는 것만으로 뿌듯한 추억이 된다. 음식의 진정성을 지닌 밍글스의 요리. 강민구 셰프는 머지않아 전 세계가 기록하는 한 사람이 될 것이다.

ADD 서울시 강남구 청담동 1-23 B1
TEL 02-515-7306
OPEN 12:00~20:30
PARKING 발레파킹
MENU 런치(4가지 한입요리, 샐러드, 메인, 디저트와 차) 3만8,000원~, 디너(한입요리, 해산물, 양갈비, 디저트와 차) 8만8,000원

#조용한의식 #한식에날개 #조화 #장독대에기대어 #발효 #대화하기좋은맛 #살면서꼭한번은

귀한 사람을 위해
평생을 준비한 밥상
무궁화

한식의 품위가 오롯이 담겨지니, 산의 결대로 그릇에 담겨지고 물의 향대로 국물의 맛이 흘러온다. 몇 번 죽어서 살아온 나의 할아버지, 너의 할머니, 그리고 부모와 우리. 시간과 사람은 흘러도 정신은 남으니 고운 것만 맛에 담은 명장의 한식이다.

ADD 서울시 중구 소공동 1 롯데호텔 38층
OPEN 11:30~22:00(브레이크 타임 14:30~18:00)
TEL 02-317-7062
PARKING 롯데호텔 주차장
MENU 한정식 동백코스(구성 : 식전 먹거리, 명장 무궁화 구절판, 오늘의 셰프죽, 아롱사태 편육샐러드, 해물 궁중 신선로, 한우 등심구이, 은대구구이, 곤드레밥, 된장찌개로 이루어진 주식, 고구마와 식혜를 무스처럼 해석한 운무 디저트) 13만5,000원, **점심코스** 매화 8만5,000원, 백합 10만9,000원, 조리장 추천 14만5,000원 **저녁코스** 동백13만5,000원 국화 16만9,000원 무궁화 30만3,000원

ISYFOODLE #천덕상셰프 #한식디저트는서정적 #여운이평생가 #우아한저녁식사 #연륜

한국을 찾은 귀한 손님은 천덕상 셰프의 손맛으로 한식을 기억한다 구절판에는 자연의 아름다운 모습을 우주에 담듯이 아홉 가지의 기쁨이 한 접시에 담겨 있다. 인삼, 더덕, 애호박, 파프리카, 표고버섯, 소고기, 킹크랩 등의 제철 식재료를 주변에 두르고 중앙에는 이를 싸서 먹는 밀전병이 있다. 쫀득하고 부드러운 밀전병에 각각의 고명을 싸서 먹는 동안 맛의 예술 속으로 빠져들게 된다. 해물 궁중 신선로는 예로부터 임금님의 기운을 돋우기 위해 마련했던 귀한 음식. 다시마와 멸치육수의 감칠맛에 광어, 새우, 미나리가 연주하는 은은한 소나타가 펼쳐진다.
한국 최고 수준의 한정식을 내오는 무궁화. 한국적인 감각을 살린 고급스럽고 모던한 인테리어에 예로부터 귀족들이 먹었던 정통 반가 음식을 한정식으로 맛볼 수 있다. 1900년 조선시대 음식서인 『시의전서(是議全書)』와 1942년에 발간된 『우리음식』 등 전통 한식 문헌에 기반하여 1900년대 조선 말기의 음식 전통을 고스란히 살려 내고 음식의 데코는 세계적인 미식 트렌드에 맞게 개발하였다. 식기는 음식의 온도와 색감을 가장 잘 살릴 수 있도록 한국의 명품 도자기 브랜드 '광주요'에서 특별 제작하여 한국 식문화의 절정을 느낄 수 있다. 특히 2009년 미국의 오바마 대통령과 교황이 방한했을 때 이곳의 음식을 맛보고 최고라고 평가했으며 전 세계적으로도 그 수준을 인정받고 있다. 각 지역의 최고 식재료를 한상에 담는다는 철학. 일체의 화학조미료를 사용하지 않고 자연이 주는 최고의 맛을 이끌어 조화롭게 그릇에 담는다.

어린왕자가 한식의 별로
여행을
정식당

Story 1
집 떠나기
엄마가 요리할 때 한입 맛보여 주듯이 쌈밥을 입에 쏙 넣어 주고 감자조림, 녹두전, 아보카도 소스의 토르티야를 신나게 맛본 후 검은콩 두유로 고소함이 뛰놀도록. 이윽고 천일염 살짝 뿌린 땅콩머랭쿠키로 보채는 손님을 달랜다.

Story 2
바다에서
바다에서 황새치와 문어가 만났다. 황새치는 바다 향을 품기에 반만 촉촉하게 익어야 해. 김치소스와 유자간장 드레싱으로 시원한 휘파람을 분다. 간혹 터지는 쌀 튀밥이 리듬을 더하고 문어는 신세계의 맛이다. 뻔한 문어숙회야 안녕. 보석 같은 다리가 맛을 보인다. 은근히 익혀 보드랍게 향내 나고 겉은 튀겨 바삭하게 만든다. 한련화 잎과 쌈장소스가 농익은 아름다움으로 헤엄친다.

Story3
텃밭에 들러
밥 먹고 가자. 이제 그럴 시간이야. 게장에, 비빔밥에, 튀긴 쉘크렙까지. 듬직하게 한입 먹고 어서 이 길을 다시 떠나자.

Story 4
산을 오르다
돼지를 만났다. 길들여지지 마. 숯불에서 내려와. 항정살을 보드랍게 익혀 돈육의 향을 펼쳐 살리고 튀긴 감자칩과 새싹 채소 위에서 맘껏 뛰놀게 한다. 여긴, 산이다.

Story 5
제주 바다에서
옥돔공주와 만나 돌하르방에게 기도하고 참하기만 한 옥돔을 화끈한 오일에 튀겨 선홍빛 꽃 드레스를 입혔다. 돌하르방은 천진하다. 녹차 아이스크림에 잔뜩 붙은 흑임자 가루를 쓰다듬 듯이 먹으니 입안에 제주 바다가 펼쳐진다.

ADD 서울시 강남구 청담동 83-24
OPEN 12:00~22:30 (브레이크 타임 15:00~17:30), **정식바** 18:00~02:00
TEL 02-517-4654 (예약은 4~5일전)
PARKING 발레파킹
MENU 점심 4코스(애피타이저+밥+생선or고기+디저트와 차) 5만원, 저녁 4코스 9만원, 5코스 12만원

ISYFOODLE #모던한식 #미슐랭스타 #한식의상상력 #디저트찔어 #먹고나면또생각 #계절마다가줘야해 #홀서비스와메뉴설명으뜸 #외국인친구데리고가요

임정식 셰프의 레스토랑 임정식 셰프는 2015년에도 미슐랭 2스타를 유지하며 세계 속에 한식의 별을 쏘아 올렸다. 그는 신선한 제철 재료로 요리를 하는데 그의 요리를 음미하다 보면 한식도 이렇게 크리에이티브할 수 있구나 하는 깨달음을 얻곤 한다. 언제나 색다르면서도 맛의 깊이나 조화를 잊지 않고 생선과 육고기를 메인으로 하여 소스는 전통장을 세련되게 활용한다. 한국식 탕국이나 육수 조리법을 소스로 활용하여 깊이 있는 맛을 더한다. 특히 코스를 마무리하는 디저트는 정식당의 상상력과 한국적 감수성을 고스란히 담고 있어 매년 화제가 된다.

임정식 셰프는 서울과 뉴욕에 레스토랑을 갖고 있으며 일 년의 절반을 서울에서, 또 다른 절반은 뉴욕에서 보낸다. 그가 자리에 없어도 음식의 맛이 안정된 이유는 뛰어난 10명의 셰프와 최은식 헤드 소믈리에 등 실력파 스태프들이 그 뒤를 든든하게 받치고 있기 때문이다. 2015년에 청담동으로 확장 이전하면서 정식바(JUNGSIKBAR)를 오픈. 정식당의 단품 요리를 곁들이며 편안하게 와인 한 잔 즐길 수 있는 명소로 자리 잡고 있다. 엄선된 와인 리스트뿐만 아니라 와인을 30/75/150mm 글래스로 맛볼 수 있는 것이 이곳의 장점이다.

사랑하는 이의 열도 다스리지 못한다면
콩두

나의 열이 끓어오를 때 그는 그저 애만 끓었다. 아랫목에 손을 넣을 때의 지긋한 느낌. 옆에서는 청국장이 발효되어 가는 숨소리가 들리고 묵묵히 추위를 이겨 내는 장독대의 품성이 느껴졌다. 청국장 소스가 구수하니 해맑아 그 사람의 눈길을 닮았네. 사랑은 이렇게 적절한 온기로 타오르는 법이다.

ADD 서울시 중구 덕수궁길 116-1
OPEN 11:30~22:00
CLOSE 명절 연휴
TEL 02-722-7002
PARKING 발레파킹
MENU 초록빛(전채, 수프, 온반반상/보리굴비반상/꽃게장, 차와 디저트) 3만5,000원, 햇빛코스(전채, 수프, 손두부 스테이크/꽃게탕/흑돼지 보쌈/전복소스밥, 차와 디저트) 4만8,000원

전통장을 기반으로 한식을 정제하여 선보이는 레스토랑 콩을 기본으로 한 깊이 있는 음식이 손님을 맞이한다. 청국장 소스를 가미한 손두부 스테이크가 고소하다. 그 맛과 소스는 전통을 유지하되 플레이팅은 서양식과 접목시켜 이곳을 사랑하는 외국 손님들도 많다. 코스로 나오는 요리는 먹는 이의 마음과 입맛을 고려하고 형식은 자유롭되 한식의 품격을 떨어뜨리는 법이 없다. 한국 전통 인테리어로 꾸며진 레스토랑은 갤러리를 거니는 기분이 들 정도로 우아하다. 처음 만났으나 오래 만난 것 같은 친구가 있다면 다음 만남은 이곳에서 하고 싶을 정도. 이곳에서는 덕수궁을 바라볼 수 있고 1층보다는 하늘과 가까운 2층이 더욱 운치 있다.

ISYFOODLE #콩과전통 #깊이있는한식 #세련된플레이팅 #외국인도반한맛 #갤러리감상하듯 #보리굴비감칠맛 #콩스테이크도꼭맛봐야 #덕수궁돌담길 #데이트는여기서 #가을에가자

당신을 대접합니다
권숙수

대접 받을 만한 사람은 남을 대접할 줄 아는 사람. 한식의 상차림에 지난 시간의 숙성됨과 앉은 사람의 인연이 더해져 식사가 됩니다.

권우중 셰프가 추구하는 제철 맛

주안상
한우 홍두깨살에 죽력고를 발라 맑은 바람에 말리니 쫄깃하고 대나무 향이 은은합니다. 어란을 숙성시키고 가평 잣도 직접 까보니 깊은 곳 고소함이 뿌리내립니다. 김포특주는 누룩의 향이 구수하나 우아한 단맛이 입안을 감도네요.

회무침
감칠맛 나는 흰살 도미에 청국장으로 소스를 합니다. 비리지 않냐구요? 우리 주방에는 조선 간장과 참기름이라는 감칠맛 슈퍼맨이 있습니다. 마와 오이의 아삭함은 산뜻함을 더해주죠. 김과 아마란스 허브의 향으로 달콤한 키스의 맛을 살려 냅니다.

돼지수육
지리산에서 자란 버크셔 고기를 편으로 냅니다. 쫄깃함과 특유의 구수함이 술을 부르죠. 새우젓은 튀겨 살짝 올리고 생강간장 소스는 고깃살에 파묻혀, 산초 장아찌와 어린 콩의 싹이 향긋합니다.

메인
생선과 해산물구이는 가을에 살이 오른 놈들을 한데 모았습니다. 붉은빛의 통통한 살결을 자랑하는 성대, 가리비와 골뱅이, 대게는 다릿살이 특히 쫀득하고 영계는 녹두죽에 녹아들어갑니다. 겉은 바삭하게 굽고 속은 촉촉하게, 백김치를 곁들이면 그만입니다.

디저트
오미자 화채는 셔벗으로 만들어 입안에서 살살 녹고 꿀밤송이는 밤을 다져 초콜릿 함지박에 넣었습니다. 국화를 말리니 마음의 책갈피로 쓰세요.

대접할 수 있어서 대접 받을 수 있는 한식의 미(美)는 숙성과 성숙에 있습니다.

독상에 올리는 귀한 한식 권우중 셰프는 언제나 우아하게 주방에 서 계시지만 그 속에는 3년 전 직접 담은 장의 진한 맛과 진귀한 식재료를 한상에 담기 위해 발품 판 수고가 묻어 있다. 육포와 어란은 직접 바람에 말리고 잣은 고향에 있는 나무에서 따다 직접 껍질을 벗긴다. 제철 생선을 공수해 본연의 맛은 살리면서 손맛은 듬뿍. 한우떡갈비는 이곳의 자랑이다. 귀한 음식과 귀한 손님이기에 독상에 올린다. 남을 대접할 줄 아는 사람이 대접받을 만한 사람인 것을 알려주고 잃어버린 밥상의 의미를 되찾아준 곳. 김포특주는 감칠맛 나는 이곳 음식과 잘 어우러진다. 400년 된 레시피의 정통 무만두와 가평 잣국물이 어우러지는 조화는 한식에서 누릴 수 있는 은은한 감동이다. 밤꿀 아이스크림과 헤이즐넛 가나슈, 크림브륄레가 곁들여지고 가을꽃이 활짝 핀 꿀밤송이 디저트는 진한 가을의 여운을 남긴다. 주문하면 테이블에서 불을 지펴 주는 솥밥은 식사 내내 은은한 온기가 된다.

ADD 서울시 강남구 언주로 170길 27
OPEN 12:00~22:30(브레이크 타임 15:00~18:00)
TEL 02-542-6268
PARKING 발레파킹
MENU 런치 3만 원대(주안상, 냉채, 메인, 디저트와 다과) / 5만 원대(대게, 솥밥, 떡갈비 선택) 디너(주안상, 냉채, 만두, 능이국수, 메인, 디저트, 다과) 8만 원대

ISYFOODLE #한식의뇨미 #쥰비뛴한싱 #오래된미래 #죽덕고클바른육포 #김포특주꼭힌진 #솥밥모락모락 #안정적 #한식디저트인상적 #밤과잣 #고집 #발전 #가능성 #역사를알아야미래가있다

Intro

단막극을
　　　오페라로 각색하는
　　요리의 힘

애피타이저 : "오셨군요, 당신"
샐러드와 오늘의 수프 : "저도 잘 있었답니다."
생선이나 구운 고기에 곁들여진 특제소스 : "나이프를 갖다 대요.
접시 위에 담긴 인연"
디저트 : "비록 길진 않겠지만 잊지 못할 외사랑이랍니다"

사랑을 하듯 항시 서툴고 이별 하듯 돌아서면 허전하나
다시금 설레며 그 요리를 예약한다.
레스토랑에 들어서라.
나를 위해 마련된 작은 테이블
안내를 받으며 자리에 가 앉으며 하얀 천을 고이 풀어 무릎에 댄다.
갓 구워 나오는 식전 빵에 우표만큼의 버터를 쓱쓱 부쳐 바른 후
베어 무는 한입부터 진한 첫인사.
근사한 코스요리를 향유함은
단막극이던 하루를 일류작가에게 의뢰하여 오페라로 각색하는 일이다.
코끝으로 허브의 향이 불어오고 신선한 계절의 울림을 들으며
산과 바다가 아름답게 담겨 온다.
근사한 레스토랑을 빌어 사랑과 이별을 예약하되
맛있게 먹고 나서 뒤돌아보진 말자.
낙엽 지듯 물들어 가는 요리의 힘
맛의 추억

Interview

도무지 사는 재미라곤 느끼지 못할 것 같은 일본 청년이 조용히 테이블에 앉아서 식사를 하고 있다. 여기는 신사동 가로수길의 류니끄. 그 청년은 조용히 식사를 마치더니 숨겨왔던 미소를 풀어놓으며 셰프에게 고개 숙여 인사한다. "드디어 살아가는 맛을 느꼈습니다. 아리가또." 셰프는 답했다. "가을이 되면 또 한번 오세요." 류니끄의 홀은 그렇게 조용하다. 그러나 그 안에 자리한 손님들은 진정 삶의 목적성을 찾아 이곳에 오는 손님들이다. 그래서 이집의 주인 류태환 셰프는 단골들의 취향을 모두 기억하고 있다. 그리고 자신이 할 수 있는 최대한의 맛과 향기를 담은 요리를 내온다.

류태환 셰프는 아침에는 검도장에서 정신을 맑게 가다듬고 새벽 시장을 둘러보는데 이 시간이 그에게는 가장 행복한 시간이라 한다. 음식도 어찌 보면 살아가는 이야기. 장편 서사시처럼 함축적이지만 굵은 선 안에 사랑, 미움, 그리움, 상처, 위안이 담겨 있다. 이 모든 요소를 향과 맛으로 풀어내는 것이 셰프 류태환의 요리이다.

류태환 〈류니끄〉 셰프

22세에 요리계에 입문하여 한식·일식·양식 조리사 자격증을 획득했다. 도쿄, 시드니, 런던 등지에서 요리학교를 졸업했고 미슐랭 스타 레스토랑 및 월드 클래스 레스토랑에서 요리 수행을 했다. 2011년, 31세의 젊은 나이로 자신의 이름을 건 첫 번째 플래그십 레스토랑 류니끄를 오픈했으며 일본요리의 기본과 프랑스요리의 테그닉을 접목시킨 요리로 독자적인 요리관을 구축했다. 국제한식조리학교(CCIK) 명예교수로도 활동 중이다. 2015년에는 아시아 베스트 레스토랑 50에 27위로, 월드 베스트 레스토랑 50에 79위로 선정되기도 하였다.

유니크해지기 위해서는
기본기가 생명이에요

처음 요리의 길로 들어서게 된 계기
어린 시절 아버지는 엄격한 해양학자셨습니다. 싸움에 나가도 이겨서 돌아와야 했고, 한번 시작한 공부는 일등을 해야 했어요. 그러다 보니 완벽해져야 이 세상을 살아 나갈 수 있다라는 철칙이 어느새 제 머리에 자리 잡았어요. 이는 요리 입문 시기에도 저를 움직이는 원동력이 되었죠.
한때 예술가를 꿈꾸기도 했어요. 요리는 아버지가 바라시던 직업이었죠. 어머님도 요리를 참 잘하셨어요. 저도 싫지는 않았기에 본격적으로 요리를 배우러 일본으로 갔어요. 그런데 그 시작이 저의 인생을 이렇게 바꿀 줄은 상상도 못했네요.

요리 유학에서 얻은 것
23세의 나이에 일본으로 유학을 떠났습니다. 그 범위를 호주, 영국으로 넓히면서 8년의 시간을 요리를 위해서만 살았어요. 요리를 기술이 아니라 끊임없는 수행이라고 여기게 된 것도 이 무렵입니다.
이 시기에 저는 좋은 스승들을 많이 만났어요. 르 꼬르동 블루를 졸업하고 고든 램지 등 미슐랭 스타 레스토랑을 거치면서 세계 정상에 오른 셰프들에게 요리에 대한 깨달음을 얻었지요. 그 경지가 너무 경이로웠기에 그저 배우는 것이 좋았습니다. 거기서 제가 얻은 건 스킬이 아닌 생각하는 방식이었습니다. 넘버원보다는 온리원이 되어야 한다는 것이었죠.

셰프로서 자신이 가장 중요하게 여기는 것은
일본 유학생 시절, 일본 요리사들의 완벽한 테크닉과 정신무장은 저에게 커다란 충격을 주었습니다. 이른바 장인정신, 그거 하나면 아무리 어려운 숙제에 부딪혀도 답안을 찾아낼 수 있을 것 같았어요. 칼을 쓰는 법, 재료를 다루는 법, 주방에 서 있는 자세, 손님을 대하는 자세, 기본이 되어 있지 않은 요리사는 어떤 요리를 하여도 대성할 수 없으리라는 철학을 그때 갖게 되었죠.

어떤 요리를 하고 싶나
자유롭고 싶어요. 틀에 박히지 않고. 아마 저는 자유롭고 싶다는 욕망이 있었기에 기본에 대해서 그리 집착했나 봅니다. 이제는 그

룻 위에서 자유로운 맛을 풀어 내고 싶어요. 보수와 진보 중 선택하라면 당연히 진보고요. 그러나 책임지지 못 하는 진보는 저 스스로가 용납하지 않습니다. 이는 주방 스태프들에게 가장 당부하는 말이기도 합니다.

주방의 스태프들에게 모든 레시피를 공개하는데 아깝진 않나
저는 주방 스태프는 물론 대학에서 가르치는 학생들에게도 레시피를 공개합니다. 아깝냐고요. 글쎄. 전혀요. 레시피는 복제할 수 있지만 마인드는 복제할 수 없으니까요. 요리의 생명은 계절마다 달라지고자 하는 정신에 있습니다. 저는 시즌별로 새로운 요리를 만들어 낸 후 계절과 함께 그 요리와도 작별해요. 그래서 저를 아시는 분들은 계절마다 저를 찾아오는데 소개팅할 때, 그리고 결혼을 하면서, 조금 후에는 애를 낳았어요 인사하며 인생을 함께 가는 분들이 많아요. 그런 손님들과의 끈끈한 우정도 제게 있어서는 요리의 일부입니다.

앞으로 도전하고 싶은 분야는

정말 괜찮은 요리사가 되겠다는 아버지와의 약속이 저를 류니끄의 오너셰프라는 자리에 있게 했습니다. 저는 삼세번이란 말을 좋아해요. 류니끄를 만든 것도 딱 세 번째였죠. 그 이전에는 레스토랑의 헤드셰프, 브런치 카페의 오너로 있었어요. 그런데 저는 남들이 생각하는 것만큼 요리를 할 때 기쁘고 너무 좋다 이런 느낌은 없어요. 오히려 너무 깊숙이 들어가서 스스로 헤어나지 못 하는 늪이라고 할까요. 그런데 생각해보니 마냥 즐기지 않았기에 거리감을 유지할 수 있었고 목표를 가지고 하나하나 숙제를 해결해 나갈 수 있었습니다. 약속을 하면 꼭 지켜야 하는 성미거든요. 타인에게는 물론 제 스스로에게도요.

유니크해지기 위해서 필요한 것은
유행은 이끌리는 것이 아닌 만들어 가는 것입니다. 저는 이제 유행을 만들어 중심에 서고 싶어요. 요리를 배우고 지방으로 낙향해서 식당을 차린다면 지금보다 훨씬 편안하고 풍족하게 살 수 있겠죠. 그런데 그 중심에 대한 욕구는 어느새 아버지와의 약속을 넘어 스스로 지켜야 할 사명처럼 느껴집니다.

식재료는 한정적이어서 이를 대하는 요리사의 정신과 솜씨가 중요해요. 단 셰프의 욕심이 앞선 나머지 음식이 작위성을 띠면 안 되죠. 식재료의 장점을 부각시키되 부족한 부분은 조리법과 타 재료와의 조합으로 끌어올릴 때 비로소 훌륭한 요리가 탄생합니다. 유니크해지기 위해서는 식재료에 대한 이해와 조리의 기본기를 백만 번 강조해도 지나치지 않습니다.

좋은 음식이란 무엇이라 생각하나

저는 요리를 할 때 색감, 식감, 향미를 상당히 중요시해요. 코를 막고 혹은 눈을 감고 먹으면 음식의 맛은 절반도 느끼지 못 해요. 좋은 향기와 싱그러운 색감, 활기찬 질감이 동시에 작용할 때 맛의 폭발력은 상상을 초월합니다. 그런데 맛을 떠나 요리의 만족도를 가장 높이는 것은 음식을 만드는 사람과 먹는 사람의 교감입니다.

당신의 집밥은

저희 동네에 할머니가 운영하는 허름한 식당이 있는데 거기를 좋아해요. 이는 할머니의 푸근한 인정 때문이기도 하고요. 할머니의 매운 갈비찜이 그다지 맛있는 건 아니에요. 어떤 때는 짜고 어떤 때는 맵거든요. 궁시렁거리고 불평불만이어도 이모님이라 부르면서 그분이 차린 밥을 먹고 있을 땐 저도 모르게 행복감이 느껴집니다.

자신이 추구하는 셰프의 자세

2011년 10월에 류태환이라는 이름을 걸고 레스토랑의 문을 연 이래 치열하게 살아왔습니다. 그러나 이제는 그 과정의 아름다움을 가치 있게 여길 줄 아는 사람이 되었어요. 항상 배우는 자세로 임하다 보니 테크닉은 따라 오더라고요. 기술은 어느 정도면 평준화 됩니다. 거기다가 자신만의 철학이 더해질 때 절대적 가치를 가지게 되는 거죠. 그리고 이를 손님이 알아차리고 감동하게 만드는 셰프야말로 베스트가 아닌가 생각합니다.

요리를 하면서 가장 기쁜 순간은

지금이 어제보다 나아졌어요. 그게 가장 기뻐요. 완벽함을 위한 아집은 내려놓기로 했죠. 무엇을 완벽히 해낼 때보다 손님으로부터 "이번 시즌이 전보다 훨씬 좋아요." 이런 말을 들을 때가 열 배는 더 기쁘더라고요.

오늘은 남아 있는 날들의 첫날
류니끄

생생한 음식을 받아 질 좋은 호흡을 한입 머금고 가벼이 들숨 한 번 내쉰다. 산들바람의 향기가 뱃속 깊이 닿도록 잠시 숨을 멈추고 씹기에 집중하니 음식의 질감이 얼마나 경쾌한지. 흥건한 즙을 혀로 감싸 돌리며 이제는 날숨 한 번. 권태기에 빠진 후각과 미각이 여기서 구원을 얻는다.

재료의 식감과 향미를 절정으로 끌어올리는 음식 각 계절별로 새로운 메뉴를 선보이는데 기본적인 조리법은 살리면서 한 접시 안에 10가지 이상의 향미를 연출한다. 별다른 소스는 없다. 류니끄의 음식을 먹어 보고 새로운 호흡법을 얻었다. '2015 아시아 베스트 레스토랑 50'에서 27위에 랭크되고, '월드 베스트 레스토랑 50'에 79위로 당당히 선정되며 이제 세계 속의 요리인으로 이름을 세우고 있는 한 사람. 일본요리의 기본과 프랑스요리의 조리법을 접목시키며 새로운 요리의 지평을 열어나가고 있다.

ADD 서울시 강남구 신사동 520-1
OPEN 런치 12:00~15:00, 디너 17:00~22:30
TEL 02-546-9279
PARKING 발레파킹
MENU 런치코스(아뮤즈/메인2/디저트와 차) 6만8,000원, 테이스팅 코스(디너) 12만원

#이세상에둘도없는 #류태환셰프 #크리에이티브 #미각과촉각예찬 #월드베스트79 #아시아베스트27 #진지함 #후배에겐캡틴

바람에 흔들리지 않도록
레스쁘아
뒤 이브

나는 클래식이 좋더라. 오래된 것들의 매력은 새로운 변화를 견디는 힘이 되니까. 와인에 절인 배와 상그리아 호수 위로 꽃잎처럼 뜬 초콜릿타르트. 그 꽃잎을 따면 과자는 상그리아에 젖어 촉촉하고 상큼한 배 한입에 초콜릿이 뱀처럼 휘감다가 마무리는 바사삭 너트로. 견고하여 좋더라.

ADD 서울시 강남구 청담동 90-20
OPEN 런치 12:00~15:00, 디너 18:00~22:00
TEL 02-517-6034
PARKING 발레파킹
MENU 런치코스 4만5,000원, 디너코스 7만원~10만원

프렌치 요리의 진수는 이곳에서 뼛속까지 요리인인 임기학 셰프의 식당이다. 주방에서 갓 구워 나오는 식전빵과 직접 만든 타프나드(블랙 올리브 딥), 트러플 오일도 향긋하다. 앙트레로 나오는 브랜디 향의 양파수프는 이곳의 시그니처 메뉴. 캐비아를 얹은 수란 리옹식 샐러드도 맛있다. 메인은 연어와 오리이며 스팀 작업 후 다시 로스팅해 겉과 속을 다르게 익힌다. 겉은 바삭하고 속은 촉촉한 식감에 은은한 소스가 더해져 입맛을 돋운다. 레드와인으로 브레이즈한 오리고기에 매시트 포테이토를 덮어 구워 낸다. 치즈와 버터 향의 풍미가 근사하고 오리고기는 연해서 입에 넣자마자 목으로 슥 넘어 간다. 디저트는 헤이즐넛 캐러멜과 초콜릿타르트. 상그리아에 조린 배와 캐러멜의 조합, 살짝 올라오는 와인 향이 근사하다.

ISYFOODLE #임기학셰프 #믿고먹는프렌치 #클래식 #오리고기의묘미 #양파수프는심장에물들어 #달콤우아한디저트 #식전빵도시그니처

프랑스 여인처럼 멋스럽게
파시오네

마흔 살부터 요리를 시작한 셰프는 그날의 메뉴를 직접 칠판에 적고, 그의 이야기를 듣는 동안 나의 머릿속에는 요리의 실루엣이 잡힌다. 열정은 펄펄 끓어오르는 것이 아니라 적정온도를 찾는 것임을 배우는 곳. 그의 요리는 스카프 하나만 둘러도 멋스러운 프랑스 여인을 닮았다.

ADD 서울시 강남구 신사동 646-23 2층
OPEN 런치 11:00~14:00, 디너 17:00~22:00
TEL 02-546-7719
MENU 런치코스 4만원, 디너코스 6만 5,000원

사람 사는 이야기가 있는 프렌치 레스토랑 이방원 셰프는 친절하면서도 진지한 사람이다. 손님의 얼굴을 기억해 그들의 입맛에 맞게 자신의 요리를 맞추는 배려까지 갖추고 있다. 점심은 식전빵과 디저트를 포함해 총 5코스로 진행된다. 야채 수프를 맑게 끓인 콘소메에 세 가지 맛의 만두 라비올리. 올리브 오일 소스에 계절 야채와 바닷가재를 가미한 샐러드. 셰프의 아버지가 직접 재배하신다는 계절 야채가 이곳의 특색이다.

이곳의 별미는 재료를 잘 구워 내는 셰프의 솜씨에서 나온다. 해산물과 최소의 양념으로 바다의 맛을 고스란히 끌어올리며 대구의 담백함을 살린다. 구이요리에서 재료에 맞는 적정온도를 찾는 것도 이곳만의 비결이다. 냉이와 그린빈을 가미하여 보드랍게 구워낸 양갈비 스테이크. 비린내를 말끔히 잡고 매시트 포테이토로 부드러움을 더했다. 크림브륄레와 셔벗을 가미한 디저트로 뒷심까지 열정, 그 자체다.

ISYFOODLE #정제된열정 #이방원셰프 #친근한프렌치 #해산물굽기가예술 #콘소메는아늑하고 #칠판에적힌메뉴

클래식 프렌치와 봄의 향연
라싸브어

쌀쌀하던 바람을 핑계로 두려움과 불안함은 서랍에 넣어두었다. 기나긴 겨울을 지낸 늙은 호박 리소토에 여유를 만끽. 말캉 씹히는 조개관자의 탄력에 감탄하고 포항초 다진 뇨끼에 새우는 투명한 바다로. 두릅 하나 바삭하게 튀겨 화사하고 신선하게. 그리워지는 모든 것들은 잊힘에도 아파하지도 않는다.

ADD 서울시 서초구 반포동 90-10 다솜빌딩 5층
OPEN 11:30~22:30(브레이크 타임 15:00~17:30)
TEL 02-591-6713
PARKING 발레파킹
MENU 런치코스(아뮤즈, 샐러드와 가스파쵸, 해물리소토, 한우 스테이크나 양갈비 메인, 차와 디저트) 6만원, 디너W코스 6만 9,000원, 셰프 시그니처 코스 13만원

봄날의 프렌치를 즐기고 싶다면 클래식한 프렌치 요리로 오랜 시간 사랑받고 있는 서래마을 라싸브어. 진경수 셰프의 요리를 맛볼 수 있는 곳이다. 부풀림 없이 묵직한 바게트는 라싸브어의 대표 메뉴이며 이는 특유의 더부룩함 없이 고소한 맛을 자랑한다. 아뮤즈 연어와 치즈, 구운 빵 위에 얹어진 연어, 스위스산 라끌레드 치즈는 닫혀 있던 감각을 서서히 연다.

늙은 호박 리소토와 조개 관자구이는 달콤한 호박에 연하게 익은 조개관자가 퐁당 빠져 있다. 포항초 뇨끼와 왕새우구이는 포항초의 강렬한 그린과 풋풋한 향기가 새우의 바다맛과 넘실대며, 두릅 튀김과 블루베리 소스 삼겹살은 팽팽한 미각의 밀당을 느낄 수 있는 메뉴. 두릅은 튀겨도 쌉싸래한 특유의 봄 향기를 지니고 있고, 삼겹살은 푹 익은 속살과 바삭하게 튀긴 튀김의 식감이 새콤해 블루베리와 완벽한 밸런스를 이룬다. 이런 근사한 요리를 만들어내는 진경수 셰프는 요리하고 여행하고 글을 쓰며 살아가는 멋진 사람. 그가 지닌 멋은 요리를 통해 아름답게 발현된다.

ISYFOODLE #진경수셰프 #클래식프렌치 #묵직한식전빵 #한국식재료 #늙은호박리소토 #마음차분히 #오늘식사내일추억 #와인한모금

우리 가을에 만나요
수마린

트렌치 코트를 처음 꺼내 입는 날. 성당의 종소리에 이끌리듯 한남동 거리로 와. 우선 포옹은 버섯크림이 쌀알을 감싸 안는 리소토처럼 하자. 고기를 갈아 올리브유에 담긴 파스타는 낙엽 진 가을처럼 수북하고 풍성하니 여름 끝 빗방울을 헤이즐넛 여운으로 보낼게. 그 자리에 찾아올 너를 위해서.

ADD 서울시 용산구 한남동 31-3
OPEN 런치 11:30~14:00, 디너 18:00~23:00
CLOSE 일요일
TEL 02-790-0814
PARKING 발레파킹
MENU 런치(샐러드 or 오늘의 수프, 리소토 or 스파게티, 디저트 카트, 커피) 3만5,000원 디너(5코스) 7만7,000원

ISYFOODLE #지중해풍 #프랑스정찬 #이형준셰프 #예술적환경 #한남동멋스러움 #우리입맛에맞음 #아름다운플레이팅 #요리하는모습이예술

가을 점심을 먹기 좋은 레스토랑 한국인 입맛에 맞는 프랑스요리를 맛볼 수 있다. 이형준 셰프의 완숙된 타르틴과 수프로 기운을 돋운 다음, 닭모래집 버섯 리소토를 먹는 식사는 아마 우리 시대의 가장 큰 행복이 않을는지. 식전빵으로 내어 주는 깜빠뉴도, 잡내를 뺀 양고기를 훌륭하게 갈아낸 볼로네제 스파게티도, 아보카도 퓨레에 연어와 사과를 곁들인 한 접시 모두 풍성하고 완성도 높은 맛을 낸다. 식후에 먹는 바바오럼의 뜨거운 초콜릿 소스와 커피는 올해 가장 기억에 남는 매혹적인 디저트가 될 듯하다.

깊은 밤의 프랑스
줄라이

소나기인 줄 알았다. 고맙다고 말할 줄 모르는 사람을 단호박 퓨레로 감싸 안아 가슴 깊이 위로하기 전까지는. 뜨거운 여름날에 시작된 외사랑이었다. 켜켜이 쌓인 나이테처럼 완숙한 모습이 좋았기에 때로는 부드러운 파스타처럼, 때로는 맑은 콩피처럼 조용히 그 곁에 서 있었다. 그때는 소나기여도 좋았다. 두근거림에 달뜬 사춘기 소녀처럼 그 7월이 좋았다.

ADD 서울시 서초구 반포동 577-20
OPEN 런치 12:00~15:00, 디너 18:00~22:30
TEL 02-534-9544
MENU 런치코스(가리비 카다이프, 오리다리 콩피 등, 디저트와 차) 4만원~6만6,000원, 디너 12만원

ISYFOODLE #한국사람들이좋아할프렌치 #제철식재료 #오세득셰프 #양도푸짐하게 #만족감 #깊은손맛 #선한영향력

가장 고혹적이었던 시절은 프랑스 요리로 기억된다

사랑하는 사람과의 기념일, 오붓한 식사를 하고 싶을 때마다 생각나는 곳이다. 활발한 방송 활동으로 요즘 인지도가 높아진 오세득 셰프가 운영하는 곳. 줄라이에 가보면 그의 진가를 알 수 있으니 그 유명세는 결코 미디어에만 의존한 것이 아니라는 걸 알 수 있다. 프랑스 현지인들도 인정하는 섬세함에 한국 식재료의 맛을 잘 조합시킨 프렌치 요리를 선보이는 곳으로 명성이 자자하다.

오세득 셰프는 정통 프렌치만을 고집하진 않는다. 한국에서 가장 질 좋은 맛으로 손님들에게 감동을 주기 위해서는 여러 가지 요소들을 새롭게 해석해야 한다는 그만의 음식 철학. 프랑스요리의 기법, 한국 각 지역에서 나는 제철 식재료, 그리고 부담스럽지 않고 경쾌한 공간. 이렇게 탄생된 곳이 프렌치 레스토랑, 줄라이다.

줄라이의 런치코스는 참 잘 짜여져 있다. 손님의 잠든 식감을 확 끌어올리는 새우살 고로케인 아무즈 뷰쉐. 스콘이 함께 올라오는 것은 식전빵의 기능까지 함께 한다. 퀴노아, 오징어, 흰창을 곁들인 가리비구이는 가리비의 식감이 살아 있도록 쫀득하게 구워져 있고, 여러 가지 버섯과 단호박이 조화롭게 어우러진 단호박 퓨레의 달콤한 맛이 버섯의 다양한 맛을 하나로 깔끔하게 정리한다.

메인 요리인 콩피콩피는 감자, 베이컨 스튜, 국내산 오리다리로 만든 것으로 프랑스의 대표적인 저온숙성 요리이며 오랜 시간과 정성이 들어간다. 우선 오리다리에 소금으로 간을 하고 향신료와 함께 하룻밤을 숙성시킨다. 그리고 저온에서 1시간 반에서 2시간 사이 동안 천천히 익힌다. 그리고 다시 겉 부분의 바삭한 식감을 살리도록 구워 내면 겉은 바삭바삭, 속살은 촉촉한 일품요리가 된다.

또 다른 메인인 트리플린 파스타는 천천히 조리한 한우채끝등심 스튜를 베이스로 하는데 12시간 이상 천천히 조리한 고기의 식감이 입에서 살살 녹는다. 그런데 파스타의 양이 상당하다. 식사량이 많은 남성 손님들에게 고기도 먹고 파스타도 먹는 일석이조의 만족감까지 선사한다.

이곳의 메뉴는 꾸준히 바뀐다. 우리나라에서 가장 맛있는 식재료를 음식에 반영하기 위한 오세득 셰프의 노력. 그리고 후배 요리사들이 한국에서도 훌륭한 셰프로 성장할 수 있도록 멘토링을 꾸준히 진행하니 줄라이는 선한 영향력을 갖는 훌륭한 프렌치 레스토랑이라 할 수 있다.

Falling in Love
테이블포포

가을에 가장 사랑받은 것만 따다
몸속에 묻은 꽃다발

ADD 서울시 서초구 반포4동 110-1 대성빌딩 2층
OPEN 런치 11:30~15:00, 디너 18:00~22:00
CLOSE 일요일
TEL 02-3478-0717
PARKING 발레파킹
MENU 런치(제철 해산물, 고기, 야채, 디저트와 차까지 어우러진 7~8가지 코스) 4만 5,000원, 디너 7만 7,000원

계절의 향기를 요리하는 부티크 레스토랑 김성운 셰프는 한국에서 그 누구보다 계절의 향기를 요리하는 것에 능하다. 그는 항시 고향의 농사에 애정을 보내고 미디어에서 좋은 식재료를 발견하면 두말없이 현지까지 다녀온다. 그렇게 구한 식재료에는 계절의 영양과 맛이 가득. 발품을 팔아 고생을 하여도 동료 후배 셰프들에게 아낌없이 나누는 인정도 따스하다.

따끈하니 고소한 감자빵의 환영을 받은 후 속이 충실한 영암무화과로 잠든 자극을 흔들어 깨운다. 대하 샐러드와 꽃잎은 실크 블라우스처럼 하늘하늘 아름답다. 해산물과 농산물의 만남, 버섯 향과 한우의 구수한 흙맛. 직접 농사짓고 직접 갈아 만든 버터넛 스쿼시 아이스크림까지. 가을이 꽃다발로 피었다. 일요일 휴무일에는 셰프가 태안에 가서 굴과 성게도 따오고 제철 야채도 풍성하게 가져오니 월요일에 가면 평소보다 조금 더 신선한 음식을 음미할 수 있다. 그러나 매일 4개의 테이블만 손님을 받는다. 그렇기에 테이블포포의 테이블은 최고의 요리와 함께 할 수 있는 영광의 자리라 할 수 있다.

테이블 포포

ISYFOODLE #플레이팅도예술 #제철식재료향연 #김성운셰프 #가을느낌 #테이블4개 #식재료애정 #덧대지않은고급감

묵직하고 정직한 그 사람
비스트로 드 욘트빌

활주로를 보다 다른 비행기들이 이륙하는 모습을 보게 되었어. 언젠가는 나도 그들처럼 날아가고 싶다는 생각이 스리슬쩍 고개를 들었지. 슬슬 미끄러지다가 어느 순간 확 떠오르는 거야. 그간 보지 못했던 세상이 한눈에 보이고 이내 구름 속으로 파고들어 아무것도 시야에 들어오지 않는 바로 그 순간.

ADD 서울시 강남구 청담동 83-6 이안빌딩 1층
OPEN 12:00~14:30, 18:00~22:00
CLOSE 일요일
TEL 02-541-1550
MENU 런치코스(수프 or 전채, 메인, 치즈 or 디저트, 커피) 3만5,000원, 디너코스 8만2,000원

묵직하고 정직한 셰프가 있는 비스트로 드 욘트빌 프랑스 사람은 아니지만 프랑스의 전통을 준수하고 이를 고스란히 손님에게 선물하는 곳이다. 프랑스 셰프가 김치찌개를 내어 한국 사람들에게 '캬~ 시원하다.'라는 평을 받는 것. 어쩌면 불가능한 일일지 몰라도 자신은 할 거라고 했다. 시간이 얼마나 걸리든.
그린빈과 버터소스가 잘 어우러지는 자연산 광어구이. 비린 맛이 없으면서 바다를 풍성하게 표현했다. 한우 통후추 등심구이. 셰프의 정성이 집중된 훌륭한 맛. 대구살과 감자가 어우러진 크림 그라탕도 입안에서 부드럽게 녹는다. 말을 아끼는 셰프. 요리로 프랑스를 느낄 수 있는 공간인 비스트로 드 욘트빌. 마무리 커피 한 잔까지 깔끔한. 내가 사랑하는 프렌치 레스토랑이다. 이곳의 양파수프를 사랑하는 사람이 많다. 녹진한 그뤼에르 치즈와 달콤하게 볶아진 양파의 울림이 담긴 근사한 수프 한 그릇.

ISYFOODLE #사람을만나러가는곳 #이동준셰프 #혹은토미리셰프 #요리는사람을닮아 #양파수프의소울 #잔잔한통후추등심구이 #먹을수록이끌림 #정직한프렌치

휴가를 반납하고
트러플 파스타
톡톡

일단은 수박의 바다에 풍덩 빠져봐. 그러고서 정성스런 사람의 손길이 가득한 채소밭에 코를 대 숨을 쉬고 천사의 머리카락을 만져. 대지 같은 사랑에 쉬어가도록, 톡톡.

ADD 서울시 강남구 신사동 656-6 로데오 빌딩 3층
OPEN 런치 12:00~15:00, 디너 17:30~23:00
CLOSE 월요일
TEL 02-542-3030
MENU 로브스터 콜드파스타, 여름 프랑스 트러플 특선메뉴, 런치코스(애피타이저, 메인, 디저트와 커피) 2만5,000원

여름요리의 진수를 보여 주는 곳 김대천 셰프는 채소의 달콤함과 상큼함을 지키기 위해 손으로 고스란히 따다 접시에 다시 밭을 일군다. 고소한 바다의 향이 나는 생선. 제주바다 달고기는 카다이프에 말아 튀긴 후 레지아노 치즈 가루를 눈꽃처럼 뿌린다. 촉촉한 속살이 코끝에서 화하게 꽃 핀다. 돼지고기를 전통장에 밑간한 후 오랜 시간 익혀낸 미트요리도 별미. 기름기는 사라지고 입에서 녹는 젤리가 된다. 무엇보다 인상 깊었던 것은 두 가지의 콜드파스타. 프랑스에서 직접 공수한 트러플을 좋은 올리브 오일과 산뜻한 비네거만 더해 듬뿍 올렸다. 새벽 숲의 영롱한 향이 코끝에 매인다. 로브스터 파스타는 올해 먹은 파스타 중에 최고. 보드라운 크림에 게의 향이 감칠맛 나고 로브스터 살이 통통하게 씹힌다. 무엇보다 엔젤 헤어라 불리는 얇은 면 카펠리니가 적합하다. 하늘하늘한 면발 사이로 소스가 충분히 묻어나며 트러플과 로브스터를 러브스토리의 주인공으로 살아나게 한다.
먹는 이의 마음을 쓰다듬는 김대천 셰프. 쌀로 직접 구워 속 편한 식전빵부터 유기농 야채의 결을 따르는 정성, 판나코타의 마지막 디저트까지. 여행을 반납하고라도 신사동 톡톡은 갈 만한 가치가 있다.

ISYFOODLE #캐주얼다이닝 #톡톡 #김대천셰프 #채소에흥미가득 #유기농 #쌀로만든식전빵 #소화도잘되고 #콜드파스타케미 #트러플원더플

텐트 속 아늑한 잠
다이닝텐트

등반의 전설 엄홍길 대장이 말했다. 눈보라를 헤쳐 히말라야 최고봉에 올라서면 다이닝 텐트를 제일 먼저 친다고. 천국이란 지옥 같은 도전을 이겨 내고 정상에서 먹는 한 그릇의 음식이 아닐까.

ADD 서울시 강남구 신사동 525-13 진우빌딩 1층
OPEN 런치 11:00~14:00, 디너 18:00~12:00
TEL 02-3444-1533
MENU 에그 로열과 에그 베네딕트 1만 8,000원, 런치코스(샐러드, 루꼴라 피자, 파스타, 스테이크, 디저트) 3만원
+TIP 점심에 빨리 가면 파스타를 9,900원에 먹는 행운을 얻을 수 있다.

가로수길의 정겨운 레스토랑 다니엘 한 셰프의 요리는 유쾌하다. 애피타이저로 나오는 피자는 부메랑처럼 바삭거리며 입속을 날아다닌다. 그렇게 부유하다 루꼴라와 치즈의 풍미로 돌아오고, 꽃 같은 연어 샐러드는 유명 여자 연예인들이 먹고서 예쁘게 다이어트했다는 메뉴로 유명.

르 꼬르동 블루에서 유학한 다니엘 셰프는 프랑스의 전통을 알지만 손님들의 만족을 무엇보다 우선시한다. 편안하게 먹을 수 있되 엣지 있는 그 1%를 가미. 버섯 크림 리소토는 그래서 풍부롭되 느끼함이 없고, 보리와 버섯의 조합이 다이내믹하다. 한우 안심스테이크도 특유의 편안함을 지니고 있고 통영 석화에는 샴페인을 가미했다.

웃음이 유쾌한 다니엘 셰프는 손님을 천국으로 날려 보낼 듯이 요리하고 다이닝 텐트 스태프의 사장님화를 위해 일하며 요리 꿈나무들을 위해 우송대학교에서 강의도 한다. 그래서 다이닝텐트에 가면 베이스캠프처럼 무엇인가에 도전할 힘을 새로이 얻는다.

ISYFOODLE 시간이지나도여전히 #다니엘한셰프 #편안한만족감 #가로수길역사 #브런치도예술 #손님을감싸는맛

Interview

지금 대한민국에서 가장 바쁘고 핫한 사람 이찬오 셰프. 오랜 시간 동안 판교 로네펠트 티하우스에서 우아한 프렌치 요리와 티 푸드를 선보이다가 2015년 4월 자신의 이름을 걸고 마누테라스(Manu Terrace)를 오픈했다. 무엇보다 마누테라스를 가득 채운 것은 이전 로네펠트 시절부터 그의 요리를 잊지 않고 고객에서 친구가 된 사람들이다.

그의 음식을 맛보면 사람들은 한 접시의 예술이라고 감탄한다. 그만큼 색감과 맛의 조합이 뛰어나기 때문. 그러면서도 안정된 맛과 플레이팅을 선보여 왔기에 단순히 인스타그램용 피사체가 아니라 동료 셰프나 음식 전문가들로부터도 높은 평가를 받고 있다. 자신의 이름을 걸고 요리 인생 제2막을 시작하는 이찬오 셰프를 만났다.

이찬오 〈마누테라스〉 셰프

예술적 감각이 뛰어난 이찬오 셰프는 호주 시드니 펠로(Pello)의 총괄 셰프, 프랑스 파리의 미슐랭 3스디 롤레 루이 트레즈(Relais Louis 13)의 셰프 디 피디(파트 책임사), 네덜란드 스타티흐(STATIG) 총괄 셰프, 임페리얼 팰리스 서울 베로나 총괄 셰프, 로네펠트 티하우스 부티크 총괄 셰프를 거쳐 현재에는 마누테라스 오너 셰프, 국제한식조리학교 명예교수를 겸하고 있는 실력파 셰프다.

즐거움을 드신다면
더 이상 바랄 바가 없어요

마누테라스를 시작하면서 이전과 달라진 점
로네펠트 티하우스에서는 '프렌치'라는 카테고리를 늘 염두에 두었어요. 분당이라는 특수성도 있었으며 오시는 손님도 어느 정도 정해져 있었지요. 이미 규정된 무대와 관객들을 위해서 정성들여 요리를 했어요. 물론 그 안에서도 제 아이덴티티를 하나하나 만들어 가고자 하는 생각은 놓치지 않았습니다. 그런데 이제 마누테라스는 셰프로서의 제 선택과 행동, 가고자 하는 길이 고스란히 드러나는 공간입니다.

요리를 시작하게 된 동기
요리를 한 지는 이제 꽤 오랜 시간이 흘렀어요. 그런데 처음부터 지금까지 여전히 요리가 좋아요. 식재료를 앞에 두고 어떤 요리를 만들면 좋을까 홀로 골똘히 생각하는 시간, 참 두근거리고 매력 있습니다. 만드는 과정에서 그 재미는 배가 돼요. 요리사의 마음과 손을 거쳐 자연의 재료가 점점 요리로 변해가는 시간들, 저는 이 과정이 좋아요.
요리는 제 취향과 성격을 가장 잘 표현해 주는 영역입니다. 사람의 기억이나 경험에는 가장 아름다운 방점을 찍는 음식들이 있죠. 맛있게 먹고 나면 미련 없이 흔적 없이, 사라져버리지만 결국 음식의 완성은 추억이었어요. 사람의 마음에서 가장 아름다운 추억으로 남는 겁니다.
저는 여행을 가도 카메라는 가져가지 않아요. 눈앞에 펼쳐진 풍경, 나를 감싸는 공기, 그리고 옆에서 흐르는 음악과 소음들. 이 모든 것들이 저를 하나하나 채우는 추억이 되니까요. 아름다움은 그 순간을 온전히 즐긴 후 날려 보내는 거예요. 그래서 제가 요리를 좋아할 수밖에 없지요.

당신을 셰프의 길로 이끈 인생의 음식
시드니에 있는 빌슨스(Bilson's)에서 제 인생의 한 끼를 먹었어요. 전체 코스 중에서 디시 하나하나가 제 오감을 마구 흔들었죠. 그렇다고 화려하거나 거창한 요리는 아니었어요. 오히려 절제에서 느껴지던 우아함의 깊이였죠. 요리 하나에 응축된 아름다움이 손님인 저에게 고스란히 전달되는 거예요. '와, 이런 요리라면 내 인생을 걸어도 좋겠다.' 그때 다짐했지요.

셰프가 되려는 사람들에게 해주고 싶은 말

셰프라는 직업은 본능적인 거예요. 누가 말려도, 죽을 만큼 힘들어도 할 사람은 하게 되어 있죠. 그런데 최근에 화려한 모습만 보고 셰프가 되고 싶다는 사람이 많아졌습니다. 이런 관심은 반갑지만 일면 걱정스러운 것도 사실이에요. 셰프들은 남몰래 겪어온 눈물과 고독의 시간이 있어요. 이는 요리를 하고자 하는 그 어떤 이에게도 똑같이 주어질 겁니다. 그 안에서 진정한 셰프로 성장할 사람 그저 호기심이었던 사람들이 갈리겠죠.

마누테라스는 어떤 곳이고 어떤 음식을 먹을 수 있나

산뜻하고 캐주얼해요. 지난날에는 음식의 완성도에 집중을 했는데, 그러면 드시는 분들을 소홀히 하게 되더라고요. 이제는 안 그럴래요. 저도 즐겁게 요리하고 제 음식을 드시는 분들도 그 하루 속에 즐거운 시간이 되면 전 만족이에요. 음식 또한 생활의 일부이기 때문에 균형감각을 유지하는 게 중요하다는 것을 알았어요. '마누테라스'라는 공간에 대해 좀 자세하게 이야기해볼까요? 이곳에는 '마누'와 '테라스'가 있습니다. 마누에서는 제가 꾸준히 만들어 내는 이찬오의 요리를 즐기실 수 있습니다. 맛과 향의 조합이나 색감, 그 가운데의 우아함은 살려가는 요리예요. 테라스에서는 그야말로 편하고 즐겁게 맥주 한 잔에 안주 먹으며 사람들과 만나는 공간이에요. 편안함이 아름다움으로 꽃피는 공간이 바로 마누테라스인 셈이죠.

한국 식재료로 만든 한식과의 밸런스

제 요리 중 송아지 명이나물에는 된장이 들어가고 디저트에는 쑥으로 향을 냅니다. 저는 한국사람이에요. 한식을 제외하고 제 음식을 말한다면 어불성설이죠. 특히 마누테라스의 요리에서는 재래장과 우리 식재료의 조합을 자연스럽게 풀어보려고요. 찬오 퀴진은 이 시대를 살아가는 한 셰프의 요리거든요. 한식의 유산은 고맙게 받고 외국에서 배운 조리법과 배합을 조화롭게 살려나가렵니다.

요리가 참 예술적이라는 평이 있는데 어떤 점에 중점을 두는지

저는 재료를 볼 때 색을 관심 있게 봐요. 서로 어울리는 색감을 선택하는데요. 아주 좋은 재료가 있더라도 전체적인 조합을 파괴할 때는 과감하게 버려요. 그러고 나서 맛의 조화를 곰곰이 생각합니다. 오감을 열고 요리에 임하죠. 색과 맛의 균형을 맞추는 순간 요리하는 희열이 느껴집니다.

요즘 여러모로 일정이 바쁠 텐데 레스토랑에 온 손님들은 어떻게 대처하나

마누테라스에 오는 손님들 대부분은 저를 보러 오신 분들이에요. 방송과 대외행사로 일정이 늘 빠듯하지만 제게 가장 중요한 사람은 제 레스토랑을 믿고 찾아주시는 분들입니다. 그런 고마움이 있기에 모두에게 정성을 쏟지 않을 수 없어요.

새로 오시는 분들 또한 고맙게도 제게 관심을 가져주시고 반가워하세요. 저도 손님들과 거리감 없이 친구가 돼요. 오래 알던 사람 혹은 새로 알았지만 더 알아가고 싶은 사람이 되고 싶어요. 그 만남이 우선이며 그 가운데 저의 요리가 즐거움이 된다면 더 이상 바랄 바가 없어요. 우리 사이의 화제는 생활에 대한 이야기가 될 수도 있고요. 다채롭게 무언가 상담도 하고 그래요. 저는 이 정감 있는 대화까지도 요리라고 생각합니다.

앞으로 하고 싶은 요리

요리만 강조되면 이를 대하는 사람이 소외될 수 있어요. 초반에는 저도 지독하게 요리에만 골몰하는 사람이었어요. 요리에 모든 시간과 열정을 바쳤기에 빠르게 성공을 하기도 했지만 나락으로 더 빨리 떨어지기도 했어요. 제 나이에 비해 굴곡이 심한 편이었죠. 그런데 바닥까지 내려가니 알게 되더라고요. 무엇이 중요하고 무엇이 남는지.

셰프의 길과 비즈니스의 길목에서 내 사업을 한다는 의미

저는 이제 주어진 환경에서 요리에만 집중하는 페이셰프가 아니라 요리도 하고 청담동에서 이윤도 내야 하는 경영자이죠. 비즈니스의 핵심이 원원(Win-Win)이잖아요. 탐욕스럽게 이윤에만 목숨 건다면 지속적인 발전이 어려워요. 제 본성에도 맞지 않고요. 저는 손님도 함께 살 수 있는 영역에서 승부를 걸 겁니다.

제 뒤에는 탄탄한 팀워크가 있어요. 로네펠트 시절부터 함께 했던 이희영 셰프는 이제 마누테라스의 수셰프이며 책임감과 창의력으로 저의 든든한 조력자가 되었어요. 요리를 하는 사람으로서 가장 창의적인 나이일 때 후배들을 가장 꽃필 수 있게 뒷받침 해 주는 것. 많은 부분을 맡기고 더 성장할 수 있도록 해 주는 것이 제가 해야 할 몫이에요.

음식을 가장 맛있게 즐기는 방법

저는 음식을 '즐거움'이라 정의합니다. 테이블매너를 알면 물론 더욱 깊이 있게 즐길 수 있겠지만 자유로우면서도 편안하게 한 끼 맛있게 먹을 수 있으면 그게 바로 멋진 미식가죠. 가장 편안한 셔츠를 입고 산책하듯이 오세요. 맛에 대한 기쁨은 제가 준비해 둘게요.

루브르 박물관을 빠져나온 요리
마누테라스

빛에 따라 변하는 미소의 신비함. 다빈치의 〈모나리자〉는 방탄유리에 갇혀 있지만 그 미소와 화사한 빛을 요리사의 손끝에 선물했나 보다. 완벽한 균형미와 섬세한 표현이 담긴 요리. 밀로의 〈비너스〉는 두 팔이 잘렸지만 손에 쥐었던 생명을 음식에 허락하여 아픔과 염원을 담아 하늘로 날아오르게 만들었다. 〈승리의 여신상〉은 머리가 잘렸지만 그녀의 찬란한 키스를 음미하도록, 그 달콤함을 이야기하도록 이곳에 모여 있는 사람들의 입술로 말을 건다.

실력파 셰프, 이찬오 셰프의 새로운 공간 호박과 버섯을 이용한 소스는 크림과 어울리며 그 위로 함초 나물과 나문재 나물로 소금 대신, 시금치 오일과 한려나 잎으로 상큼함을, 꽃잎으로 스윗함을 더했다. 거제산 대구는 감칠맛 있게, 오골계는 묵직하고도 쫄깃하게, 채끝 스테이크와 푸아그라는 입에 녹게 만드는 숙련된 기술에 감탄하며 이찬오 셰프에게 경의를 표하게 된다.

직접 텃밭을 가꾸어 신선함을 더하고 행복하게 요리하는 이찬오 셰프와 스태프들의 미소가 루브르 박물관에서 금방 빠져나온 작품 같다. 그와 이야기하고 맛있게 먹으니 시간을 초월한 여행을 다녀온 기분. 여운이 길다, 이곳.

ADD 서울시 강남구 청담동 90-20 4층
OPEN 12:00~23:00(브레이크 타임 15:00~18:00), 늦은 밤 테라스 운영(간단한 요리와 맥주 그리고 와인)
TEL 02-543-9020
PARKING 발레파킹
MENU 런치코스(대구 카다이프, 연어구이, 디저트와 차 등 3코스) 3만8,000원. 오리/푸아그라/오미자 소스 3만8,000원, 디너코스 8~13만원. 이찬오 셰프 마음대로 3만원.
테라스 단품 메뉴(구운 브리 치즈 1만5,000원, 고추치킨 1만원, 더덕 푸아그라 1만5,000원, 연어타르타르 1만2,000원)

#셰프는예술인 #이찬오셰프 #진지함 #요리에살려낸색감 #인류주의자 #디저트도예술

이태리 자유부인
할머니 손맛
브레라

ADD 서울시 중구 동호로 17길 295
OPEN 11:30~21:30
CLOSE 월요일
TEL 010-8070-1982
PARKING 식당 앞 주차공간
MENU 가정식 생면 파스타, 로마 스타일 화덕피자 1만4,900원, 이태리 프리미엄 맥주 페로니 · 티라미수 5,000원

ISYFOODLE #이태리할머니손맛 #생면파스타 #편한듯자유 #건강한느낌 #레드컬러후끈 #이태리셰프 #좋은재료 #만사천구백원 #라테는저온살균우유로 #티라미수명작

이태리 허세는 저 풍선에 날려버리고 솔직함에 키스를 보낸다. 생면 파스타 위에서 방울방울 터지는 토마토, 서울의 바람을 빌어 맥주 한잔 시원하게. 스니커즈 신고 걷다 보니 위에 떠 있는 구름도 티라미수 한입처럼 달콤하고 보드랍다.

이태리 피플이 모여 만든 로맨틱 카페 심플한 듯 우아한 이탈리안 브런치, 생면 파스타와 화덕피자를 제외하고서도 리얼 이태리 요리를 맛볼 수 있다. 섹시한 Giovanni Littledrums 대표는 친절하게 다가와 이곳에서 파는 음식은 깊은 맛이 우러나는 '그랜드마더 푸드'라고 설명해 웃음짓게 만든다. 올리브 향과 바질, 토마토가 어우러지는 하모니가 신선하다. 좋은 재료로 정성껏 만들지만 14,900원을 넘지 않는다는 점이 이곳의 특별한 음식 철학. 티라미수에 명품 같은 커피 반케리(Vancheri)가 더해지면 치명적인 매력에 금세 빠져버린다.

테라스에서 에그 베네딕트
앙드뜨와

미세먼지가 뿌연 하루. 테라스에 나와 프랑스인을 바라보며 에그 베네딕트와 갓 구운 바게트를 주문했다. 하늘을 우러르는 대신에 수란 노른자를 해로 품고 카푸치노처럼 구름이 달다고 생각하는 주말.

ADD 서울시 용산구 이태원동 123-33
OPEN 12:00~02:00
TEL 02-796-1244
PARKING 발레파킹
MENU 숙성연어 수란의 잉글리시 머핀 1만8,000원, 브레드 바스켓 1만4,000원, 홍합요리 2만2,000원. 프랑스식 레몬소스 닭가슴살 요리와 딸리아딸레 오일버터파스타 2만8,000원

ISYFOODLE #심플한듯우아함 #프렌치브라세리 #프렌치브런치 #수란은예술적 #직접구운바게트 #고소한치즈버터 #화사한날의프렌치

심플하고 클래식한 프렌치 브라세리 프랑스식 브런치를 즐기기 좋은 곳이다. '앙드뜨와'는 불어로 '1,2,3'을 뜻하며 프랑스 요리의 기본을 갖추었다고 말하는 곳이다. 숙성된 연어와 수란은 우아하다. 프랑스 셰프가 매장에서 직접 굽는 바게트가 식전 빵으로 나오는데 치즈 혹은 버터에 발라 먹으면 바삭하고 촉촉하다. 숙성된 연어와 수란, 직접 구운 포테이토는 루꼴라와 어울려 선이 심플하고 직접 구운 따끈한 빵인 브레드 바스켓은 수제 딸기잼과 치즈버터가 함께 곁들여 나온다. 카푸치노와 곁들이면 행복한 향기가 그윽해진다.

피자의 자유,
타올라라 화덕이여

피자피케이션 자하

장작물이 타들어 가는 화덕에서 친구의 꿈 이야기를 들었다. 잘 구워진 도우가 입안에선 황홀하게 쫀득하고 마음은 편안해지는, 그런 피자를 만들어 보고 싶다는 꿈을. 속 깊은 친구는 오랜 골목에 아늑한 피자 가게를 열었다. 하얀 치즈 속에 토마토와 버섯으로 물드는 그의 자유.

ADD 서울시 종로구 통인동 135-5
OPEN 12:00~22:00 (브레이크 타임 15:00~18:00)
CLOSE 월요일
TEL 02-737-1355
PARKING 인근 유료주차장 혹은 대로변
MENU 타라투파타(버섯 트러플 오일 피자) 2만 3,000원, 라구 블루멘탈 파스타 1만 9,000원, 아메리카노 3,000원, 각종 병맥주 구비

서촌을 더욱 서촌답게 하는 곳 자하의 피자는 손끝의 정성으로 만들어진다. 도우는 겉이 바삭하고 속은 촉촉하다. 그리고 전체적으로 쫀득하게 씹혀 기분이 좋다. 토핑은 그리 조잡하지 않다. 그러나 맛의 조합을 최고조로 끌어올렸다. 특히 버섯과 트러플 오일을 넣어 아주 높지 않은 가격에도 고메풍 향기를 연출했으며 생 모차렐라 치즈와 도우의 쫀득함이 피자의 매력을 더욱 살린다.

대학동창인 두 청년, 최현민 대표와 서기원 셰프의 팀워크도 훈훈한 분위기를 연출한다. 최현민 대표는 특유의 친화력과 점잖은 친절함으로 손님들이 피자를 편하게 즐기도록 하며 서기현 셰프는 과묵하나 섬세하고도 침착한 요리 솜씨로 화덕 앞에서 피자를 장인처럼 구워 낸다. 꿈의 불을 지피는 화덕은 마리오 아쿠토, 나폴리에서 100년 이상의 역사와 전통을 자랑하는 마리오 아쿠토사의 수제 화덕이다. 두 청년이 만들어가는 자하에는 새로운 맛과 매력이 솔솔 풍겨져 나온다.

ISYFOODLE #최현민대표 #서기원셰프 #수제화덕피자 #셰프의노트 #피자위의자유 #땀을흘려도화덕 #올리브는입가심 #서촌의멋 #되찾은열정

담배를 태우듯
커피를 마시네
몽고네

담배를 피워야 혹은 커피를 마셔야만 채워지는 부분이 있듯 파스타를 먹어야만이 채워지는 마음이 있다. 그때는 어란 파스타를 찾아간다. 획획 저어 따뜻할 때 한입 가득. 짭조름한 농후함이 코끝에 어리고 도미의 살을 가득 넣은 라비올리가 쫄깃하게 씹히는 맛. 늘어지는 오후에 탄력을 주는 맛이다.

ADD 서울시 서대문구 연희동 192-29
OPEN 12:00~22:30(브레이크 타임 15:00~17:30)
CLOSE 일요일
TEL 070-8623-0680
PARKING 발레파킹
추천 어란 파스타 3만원, 알리올리오 1만5,000원, 봉골레 파스타 2만4,000원, 네 가지맛의 크로스티니 1만4,000원, 산피에트로(달고기구이) 2만5,000원

완성도 높은 파스타를 먹을 수 있는 곳 기본이 되는 알리올리오, 카르보나라도 좋지만 계절 특산을 활용한 제철 파스타로 셰프의 식재료에 대한 감각을 가늠할 수 있다. 식전빵도 매장에서 직접 구워 따끈하면서도 쫀득. 파스타 한 접시에 짭조름함, 감칠맛 등 맛 구성이 훌륭하다. 수채화라기보다는 물감을 겹쳐 바른 유화를 보듯이. 그라노 출신의 루피 셰프는 오픈키친에서 존재감이 돋보인다. 역시, 주방에선 셰프가 스타다.

ISYFOODLE #연희동을멋스럽게 #루피셰프 #식재료감각절정 #어란파스타는스페셜 #해산물에날개를 #조용한음식맛 #한번오면다시오리

Interview

신이 즐기는 요리, 요리계의 피카소, 테이블의 시인 등의 찬사를 받으며 프랑스 요리의 지존으로 칭송받는 피에르 가니에르(Pierre Gagnaire)가 서울을 방문했다. 한국의 제철 재료로 2015년을 맞을 새로운 메뉴를 개발하고 한국의 음식을 사랑하는 사람들과 요리, 삶, 그리고 희망에 대해 이야기했다.

피에르 가니에르는 현재 전 세계의 열렬한 지지자와 그를 숭배하는 셰프들의 존경을 한 몸에 받고 있다. 새로운 조합의 음식을 만들 때에는 'à la Gagnaire'라는 경의에 가까운 수식어를 만들어 붙일 정도로 조리업계에서 독보적인 입지를 구축하고 있다.

그는 요리에 너무 많은 의미를 두지 말라고 말한다. "음식은 그저 먹고 행복해지면 그만입니다. 음식에 장식과 철학을 담으려할 때 먹는 이는 부담스러워지고 음식은 차갑게 식기 마련이지요. 사람의 마음에 귀 기울이고 요리를 그저 삶의 일부로 받아들이면 그 자체를 즐길 수 있게 됩니다." 요리를 즐기면서 순간순간의 아름다움을 찾아가는 것. 그게 바로 피에르 가니에르가 요리인으로 살아가는 방식이다.

피에르 가니에르 Pierre Gagnaire 〈피에르 가니에르 서울〉 셰프

1981년, 가업으로 이어받은 식당을 운영하다 1993년 미슐랭 3스타를 획득했다. 그러나 재정상의 문제로 식당의 문을 닫고 파리로 이동하여 그곳에서 다시 미슐랭 3스타를 획득. 2001년에는 에버 디스(Hervé This) 교수와 파트너십을 맺고, 공동 작업을 시작하여 분자요리(Molecular Cuisine)계의 선구자로 발돋움하였다. 이후 런던, 파리, 동경, 홍콩, 두바이, 라스베이거스에 레스토랑을 오픈하였으며 서울에는 2008년에 PIERRE GAGNAIRE á Séoul을 오픈하였다.

음식은 바디, 하트, 소울의
커뮤니케이션입니다

세계적인 요리의 흐름과 그 가운데 프렌치 요리의 트렌드
저는 요리를 하면서 세계적인 트렌드나 유행에 따르지 않습니다. 물론 시장 상황과 고객의 취향은 늘 고려하지요. 그러나 더욱 중요한 것은 나의 정체성이라 생각합니다. 과거에서 현재까지 꾸준히 추구해왔던 요리에 대한 철학과 진심은 한 시대의 유행에 결코 앞서지도 뒤서지도 않으면서 40년 동안 저를 요리하도록 지켜주었습니다.

당신의 요리철학은 무엇이며 최근 어떤 변화를 가지고 있나
음식은 단순히 먹기만 하는 것이 아닙니다. 음식을 가운데 두고 사람들은 대화하고 사랑하며 하루의 삶을 영위할 에너지를 얻습니다. 고로 음식은 신적(Body), 심적(Heart), 영적(Soul) 커뮤니케이션입니다. 그래서 저는 음식을 살아 있는 생명체처럼 여깁니다. 요리를 할 때도 제 온 마음을 다하지요. 맛있는 음식은 입과 머리보다는 가슴과 기쁨으로 먹는다고 믿습니다. 가장 위대한 음식은 어머니가 자식들을 먹이기 위해 하는 음식이라 생각하며 저 또한 그 마음으로 주방에 임하여 고객들에게 그 즐거움과 기쁨을 선사하고자 합니다.

미슐랭 레스토랑과 파인다이닝이 명성과 높은 가격대에 비해 고객에게 그만한 만족감을 주지 못한다는 의견이 있다. 더 많은 고객들이 당신의 요리를 부담없이 즐길 수 있는 방법에 대해서는
고민해 본적 없는지
미슐랭 가이드의 추천을 보고 레스토랑을 방문했다가 돈만 날리고 실망하는 고객의 마음을 이해합니다. 이것은 요리하는 사람에게 매우 중요하지요. 음식은 인간의 감수성이 만나는 접점이기에 만드는 사람도, 먹는 사람도 한때는 열광했다가 곧 그 애정이 식거나 지루해지고 피로감을 느낄 수 있으니까요.
저 또한 그 점을 굉장히 걱정합니다. 적어도 제 레스토랑에 오시는 손님들께는 기대치에 대한 만족감을 드리고 싶기 때문입니다. 요리에 대한 설렘, 아늑하고 우아한 공간, 품격 있는 서비스. 이 모든 것들에 대해 사소한 실수도 하고 싶지 않기에 저의 하루 24시간은 늘 긴장의 연속입니다. 이는 나 자신과의 싸움이기도 하지요.

셰프라는 직업을 사랑하는가
저는 요리사라는 직업을 선택한 것이 아니라 요리사 집안에서 태어났기에 그냥 자연스럽게 요리사가 되었습니다. 저는 1950년 프랑스 아피낙(Apinac)이라는 곳에서 태어났어요. 아버지가 요리를 하셨기에 18세부터 요리의 길로 접어들었죠. 아버지가 운영하는 르 클로 프뤼리(Le Clos Fleury)에서 본격적으로 셰프라는 일이 좋아졌어요. 셰프로서의 운명을 타고났다고 믿어요. 요리 이외의 일은 상상할 수도 없고 요리 이상의 일을 찾지도 못했습니다. 이러한 긍지와 자부심 때문에 어려움이 있어도 극복하는 방법을 찾아내는 것 같습니다.

셰프로서 가장 행복했던 시간
셰프로서 가장 행복하고 보람있는 순간을 1996년 12월 파리에 레스토랑을 오픈하던 시점으로 기억합니다. 문을 열기 전 3일부터 예약이 들어왔어요. 그리고 하루도 빠짐없이 15년 동안 테이블이 하나도 비어본 적이 없었습니다. 이는 저의 요리를 파리 사람들도 인정하고 사랑해주었다는 의미죠.

그리고 지금은 이렇게 한국에서처럼 세계에 파견된 수셰프와 매니저들이 그 나라의 식재료를 가지고 어떤 메뉴를 개발할지 그와 지속적으로 커뮤니케이션을 할 때 매우 행복합니다. 예를 들어 한국에 지금 굴이 제철인데 이를 가지고 어떤 요리를 만들지 손님들에게 어떻게 보여드릴 것인지, 어떤 식감이면 행복해하실지 이런 이야기를 하다 보면 세상 그 누구보다 행복해지는 느낌이에요.

그럼 셰프로서 가장 힘들었던 시간
제가 힘들었던 시기는 가족 비즈니스를 이끌어 가야할 때였습니다. 저 혼자 만든 것이 아니었기에 많은 변수가 있었고 독단적으로 결정할 수도 없었어요. 결국 좋은 결과를 이끌어 내지는 못하였으나 저를 더욱 단단하게 다지는 계기가 되었죠. 그 이후로 어려움은 신이 제게 내려주신 숙제라고 생각하게 되었어요. 이를 다 풀면 그 과정이 완성되어 다음 진도를 나갈 수 있게 되는 것처럼 말입니다.

아니나 다를까 그 후에 저는 바로 파리로 자리를 옮겨 호텔 발자크(Hotel Balzac)에 피에르 가니에르 레스토랑을 오픈했고 1998년, 오픈 1년 만에 미슐랭 3스타를 획득했습니다. 그동안 제게 등을 돌렸던 미식가와 평론가들조차 제 요리의 창조적인 부분을 높이 평가해주면서 제 이름을 알리는 가장 큰 조력자가 되어준 겁니다.

좋은 요리란 무엇일까
요리에 너무 많은 의미를 두지 않습니다. 음식은 그저 먹고 행복하면 그만이에요. 그러한 음식에 장식과 철학을 담으려 할 때 먹는 이는 부담스러워지고 음식은 차갑게 식기 마련이죠. 사람의 마음에 귀 기울이고 요리를 그저 삶의 일부로 받아들이면서 요리 자체를 즐길 수 있으면 돼요. 그러면서 순간의 아름다움을 찾아가는 것. 그것이 바로 제가 요리인으로 살아가는 방식입니다.

세계적인 비즈니스와 명망 있는 셰프로 활약하는 현재, 바쁜 일정에 자기관리는 어떻게 하는가
하루의 일정이 아무리 바쁘더라도 운동은 빠뜨리지 않습니다. 체력뿐만 아니라 일을 하다 쌓이는 스트레스를 해소하는데도, 요리

에 대한 새로운 영감을 얻는데도 운동만큼 좋은 것이 없어요. 매일매일 운동하는 것이 습관이 되어서 이젠 하루라도 거르면 몸이 힘들 정도입니다.

가장 아끼는 요리도구
아주 사소한 것일 수 있는데 저에게는 오랜 친구 같은 칼과 팬이 있습니다. 칼에는 제 이름이 새겨져 있는데 이는 40년 동안 스스로 일을 잘 해내는지, 자신과의 약속에 소홀하지는 않았는지 저를 채찍질해주었지요. 또 하나는 아주 조그맣고 보잘 것 없는 주물팬입니다. 주물팬은 물기로 닦는 것이 아니라 소금으로 닦으면서 관리해주면 백 년도 쓸 수 있어요. 스페인에 갔다가 우연히 얻은 것인데 시간이 지날수록 끈끈해지는 동반자 같습니다.

가장 즐겨 먹는 집밥은
셰프로 일하면서 전 세계 피에르 가니에르 레스토랑의 새로운 메뉴를 시식해야 합니다. 제 이름으로 나가는 음식이기에 그게 바로 저의 집밥인 셈이지요. 물론 제 음식도 그렇지만 다른 음식도 접해봐야 합니다. 세계 곳곳에서 하루가 다르게 개발되는 메뉴가 저의 식단을 구성하는 셈이죠.

한국의 '피에르 가니에르'는 당신의 레스토랑 운영과 요리 철학의 어떤 맥락에 있으며 다른 곳과 비교할 때 어떤 특징이 있나
전 세계에 있는 피에르 가니에르 레스토랑은 제각기 다른 모습을 가지고 있습니다. 그 나라의 문화와 언어, 자연환경과 식재료가 다르기 때문에 우리는 이를 열린 마음으로 받아들이죠. 서울의 피에르 가니에르 요리를 만들 때 한국산 식재료와 수입 식재료의 배합은 7:3입니다. 치즈나 트러플, 푸아그라, 캐비아 등 한국에서 생산이 어렵거나 최고의 퀄리티가 나오기 힘든 재료들은 세계에서 가장 좋은 것들을 수입해서 들여옵니다. 그 외의 식재료는 모두 한국에서 공수하죠. 그러므로 저에게 있어 한국의 제철 재료를 잘 아는 것은 흥미롭고도 중요한 일입니다. 우리는 최고의 퀄리티를 내는 제철 식재료를 고집했으며 이에 따라 메뉴 구성을 짧게는 매달, 길게는 2~3개월마다 지속적으로 변화를 주고 있습니다. 무엇보다 식재료의 향미를 최대한으로 끌어올릴 수 있는 음식을 개발하는 데에 최고로 열중합니다.

저에게 있어 프랑스의 조리법은 하나의 방법론일 뿐입니다. 절대적인 것은 없어요. 오히려 한국에서는 한국의 식재료로, 도쿄에서는 도쿄의 특징에 맞게, 프랑스에서는 프랑스 입맛에 맞게 조리해 나갈 때 자신의 요리는 진화하고 발전하는 것이라 믿습니다.

한국의 많은 젊은 셰프들과 교류해 본 적이 있는지
매번 한국을 방문할 때마다 일정이 긴박하기 때문에 많은 사람을 만나지는 못했습니다. 그러나 우리 피에르 가니에르 서울에 있는 한국인 셰프들을 보며 커다란 가능성을 느끼죠. 그들은 아직 미슐랭 3스타를 받은 프랑스 레스토랑에서 일한 경력은 없습니다. 그러나 그들이 갖고 있는 직업에 대한 진지함, 요리에 대한 재능, 스태프와의 조화와 책임감은 늘 저를 감동시킵니다. 무엇보다 새로운 조리법에 호기심을 갖고 꾸준히 배워나가는 자세는 세계 어느 셰프들보다 높이 평가할 만합니다.

앞으로의 사업 전망은
저는 미래의 사업 전망보다는 오늘을 생각합니다. 찾아온 손님들을 어떻게 만족시키느냐, 그들을 얼마나 행복하게 만드느냐. 이게 제가 24시간 동안 하는 고민입니다. 고객이 저의 레스토랑에 찾아와 음식을 행복하게 먹는 그 순간, 저의 비즈니스는 완성되고 또 계속됩니다.

싱글들이 뽑은 최고의 프러포즈 명소
피에르 가니에르 서울

999명이 잘했다고 칭찬하더라도 한 사람의 비판이 더 귀 기울일 가치가 있다고 생각하는 피에르 가니에르는 이러한 비판을 자신을 성장시키기 위해 세상이 내준 숙제라고 생각하는 사람이다. 세계적인 셰프가 되는 그의 3J법칙은 이러하다. 첫째는 'Just do it'. 둘째는 'Just like it', 그리고 마지막은 'Just do one thing'. 이런 법칙을 바탕으로 40년을 요리하니 어느새 전 세계에 레스토랑을 가진 셰프가 되었다고 너털웃음을 짓는 그의 미소는 무척이나 근사했다.

싱글들이 뽑은 최고 프러포즈의 명소 '피에르 가니에르 서울'의 인테리어 설계는 가장 프랑스적인 디자인을 세계화한 것으로 유명한 프랑스 출신의 유명 인테리어 디자이너 올리비에 가니에르(Olivier Gagnére)가 맡았다. 프랑스 베르사유 궁전의 비밀 정원을 모티브로 벽과 천장이 모두 곡선으로 이루어졌다. 특히 프라이빗한 공간으로 산(山)을 모티브로 한 독특한 인테리어와 남산이 한눈에 들어오는 조망권을 자랑하는 '모파상(Guy de Maupassant)룸', 레스토랑의 홀 창가에 위치하여 아름다운 시내 야경을 조망할 수 있는 양 사이드의 4번 테이블은 '프러포즈 명당 테이블'로 지정될 만큼 인기가 높다.

ADD 서울시 중구 소공동1 롯데호텔 신관 35층
OPEN 런치 12:00~15:00, 디너 18:00~22:00
TEL 02-317-7181
PARKING 롯데호텔 주차장
MENU 런치(육지코스 12만1,000원, 바다코스 8만5,000원), 디너 17만원~
WEB http://www.pierregagnaire.co.kr/pierre/main.html

#전설이된요리 #코트깃여민한국식재료 #살면서한번쯤 #예술가의손맛 #먼길돌아온장인

유럽의 아침 우아한 치즈가게
유로구르메

태양을 낭비하고 있다 싶을 땐 샐러드를 먹는다. 조금 더 진득하게 살고 싶을 땐 치즈가 따뜻한 오븐 스파게티를 먹는다. 월요일은 또 돌아왔지만 이 세상에 똑같은 월요일은 없다. 버터 바른 빵 한 조각에 커피. 익숙한 새로움을 축하하며.

서촌 본점
ADD 서울 종로구 통의동 23
OPEN 11:00~22:00
CLOSE 명절 연휴
TEL 02-739-7711

역삼점
ADD 서울시 강남구 역삼동 675-3 신라스테이 1층
OPEN 10:00~22:30
TEL 02-558-7744
PARKING 신라 스테이 주차장(2시간 무료)
MENU 페타치즈 샐러드 1만8,000원, 오븐 스파게티 1만8,000원, 라자냐·그라탕 1만9,000원, 런치세트·브런치세트(샐러드, 샌드위치, 커피) 1만 원대, 디저트세트(8,000, 그릭 요거트+커피)

유러피안 자연 치즈와 고급 식재료로 요리하는 곳 유럽 치즈와 버터 오일, 향신료 등 식재료를 들여오는 구르메 사가 운영하는 델리 카페라 좋은 식재료를 조합하여 약간의 손맛으로도 우아한 맛을 찾아내는 곳이다.

유로구르메의 페타치즈 샐러드에는 생 올리브와 선 드라이드 토마토, 적양파의 상큼함이 틈새 없이 꽉 들어차 있다. 유럽의 자연산 치즈를 수입하는 곳이라 오븐 스파게티는 푸짐하고 치즈의 향을 가장 잘 살린다. 빵은 '오월의 종'에서 따끈하게 가져와 이즈니 버터와 내놓고 커피는 이태리 커피명가 '이탈카페(Ital Caffe)'의 연하면서도 고소한 커피를 내려 준다. 식재료가 풍부한 곳이라 커피도 빵도 인심 좋게 리필 가능하다. 각종 유럽 자연산 치즈와 버터, 하몽이 일반 마트나 백화점 식품관보다 훨씬 저렴해 식재료를 사러 가기에도 좋은 곳이다.

ISYFOODLE #유럽델리형카페 #식전빵도맛있어 #치즈사러가는곳 #샐러드싱글벙글 #그라탕은늪처럼 #라자냐고기듬뿍 #이태리손맛 #식재료의힘 #그릭요거트아이스크림꼭

어란 파스타를 먹을 시간
그라노

먹물의 선으로 번지는 가지에 토마토가 선홍색을 채워갑니다. 둘 다 향은 여리나 여백이 상큼한 한 그릇의 수묵채색화가 만들어집니다. 마음을 울리는 미술품이 없을 때, 지금은 파스타를 먹을 시간입니다.

ADD 서울시 강남구 신사동 645-1번지 1층
TEL 02-540-1330
OPEN 12:00~23:00(브레이크 타임 15:00~17:30)
MENU 어란 파스타 4만4,000원, 시실리 파스타(토마토, 가지) 2만4,000원

파스타의 완성도가 최고조에 이른 곳 어란 파스타로 유명하고 이태리 출신 산티노 소르티노(Santino Sortino) 셰프가 운영하는 곳. 김광자 명인의 어란을 큼직큼직하게 썰어주는 맛도 좋지만 제철인 가지와 토마토의 달콤한 즙과 바질의 푸릇함까지 더해져 맛의 절정까지 끌어낸 시실리 파스타도 산뜻하게 먹기 좋다.

ISYFOODLE #명품파스타 #진하게녹진한맛 #파스타늪에빠져 #산티노소르티노셰프 #한국식재료 #이태리장인의맛 #고급진구성 #완성도높은맛 #김광자어란 #어란파스타는머스트잇 #오랜단골골수팬

요리는 오케스트라와 같아
일 치프리아니

요리는 하나의 오케스트라 같아. 각자의 역할을 맡은 스태프들이 하나하나 아름다운 선율을 이끌어. 셰프는 그 중심에서 곡 전체를 지휘하지. 연주에 황홀해진 청중은 지휘자의 손끝을 보며 사람에게 감동해. 하모니란 그런 것. 나와 너를 가르지 않고, 무대와 객석의 경계 없이 한 접시의 요리에 기뻐하는 거야.

ADD 서울시 강남구 신사동 651-16 호림미술관 1층
OPEN 12:00~22:00(브레이크 타임 15:00~17:30)
TEL 02-512-5908
MENU 런치코스(스타터, 메인, 디저트와 커피) 3만5,000원~, 제철 파스타 1만5,000원~2만 원대

훌륭한 오케스트라와 같은 요리를 보여 주는 이태리 레스토랑 서울에서 벌써 12년째이다. 한결같이 깔끔한 조리법, 신선한 제철 식재료로 우아한 분위기를 연출한다. 특히 주방을 맡고 있는 김낙영, 유승훈 셰프 콤비가 훌륭하다. 김낙영 셰프는 우리 나라 각 지역 산지의 신선한 식재료를 직접 발굴해내는가 하면 유 셰프를 비롯한 조리팀과 밤을 새서라도 최상의 맛을 이끌어 낸다. 그들에게 이태리 조리법은 딱 들어맞는 편안한 옷과 같다. 경계는 없다. 재료의 가치를 제대로 이해하고 가장 심플하게 요리하여 하모니를 만들어 낸다.
그래서 일 치프리아니의 요리는 계절의 맛이 난다. 특히 겨울 무렵 통영에서 아침마다 올라오는 특상급 굴과 관자의 식감을 제대로 살린 샐러드는 바다를 그대로 입에 담는 느낌이다. 파도가 몰려온다. 매생이로 생면을 만든 파스타도 인상 깊다. 매생이 특유의 감칠맛과 편하게 혀로 감겨오는 생면의 부드러움이 파스타를 편안하게 만든다. 전복과 굴을 올려 녹진한 맛을 더하고 간단한 올리브와 마늘만 가했다. 선택이 좋다. 식전빵은 그날 새벽부터 매장에서 직접 구워 보드라운 숨을 쉰다. 유기농 우유로 직접 치즈도 만들고 커피와 우유도 모기업인 남양의 기반 하에 부드럽고 안정되게 조율되어 있다. 이로써 기승전결 각 챕터가 완결성을 유지하고 셰프의 섬세한 손맛이 계절감을 타면서 유쾌한 요리 교향곡이 울려 퍼진다.

ISYFOODLE #오케스트라 #맛의하모니 #농가상생 #김낙영셰프 #유승훈셰프 # 주린영혼을달래렴 #빵커피치즈도좋아

홈메이드 파스타와 디저트
파올로 데 마리아

도시 한가운데 앉아 있는 건 설레는 일이다. 그중에서도 개나리색 페인트와 어느 이태리 연인의 사진, 라바짜의 진한 향, 그리고 음악처럼 움직이는 주방의 셰프가 있는 곳에 머무는 건 가슴 터지는 일이다.

ADD 서울시 용산구 한남동 657-115 B동
OPEN 런치 11:30~15:00, 디너 17:30~22:30
TEL 02-599-9936
PARKING 발레파킹
MENU 런치세트(피자 or 파스타+디저트 트롤리1+커피) 3만원. 디너코스 6~8만 원대. 수제 파스타 2만4,000원

이태리 토리노 출신 셰프의 이름을 딴 레스토랑 자신의 이름을 걸고 요리하는 사람들은 파스타도 직접, 소스도 직접, 디저트도 직접 만들어 내놓는다. 우리의 국수처럼 편안한 생면 파스타면인데 감칠맛이 돈다. 특히 좋은 재료를 듬뿍 올려 화덕에 구운 피자는 쫄깃하고 부드럽다. 커피와 디저트는 이곳의 또 다른 포인트! 라바짜로 고소하면서도 진한 커피의 풍미를 끌어올리고 셰프가 만드는 디저트 트롤리에서 9가지 이태리 홈메이드 디저트를 맛볼 수 있다. 특히 이태리 나폴리 지역에서만 먹을 수 있는 럼바바가 인기. 럼 시럽을 가득 머금은 촉촉함은 한번 빠지면 헤어 나오지 못한다. 이탈리아 요리학교 IFSE KOREA의 대표셰프로, 후배 양성에도 힘을 쏟고 있다. 노란색 건물이 산뜻하고 테라스가 아름다워 이태리 지인 집에 초대받은 기분도 든다. 이태리 미식에 일가견이 있는 대사관 사람들의 아지트이기도 하다.

ISYFOODLE #파올로데마리아셰프 #오랜이태리손맛 #자연스러워생면 #파스타에깊은매력 #라이트한소스맛 #디저트트롤리 #피자도맛있어 #이태리식해산물요리 #와인한잔

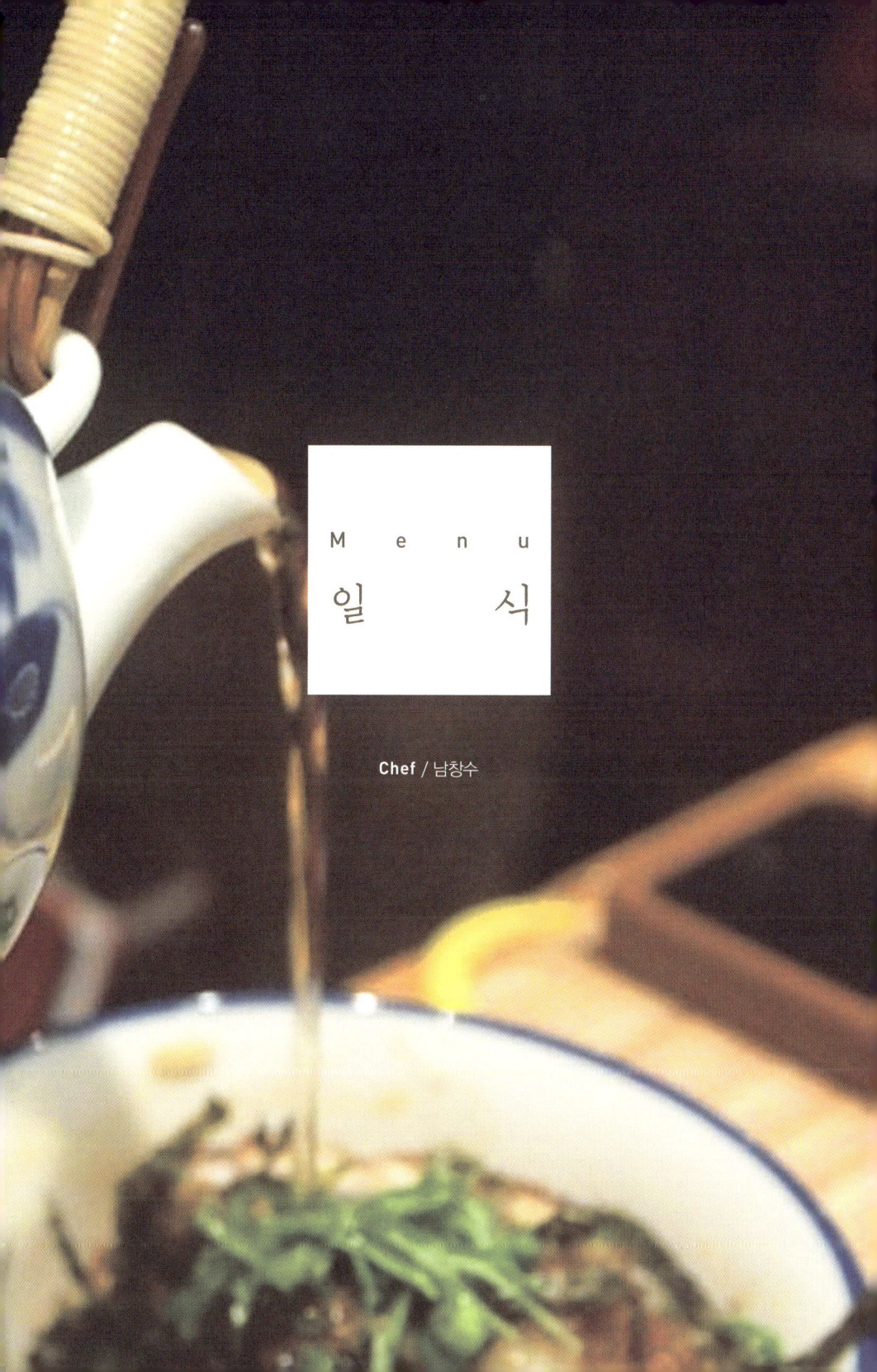

Menu
일 식

Chef / 남창수

Intro

내 안의

        정직함과

    대면하는 맛

음식에도 인격이 있다면 우동이 되고 싶다
솔직함이 뭐냐 그러면 소바라고 답한다
생선의 살점을 떼어 한 줌 밥에 올리고
고추냉이 간장에 찍어
오물오물 씹는 동안 살아가는 감칠맛을 배웠다
수준급 일식은 장인정신이 살아 있다
음식의 마음은 정결하며 정제되고 다스려진 맛이다
마음을 다잡지 못할 때 치유는 음식으로
조용한 일식집에 앉아 있으면
빵빵거리는 도로의 소음 속에
내 안의 깊은 뿌리
정직함과 대면한다.

Interview

이른 아침에 눈이 떠지면 두 가지 고민을 하게 된다. 이대로 아침을 맞을 것인가 아니면 모자란 잠을 마저 채울 것인가. 촉촉하게 비가 내리는 날, 빗소리에 며칠 전 맛보았던 소바 향이 묻어 났다.
모든 것이 이해관계로 얽혀있는 세상에서도 묵묵히 메밀을 갈아 면을 반죽하고 한 올 한 올 썰어 내던 사람이 있다. 미나미의 남창수 셰프는 뒷모습이 든든했다. 적어도 그의 소바는 냉정한 이해관계의 망을 벗어난다. 그 수고로움이나 오랜 공력, 일본에서 청춘을 바쳐 요리를 배운 시간, 한 남자로서 할 수 있었던 모든 거친 여정에서 힘든 순간은 삭혀 내고 좋은 기억만을 담아 그는 오늘도 소바를 만든다. 우리는 메밀맛을 느낄 만큼 여유로운가. 여유롭다는 것은 돈을 말하는 것은 아니다. 그렇다고 여름휴가를 메밀면 먹는 데 죄다 쓰라는 것도 아니다. 정갈한 소바집을 찾아 메밀을 지긋이 씹을 정도의 마음가짐, 이 정도면 족하다.

남창수 〈미나미〉 셰프

양산대학 호텔조리과를 졸업했으며 2004년에는 오사카 츠지 조리사 전문학교를 졸업했다. 2007년부터 2년 동안은 서울 조선호텔에서 근무했으며, 2011년에 오사카&나라 소바집에서 연수를 받아 2012년 서울 서초동에 미나미를 오픈했다.

소바집 하나로
쉬어 가면 좋겠어요

소바를 만드는 자신만의 원칙
좋은 메밀을 구해 그날 쓸 면을 그날 뽑습니다. 손님이 몰리는 여름에는 하루가 짧아요. 국물은 가쓰오부시와 각종 해산물에 야채를 더해 오랜 시간 우려냅니다. 그리고 저는 소바 위에 올린 고명에도 정성을 들여요.

메밀면 맛이란
글쎄요. 메밀맛이라… 메밀면의 향이라… 면을 만들고 먹으면서 사람들이 면 먹는 방식에 대해서 생각해 봤어요. 어떤 이는 육수의 맛으로 먹고 어떤 이는 고명 맛으로 먹어요. 면의 맛이라… 특히 한국 사람들이 면 자체에 관심을 갖고 그 맛을 즐기기 시작한 지는 얼마 되지 않은 듯 합니다.

평양냉면을 좋아하나
물론이죠. 유명하다는 평양냉면집에는 거의 가봤어요. 맛도 맛이지만 그 집의 매출 구조를 살펴보는 것이 제겐 큰 공부가 되거든요. 장충동이나 마포에 있는 유명한 냉면집에 가서 사람들이 면 먹는 모습을 가만히 지켜봐요. 어떤 집은 메밀에 전분을 섞어 쫄깃한 식감을 내고 어떤 집은 밀가루를 넣어 찰기만 더하죠. 그런데 손님들은 면보다는 육수에 감탄을 더 하는 것 같아요. 특히 더운 날이면 벌컥벌컥 마시고 "어~ 시원하다." 그러죠. 그러고 나서 면은 후루룩 미끄러지듯 목으로 넘기고 배를 채워요.

우리는 예전부터 탕반문화잖아요. 밥상의 국물부터 들이켜고 보죠. 국이 개운하고 깊은 맛이 있으면 그 한 끼는 든든해요. 그에 반해 밥은 찬의 짠맛이나 매운맛을 중화시키고 허기진 배를 채우는 역할을 했어요. 면을 먹는 것도 그 연장선상에 있는 듯합니다. 육수로 맛을 느낀 후 면은 기분 좋게 뱃속으로 빨려 들어가죠.

일본에서의 소바는 맛있었나

일본도 크게 다르진 않아요. 물론 간서지역과 간동지역 사람들의 면 먹는 성향이 좀 다르긴 하죠. 간서지역 사람들은 국물을 중시하는 문화예요. 면에서도 육수를 중시하죠. 이에 반해 간동지역에서는 비교적 면의 맛을 즐기는 성향이고요. 이곳에 가면 면을 잘 뽑아 내는 소바집이 있고 손님들이 면만 먹어요. 쯔유는 쳐다보지도 않죠. 저도 그런 집에서 면을 먹고 있으면 그 단출한 몇 가락 면에서 걷잡을 수 없이 향긋한 여운을 느끼곤 해요. 그 행복한 기억 때문에 제가 지금 소바집을 하고 있는지도요.

요즘 메밀을 가지고 소바나 막국수, 냉면을 한다는 집은 많은데 메밀이라고 할 만한 별다른 향이 없는 듯해요. 이유가 뭘까?

한국 메밀 시장이 대중적이지 못한 게 가장 큰 이유지요. 순수하게 좋은 음식을 하고 싶어 하는 사장님들도 인프라가 받쳐 주지 못하니 맛있는 메밀을 찾기가 힘들 거예요. 국산메밀의 생산량이 수요에 따르지 못할 정도로 소량이고 가공 공장 규모도 협소해요. 그 공장에 찾아가서 맛있는 메밀면을 만들고 싶은데 가공을 더 세밀하게 해달라고 주문했지만 헛수고더라고요. 일개 소바집을 위해 생산라인을 더 확장하지도 못할뿐더러 기술력을 개발하는 것은 꿈도 못 꾸죠. 메밀 공장도 허덕이며 자본과의 사투를 하고 있거든요. 그래서 국내 메밀의 맛이 하향평준화 되는 것 같습니다.

왜 만들어진 면을 사다 쓰지 않나

괜찮은 소바 한 그릇 만들고 싶었어요. 좋은 일식집은 한국에 많지만 좋은 소바집은 찾기 힘들더라고요. 좀 더 순수한 메밀의 맛을 내기 위해 자가제면을 원칙으로 해요. 좋은 메밀을 확보한 후 보관을 잘하고 그날 쓸 면을 반죽해서 그날 만들어 쓰면 그나마 국산 메밀에서도 그 맛의 향과 식감의 최대치를 끌어올리게 되죠.

메밀면 만드는 과정에서 밀가루면과 다른 점은

면 만드는 과정은 참 고독한 시간입니다. 메밀면은 밀가루면과 만드는 방법이 달라요. 밀가루는 힘센 장정이 손으로 하는 수타법과 올라가 발로 밟아 찰기를 최대한으로 이끌어 내는 족타법도 있지요.

메밀은 달라요. 밀가루면처럼 숙성하는 과정이 없어요. 그저 메밀로 태어난 본연의 맛과 향으로 면이 탄생하는 것이지요. 사람의

힘이 최소한으로 들어가기 때문에 메밀이 오래 묵었거나 향을 잃으면 고스란히 맛에 반영돼요. 그래서 일본에서는 궁극의 소바를 만들기 위해 메밀 수확 시기부터 신경을 써요. 소바 장인들은 일본 전역을 돌며 가장 향미가 좋은 메밀을 선별합니다. 그리고 1년 동안 쓸 양을 수확기에 확보하는 거죠.

품종과 산지, 가공법에 따라 메밀 맛이 달라지나
네. 그래서 장인들은 한곳에서 수확된 품종뿐만 아니라 강산이 좋은 곳곳의 메밀을 모두 맛본 후 함께 블렌딩합니다. 일본의 소바 장인들이 이상적인 메밀 맛을 낼 수 있는 데는 산업 인프라도 힘을 더했죠. 일본의 메밀 가공 공장은 메밀을 외피에서 내육의 층차를 두고 외층분, 중층분, 내층분, 이렇게 나누어 가공해요. 소바집에서도 자신의 스타일에 맞게 주문을 하는데 100g 소량 주문도 가능하답니다. 그래서 일본에서 자신의 이름을 건 소바, 궁극의 소바를 만들어 내기 위해 소바집을 열기도 해요.
일본에서 공부하고 돌아왔으나 한국에서 그 맛을 내기 어려운 이유는 이렇게 세부적인 주문을 할 수 없기 때문이었죠. 주어진 환경에서 맛의 최대치를 끌어올리기 위해 양질의 국산 메밀만 쓰고 자가제면으로 그 부족함을 채우고 있습니다.

한 그릇의 소바가 탄생하기 위해 필요한 정성
미나미의 면은 메밀과 밀의 비율이 8:2입니다. 국산 메밀 가격이 밀가루에 비해 약 열 배나 비싸지만 이 비율은 고수해요. 알아 주는 손님이 아직 많지 않으나 소바에 대한 자신의 원칙은 타협하지 않습니다.
면만 훌륭해서도 안 돼요. 결국은 손님들에게 맛있는 한 그릇으로 남아야 하니까요. 천연재료로 쯔유를 정성껏 만들어 깊은 국물을 내고 고명으로 맛의 퀄리티를 올립니다. 특히 간장에 졸인 청어나 아고는 찾으시는 분들이 많아요.
저는 요리의 어울림을 중시합니다. 면은 탄탄한 밑받침이고 국물은 따뜻한 마음이며 그 위에 오르는 고명은 영양과 미각의 기쁨을 더하지요. 미나미의 메뉴들은 소바를 한 그릇의 요리로 끌어올리고 싶은 제 마음의 표현입니다.

앞으로의 꿈
메밀의 향은 자연을 닮습니다. 좋은 메밀면은 은은한 흙의 향이 깔리고 입에서 툭툭 끊기지만 씹을수록 달큰하지요. 쌉싸래함까지 더하니 맛의 하모니가 좋습니다. 이런 소바집다운 소바집이 한국에도 하나 있어야 하지 않겠어요. 대한민국 최고의 소바집, 이런 것은 바라지도 않아요. 그저 어느 날 소바가 먹고플 때 미나미가 떠오르면, 그런 손님이 계시다면 제겐 더 이상 큰 행복이 없을 겁니다.

혼자 먹어도 좋을 소바
미나미

온갖 메시지가 넘쳐 나는 세상에 조용히 전등을 켠 소바집이 있다는 건 나에게 큰 행운이었다. 여기선 혼자이건 함께이건 별 의미가 없다. 모두들 그저 소바를 먹을 뿐. 좌측의 실연당한 여자가 후루룩 들이켜는 소리도 이해되고, 우측의 실연당할 일 없는 남자가 스마트폰을 만지며 쩝쩝거리는 면의 감촉도 좋다. 모두들 그저 소바를 먹는다.

일본 츠지쯔 학교 출신의 남창수 셰프가 소바를 만드는 곳 메밀과 밀의 비율은 8:2로, 좋은 국산 메밀을 확보한 후 그날 쓸 면을 아침마다 정성껏 반죽하니 메밀의 맛과 향을 최대치로 끌어올린다. 비 오는 밭의 향이 입속으로 퍼진다. 국물에서는 새벽 바다의 향기가 솔솔. 그 위를 유유자적 떠다니는 아나고는 일요일 아침의 여유로운 복달임이다.

히야시 토마토는 아삭한 토마토 과즙이 국물과 어우러지는데, 상큼한 바람이 훅 불고 메밀면을 비행기 태운다. 닭가슴살을 한땀 한땀 찢어 허브에 절인 정성은 가히 장인의 마음이라 할 수 있다. 두유 크림 고로케는 바삭한 식감에 고소함이 가득하다. 별미는 소바 아이스크림이다. 숙성시킨 우유에 메밀꽃 향이 은은하게 어우러져 한입 꽃다발로 흐트러진다. 아몬드와 튀긴 소바가 바삭바삭 씹히니 피부 고운 언니의 휘파람 같다.

ADD 서울시 서초구 서초동 1668-7
OPEN 11:30~21:30(브레이크 타임 14:30~18:00)
TEL 02-522-0373
MENU 히야시 토마토(냉소바 1만3,000원), 그린 샐러드, 두유 크림 고로케(1만 원대)와 생야사이 한 잔 · 소바 아이스크림(3,000원)

#면과육수와고명의조화 #메밀80% #자가제면소바 #남창수셰프 #국물도시원하고 #혼자먹기좋은곳 #소바도요리처럼 #소바아이스크림

내리는 비 한 스푼
솥밥 한마음
조금

비 오는 날이 더 고마운 건 밥 익는 냄새를 깊이 들이마시게 되고 된장국 한 스푼에 코끝이 발개지며 솥이 식을 동안 오래된 친구에게 카톡을 날리면서 비벼 먹는 파간장은 센스 있는 양념이 되기 때문. 내리는 비 한 스푼, 내 앞에 밥 한 솥. 시선을 거두어 오늘은 내 안으로.

ADD 서울 종로구 관훈동 118-36
OPEN 11:30~22:00
TEL 02-725-8400
PARKING 인근 공영주차장
MENU 조금 솥밥 1만5,000원, 양송이 솥밥 1만5,000원, 전복 솥밥 2만8,000원, 본가 우동 1만4,000원

쌀쌀한 날, 따사로운 밥 한 그릇이 먹고 싶은 날엔 인사동으로 가마메시(일본식 솥밥)가 유명한 곳. 주문 후 밥을 짓기 때문에 20여 분이 걸린다. 김 모락모락 나는 뚜껑을 여는 순간 푸짐하게 덮은 해산물, 버섯, 죽순, 은행과 밥의 노래가 들린다. 국내산 쌀로 직접 지은 밥은 해산물의 즙을 얻어 반들반들 윤기가 흐르고 일본 정통 조리법으로 짓는다. 식재료는 한국 사람들의 입맛에 딱 맞도록 갖추었으며 소스 없이 순 해산물 즙이 배어 더 깊은 맛이 우러난다. 그리고 그 옆에는 아주 조용하고 흐릿하게 솥 옆을 지키지만 미친 존재감을 발휘하는 된장국이 있다.
자그마한 솥 안에는 파면 팔수록 보물 같은 약재들이 나오는데 밥에 묻은 밤 향기, 은행의 윤기, 대추의 당도가 환상적이다. 이럴 땐 잠시 양념장을 치워 둔다. 밑반찬도 딱 알맞다. 뜨끈한 쌀밥에 매콤한 오징어 젓갈, 반숙된 굴의 즙이 어우러져 기가 막힌 앙상블을 연출한다.

ISYFOODLE #집밥보다나은집밥 #솥밥은모락모락 #맛살도정겹게 #간장양념만살짝 #약이되는밥 #오랜단골

아버지의 손길 같은 소바
스바루

40이 넘어서는 무엇이 되기보단 어떻게 사느냐가 좋은 꿈이 된다. 소바집 사장님은 잘나가던 대기업에서 나와 일본 소바집 장인에게 소바를 배우며 따뜻한 삶이라는 것을 한 그릇에 담았다. 그러곤 아버지처럼 멀찌감치 떨어져 바라본다. 메밀 향은 그렇게 멀리서 오는 온기다.

ADD 서울시 서초구 방배동 18-23
OPEN 11:30~20:00(브레이크 타임 14:00~17:30)
CLOSE 월요일
TEL 02-596-4882
PARKING 가게 앞 공간
MENU 자루 소바 1만1,000원, 버섯 소바 1만2,000원, 오리 난반 1만8,000원, 새우튀김 우동 1만4,000원, 장어 덮밥 1만4,000원
+TIP 소바는 면이 떨어지면 마감한다.

일본 소바 전문집에서 수련하고 돌아온 강영철 대표의 소바집 서울 3대 수타 소바 전문점 중 하나로 꼽히는 곳이다. 일본 도제 방식 그대로, 메밀의 가공에서부터 반죽, 국물내기에 하나하나 정성을 쏟으신다. 이곳 소바에는 메밀의 향이 가득하다. 처음에는 툭 하고 끊기는 식감이지만 입에 들어가 몇번 씹고 있으면 응축되었던 메밀의 향미가 은은하게 퍼진다. 처음에는 달큰하다 약간의 쌉싸래한 고소함이 차례로 몰려온다. 그도 그럴 것이 질 좋은 메밀을 직접 수매해 식당 옆 제분소에서 그날 만들 면의 메밀을 직접 매일 제분한다. 메밀은 날씨와 습도에 따라 향미의 변화가 있을 만큼 섬세한 작물이다. 그날 기온을 몸으로 정돈하고 물의 양과 반죽의 강약을 조절해 최상의 소바를 만들어 낸다. 국물 또한 시원하다. 일본에서 배운 가다랑이 국물로 멸치나 다른 재료는 더하지 않기에 명료하게 깊은 맛이다.
이집에서 놓치지 말아야 할 또 다른 것은 덮밥(돈부리)이다. 기분 좋게 달큰한 간장 양념에 계란과 양파가 풀려 있고 그 위에 덮밥의 이름을 대표하는 돈가스나 장어가 있다. 특히 장어덮밥은 힘을 주는 음식으로 장어의 쫄깃한 식감이 일품이다.
음식을 낸 다음에도 강 대표는 손님이 잘 드시는지 테이블로 나와 지긋이 이를 바라본다. 그 미소에서 음식을 만드는 마음과 정성을 느낀다.

ISYFOODLE #직접제분하는제분소 #메밀면의진미 #정통의힘 #아버지처럼 #음식만화방 #장어덮밥이따끈따끈 #소바다운소바

장인의 솥밥, 튀김은 오페라
쥬안

요리에 열광하는 이유는 닿지 못할 과거와 현재, 언어가 다른 사람의 세상, 먼발치 이국의 물과 바람이 혀끝에 오롯이 감겨오기 때문. 오월의 꽃다발처럼 흐드러져 밥 한술로 위로와 따뜻함을 느낀다. 걸터앉은 의자에서는 일어설 힘을 얻고, 누구는 이를 오페라라 하고, 누구는 한 편의 영화 같다 말한다.

ADD 서울시 강남구 청담동 81-10
OPEN 월 18:00~24:00, 화~토 런치 12:00~14:00, 디너 18:00~24:00
CLOSE 일요일
TEL 02-512-4833
PARKING 발레파킹
MENU 가이세키 코스 12만원

청담에 자리한 갓포요리 전문점 칼과 불을 잘 다루는 명인의 요리라는 뜻을 지닌 '갓포요리' 전문점이다. 우리나라에서 나는 식재료와 일본 명인의 만남으로 유명해진 곳. 일본 가이세키 요리로 유명한 '제니아' 출신의 시무라 류이치 셰프가 요리하는 식당이다.

우선 밥부터. 텐바라 솥밥(야채 튀김 솥밥)은 고슬고슬하게 밥을 짓는 동안 고구마, 양파, 당근을 바삭하게 튀겨 오직 깻가루와 향신채만 더해 내온다. 바삭하게 씹히니 누룽지와 비슷한 식감이고 야채즙이 배인 기름의 윤기는 보드랍게 혀 위를 돌다가 깨와 깔끔한 쌀의 여운으로 코끝에 남는다. 녹차나 가쓰오부시 육수에 말아 먹으면 천상의 맛이 난다.

ISYFOODLE #묵직한미소 #갓포요리류이치셰프 #텐바라솥밥 #바삭한튀김은예술 #데미그라스소스는마약 #뭘찍어도맛있으리

잘 구워진 생선의 교훈
이꼬이

도꾸리 한 잔을 위해 생을 마감한 금태. 어쩜 우리는 머저리 같은 모습으로 생을 마감할지 모르나 전속력으로 달려보았다는데 취할 것이다. 그렇게 짠, 바다 한 잔 원샷!

ADD 서울시 용산구 이촌동 301-40 이촌종합상가 1층
OPEN 17:30~24:00
TEL 070-8279-9408
PARKING 인근 공영주차장
MENU 오늘의 생선구이, 우동 샐러드 1만 5,000원, 감자 사라다 8,000원, 치킨 가라아게 1만5,000원, 일본식 삼겹살찜 2만9,000원, 미소 연어구이 1만8,000원, 드라이 카레 1만5,000원

소박한 일본 가정식이 있는 곳 단품 하나하나가 따뜻한 맛을 내어 일본 친구네 집에서 밥을 먹는 듯한 기분이 드는 곳이다. 정지원 대표가 제주에 '이꼬이&스테이'를 운영해 제주산 신선한 해산물이 제철에 맞게 공급된다. 도꾸리를 곁들여 생선구이를 먹는 재미가 그만이다. 우동 샐러드는 이곳의 베스트셀러로 요기도 되고 입가심도 된다. 드라이 카레 또한 이곳의 별미인데 국물 흥건한 카레가 아니라 고기와 야채를 볶고 카레를 되직하게 조리하여 밥에 슬쩍 올려 먹을 수 있는 임팩트 강한 카레다. 밥에 고스란히 올린 카레는 잠시 미각과 권태기에 들어갔던 입맛마저 되찾아온다. 혼자 가도 편안하게 밥 먹을 수 있도록 스태프들도 정겹고 조명도 아늑하다.

ISYFOODLE #선술집 #일본가정식안주 #정지원대표 #금태구이바삭바삭 #제주산식재료 #드라이카레짜릿해

찌라시 스시는 이별을 고하고
제이타파스 인 스페이스

흩어지자. 잘 이별할 줄 알아야 다시 만난다. 빗어 올린 머릿결이 달라 보여도 눈 감고 울림으로 너를 기억한다. 잘 흩어질 줄 알아야 새로운 순서로 다시 만난다.

ADD 서울시 종로구 원서동 229 아라리오 뮤지엄 4층
OPEN 11:00~23:00(브레이크 타임 15:00~18:00)
TEL 02-747-8104
MENU 찌라시 스시(가케 우동, 츠케모노 포함) 2만원, 장어덮밥 2만1,000원
+TIP 예약은 필수다.

뮤지엄도, 레스토랑도 선수가 하면 급이 다르다 찌라시 스시는 흩어진 스시를 의미한다. 신선한 스시를 흩어 담아, 손님의 입맛에 따라 밥의 양과 생선의 살을 조절하여 먹기 편하게 만든다. 같은 생선에 같은 밥이지만 손님에 따라 맛이 달라지는 스시의 요일인 셈이다.

제이타파스에서 또 먹어야 할 것은 장어덮밥. 야들야들하면서도 통통한 장어가 한 마리 고대로 밥 위에 올라가 있다. 스위트한 간장 양념이 따뜻한 밥에 잘 배어 입에서 사르르. 계란과 무순을 가미하여 감칠맛도 더했다. 곁들여 나온 된장국은 장어가 헤엄쳐서 배 속으로 밀려들어가도록 강물이 되어준다.

제이타파스. 뮤지엄도, 레스토랑도 선수가 하면 급이 다르다. 아라리오 뮤지엄의 일식은 깔끔하고도 아름답다. 식후 수제 팥양갱도 깔끔한 달콤함을 지니고 있다. 창밖으로는 고궁의 풍경이 펼쳐지고, 건축문화재 공간사옥에 앉아 밥을 먹는 영광을 누릴 수 있다. 신선한 찌라시 스시, 쫀득한 장어살과 된장국을 먹는 하루, 여행은 이렇게 가까이에 있다.

ISYFOODLE #찌라시스시 #쫀득한장어살 #장어덮밥 #미소국한모금고궁보기 #통유리 #아라리오갤러리 #다가온예술여행

할아버지의 100시간 카레
아비꼬

눈 내리는 동짓날 밤이 유난히도 길단다. 사발이 해를 품은 듯한 카레우동. 칼칼한 매콤함에 면발은 더욱 오동통해진다. 마늘칩은 바사삭, 깍두기는 아사삭. 흰 눈으로 얼어버린 도로도 카레를 먹이고파지는 순간.

카레 우동

ADD 선릉, 센트럴시티, 이대, 종로, 타임스퀘어점 곳곳
MENU 기본 카레라이스 6,000원, 야채 카레라이스 7,500원, 허브치킨 카레라이스 8,500원, 해산물 카레라이스 1만원, 하이라이스 6,000원, 카레 우동 6,000원, 일본식 매운 카레라이스에 돈가스 토핑, 카레 우동에 새우튀김 토핑(프리미엄 소시지 3,000원, 고로케 2,500원, 돈가스 3,500원)
+TIP 밥과 카레는 무한리필이다.

카야마 할아버지가 100시간 숙성시킨 카레 오사카의 카레장인인 카야마 할아버지가 100시간 숙성시킨다는 카레전문점 아비꼬. 할아버지가 몸이 쇠약해져도 손자들이 워낙 카레를 좋아해서 주방을 못 떠났다고 한다. 기본 카레는 깔끔해서 한 끼로는 주저하지 않아도 되겠다. 위에 돈가스, 새우튀김을 얹어 먹는 재미도 있다. 밥과 카레는 무한리필이 가능하여 손님을 절대 허기지게 보내지 않겠다고 주먹 불끈 쥐는 곳. 카레는 매운맛을 자신의 취향에 맞게 조절할 수 있다. 식당 안에는 일본의 친절한 할아버지집처럼 벚꽃 그림과 작은 인형들이 있어 아늑하다.

ISYFOODLE #카레할아버지 #100시간숙성 #일식카레의깔끔함 #햄토핑뽀득뽀득 #배고프면못나감 #할아버지오래사세요

양갈비 굽다가 악수를
이치류

주말에 할 일. 치익치익 양고기를 구워 주며 연기 속에 마주 앉기. 그리움이건 서운함이건 문배술 한 잔으로 날려보내기. 오뎅탕 뜨끈하게 후후 불며 수고했다 다독거려주기. 한 그릇 떠주기. 한 사람만 남아도, 옆에 있어도.

홍대점
ADD 서울시 마포구 서교동 395-124
OPEN 17:00~23:00
TEL 02-3144-1312

서초점
ADD 서울시 서초구 잠원동 39-9
OPEN 17:00~23:00
CLOSE 일요일 · 명절 연휴
TEL 02-518-5558
PARKING 대중교통을 이용하는 편이 좋다
MENU 생살치살 2만2,000원, 생등심 2만2,000원, 양갈비 2만6,000원, 오뎅탕 2만원

양고기구이로 미식가들의 사랑을 받는 곳 '이치류'란 '일류'라는 의미이다. 본래 일본 홋카이도에서 숯불 위에 불판을 대어 양고기를 구워 먹는 요리를 주성준 대표가 한국에 처음으로 선보인 곳이다. 바 테이블에 앉으면 대표가 직접 구워 주는 야들야들한 고기와 오뎅탕, 고시히 카레, 오차즈케 등을 먹을 수 있다.

양에는 머튼과 램이 있는데 머튼은 20개월 이상 나이든 양을 말하며 램은 12개월이 채 안 된 어린양을 뜻한다. 우리가 이제껏 접했던 것은 머튼으로, 특유의 노린내가 난다. 그런데 어린양은 살이 연하고 지방이 없으며 고단백으로, 소고기보다 부드러우면서 감칠맛이 돈다. 그래서 고기 마니아들은 양고기를 으뜸으로 친다.

삿포로에서 공수한 불판과 참숯을 쓰며 연기는 굽는 대로 위로 빠져 나가게 만들었다. 손님들의 옷은 따로 보관함에 맡길 수 있기에 옷에 연기가 밸 걱정은 없다. 주성진 대표가 잡은 입맛은 재료의 본래 맛. 양고기는 절대 냉동육을 쓰는 일이 없고 최상급 호주산 냉장육 램만 손님께 내놓는다. 지방이나 불필요한 부분은 모두 제거하기 때문에 버리는 부분도 많지만 최상급을 내놓는다는 데는 변함이 없다.

고기는 세 부위를 선택할 수 있는데 생양갈비살이 단연 인기 최고다. 갈비 특유의 쫄깃하고 탄력있는 식감과 육즙, 지방이 적절히 조화를 이루어 씹는 내내 부드럽다. 살치살은 쫄깃한 맛이고, 등심은 부드러우면서 양의 고급스러운 맛을 느낄 수 있다. 처음 갔다면 부위별로 맛보는 것도 좋다. 특히 양고기는 우리 전통술과도 잘 어울린다. 여기서 인기 있는 술은 전통주인 문배술. 이승용 대표님이 권한 한 잔은 상큼한 배 향이 양고기의 풍미를 산뜻하게 잡았다.

이미 명소가 된 이치류. 예약도 받지 않는 여기서 편히 식사를 하는 방법은 오픈 시간에 맞추어 가는 것. 5시 조금 넘어 도착하면 좋은 자리에서 편안하게 즐길 수 있다. 바에 앉아 먹는데 고기 하나하나를 직원들이 최상의 상태로 먹을 수 있도록 구워 준다. 양고기의 육즙이 흘러나오고 그 맛으로 구워 지는 양파와 대파도 맛있다. 특히 고기를 먹고 나서 1,000원을 더하면 일본특급품종 고시히카리 쌀밥을 먹을 수 있다. 김이 모락모락 나는 쌀밥은 한 알 한 알 고소하니 맛있다. 3분의 1은 고스란히 쌀맛을 느끼고, 3분의 1은 양고기와 야채를 찍어 먹던 양념장을 조금 부어 간을 하면 짭조름하니 맛있다. 그리고 나머지 3분의 1은 튀긴 현미를 얹어 바삭바삭. 구수한 보리차를 부어 오차즈케를 만들어 내온다. 마지막 한술마저 깔끔하고 맛있다. 친한 친구나 직장 동료, 혹은 마음을 나누고 싶은 사람들 둘이나 셋이 딱 적당하다.

ISYFOODLE #숯불양고기구이 #연하고달콤함 #서먹함은저멀리 #문배주와환상궁합 #고시히카리쌀밥 #오뎅탕은신의한수 #주인의배려 #한번가면단골돼요

우동 한 그릇에 답이 있어
우동 카덴

ADD 서울시 마포구 서교동 391-5 1층
OPEN 11:00~21:00(브레이크 타임 15:00~17:00)
CLOSE 일요일
TEL 02-6463-6362
PARKING 인근 공영주차장
MENU 삼미 우동(카덴의 대표 우동 3가지 맛보기, 카레/야마가케/덴뿌라 우동으로 구성) 1만3,000원, 야마가케 우동(산마를 갈아 올린 우동) 1만2,000원, 카덴 냉우동 6,000원, 자루 우동 7,000원, 덴뿌라 우동 8,000원, 돈카츠 카레 우동 1만1,000원, 카모 남방 우동 1만원, 다시마끼(일식 계란말이) 8,000원, 새우튀김 2만원

ISYFOODLE #인간적인우동 #면발을씹을수록 #마우동은매끈하게 #찬란한새우튀김 #단골골수팬가득 #자가제면 #소설속우동집

그릇이 면을 품을 때면 넓고 깊은 맛이 난다. 국물이 스며들게 면이 품에 오롯이 안길 땐 말랑말랑 쫄깃하여 고요한 심장이 춤을 춘다. 이 우동 한 그릇에 사랑이 가득하다.

제대로 된 사누키 우동을 먹을 수 있는 곳 전통만 고수하면 자칫 식상할 수도 있지만 재료에 대한 깊은 이해로 고명과 육수에 대한 새로운 맛을 우동 안에 선보인다. 정호영 대표와 박상현 셰프가 날마다 소금의 양을 조절하고, 열심히 발로 밟아 족타법으로 빚은 반죽에, 24시간 이상의 충분한 숙성을 거쳐 탄생하는 우동 한 그릇. 항시 성실하고 섬세한 자세로 자가제면을 유지하는 것이 이곳의 인기 비법이다. 덴뿌라도 재료가 바삭하게 잘 튀겨졌다. 지금은 '이자카야 카덴', '우동 카덴', '로바다야 카덴' 등 세 점포에 늘 손님이 만석인데 그 이유는 요리하는 사람의 진심이 음식에서 느껴지기 때문이다. 손님의 취향과 선호하는 맛을 고려하고 직원들의 사기 진작과 성장을 위해 계절 식재료로 음식경연대회를 개최하는 카덴의 분위기는 언제나 신선한 에너지로 가득하다.

미안해요, 우동 한 그릇
교다이야

미안해요. 비 오는 날 우산을 씌워 주지 못해서, 불 꺼진 날, 형광등 갈아 주지 못해서. 앓았던 날, 약봉지 들고 서성이지 못해서… 미안해요. 우동 한 그릇 먹고서야, 이 말을 하게 돼서 더 미안해요.

ADD 서울시 마포구 합정동 370-8 합정빌딩 1층
OPEN 오전 11:00~22:00(브레이크 타임 15:00~17:00)
CLOSE 토요일
TEL 02-2654-2645
PARKING 인근 공영주차장
MENU 가케 우동(사누키 전통 방식의 국물 우동) 7,000원, 덴쁘라 우동(깻잎, 새우, 쑥갓 튀김이 올라간 우동) 9,000원, 니꾸 우동(사누키 우동 육수와 소고기 불고기가 어우러진 우동) 9,000원, 카레우동 9,000원, 자루 붓가케 우동(냉수로 씻어낸 우동면을 다시와 양념에 비벼 먹는 우동) 8,000원, 우동정식(우동과 유부초밥, 튀김, 샐러드, 후식) 1만3,000원, 새우 덴쁘라(5마리) 1만원, 오뎅나베 2만원

ISYFOODLE #자가제면우동 #사누키정통 #면발탱탱 #국물만봐도아드레날린 #핸섬우동형제 #덴쁘라는감성적

자가제면을 하는 사누키 우동 전문점 작은 골목에서 우동의 명인이라 불리는 형제가 운영하는 곳이다. 가가와현(옛 사누키 지역)에서 정통 면 제작법을 전수받은 이계현 셰프는 주문을 받으면 그 자리에서 바로 반죽을 밀어 면을 만들고 이를 바로 삶아 손님에게 내온다. 면을 정성스레 반죽하고 작두로 촘촘하게 일정한 간격으로 썰어 갓 삶아 내는 '데키타테'를 철저히 지키니 통통 씹히는 면발의 맛이 환상적이다. 면에 그만한 정성을 들이니 국물은 담담하게 뽑아 내어 면의 맛을 가장 잘 살리는 무대로 만든다. 진하지 않은 국물은 연수에 멸치와 다시마 등을 우려 연간장으로 맛을 낸다. 자가제면하는 3대 사누키 우동 전문점을 들라면 '교다이야', '우동카덴' 그리고 분당의 '야마다야'를 꼽는다. '교다이야'는 영등포구에서 오랜 시간 운영하다가 최근 합정동으로 자리를 옮겼다.

젓가락으로 비벼 먹는
명란 파스타
요멘야고에몬

신이 내린 가장 큰 선물이 사랑과 정열이라는 말에 무던했었어요. 그러다 명란 카르보나라를 만났어요. 고소한 우유크림에 면은 알덴테로. 속사포 랩처럼 터지는 명란에 눈을 감았어요. 톡톡톡. 명란을 처음으로 파스타에 올린 사람은 사랑의 맛을 알았을 거예요. 정열은 파 향이 되어 은은하게 힘을 내는군요.

ADD 서울시 서초구 서초대로 77길 1층
OPEN 11:00~22:30
TEL 02-534-8036
MENU 카르보나라 멘타이꼬(명란) 1만 2,000원, 요쿠바리 미트 도리아 1만2,000원, 포크 샤브 참깨소스 1만3,000원, 수플레 오믈렛 리소토 1만4,000원

젓가락으로 먹는 일본풍 파스타집 고소한 생크림에 질 좋은 저염명란을 올려, 짭조름한 감칠맛을 낸다. 계란은 파와 김의 향을 하나로 녹여 입안에서 향긋하다. 치킨 가라야게도 겉은 바삭하고 안은 촉촉하며 햄과 버섯을 듬뿍 넣고 밥과 토마토소스를 잘 버무려 오븐에 구운 도리야는 입속에서 펼쳐진 맛의 축제에 힘을 실어준다. 세트 구성이면 무료로 따라오는 와인은 Stemmary Syrha로, 파스타와 어울리는 맛이 센스 있다. 이렇게 한국 사람의 입맛에 맞는 파스타집이 많이 생기는 게 참 좋다.

ISYFOODLE #명란과크림의완벽조화 #짭조름한감칠맛 #오믈렛은폭신폭신 #도리야꼭맛보기 #치즈맛이고소해 #쭈욱늘어지는치즈 #이태리치즈 #일본식파스타 #젓가락으로먹는파스타 #일본맛그대로

압구정에 어울리는 가정식
그릴밥상

가로수길이 생기기 전, 압구정에 가면 오렌지족이 외제차로 배회하며 '야! 타!'를 외치곤 아가씨를 태웠다. 성형외과가 이리 많이 생기기 전, 가로수길에는 고요한 화방이 있었으며 로데오길에는 이제 막 브런치 카페라는 게 생겼다. X세대에게 압구정이란 새침한 듯 정겨운 일본 밥상과 닮아 있다.

ADD 서울시 강남구 신사동 524-1
OPEN 12:00~01:00
CLOSE 일요일
TEL 02-540-4111
PARKING 발레파킹
MENU 명란 치즈 감자 1만5,000원, 일본식 햄버거 스테이크 1만5,000원, 일본식 반건조 고등어구이 1만5,000원

가로수길에서 부담 없이 들를 수 있는 세련된 일본식당 압구정 '모던밥상'뿐만 아니라 가수 싸이의 어머니로도 유명한 김영희 대표가 운영하고 '오기하라의 작은 부엌'에서 일본 가이세키 요리를 하는 오기하라 셰프가 메뉴를 컨설팅한 일본 가정식 식당이다. 숯불에 구운 요리라 해서 '그릴밥상'인데 고로케, 꼬치구이, 샐러드, 덮밥 등 식사도 하고 부담 없이 다양한 사케를 곁들일 수도 있다. 옥상에서 하루 건조해서 구운 생선구이는 맛있고, 고기요리는 추천하지 않는다. 돼지고기 삼겹살 철판구이인 부타쇼가야끼의 양념이 돼지고기의 감칠맛을 살리지 못하는 아쉬움이 조금 남아 있기 때문.

그 밖에 명란 치즈 감자는 맥주 안주로 훌륭하고, 우엉을 튀긴 고수 샐러드, 오징어 먹물 고로케, 꼬치구이는 맛있고 깔끔하다. 도시락에 나오는 규동은 무난한 수준. 가로수길에서는 부담 없이 들를 만한 세련된 일본식당이다. 70년대를 떠올리게 하는 소품과 일식과 한식이 적절히 조화를 이룬 신경옥 인테리어 디자이너의 센스를 감상하는 것도 이곳에서만 얻을 수 있는 즐거움이다.

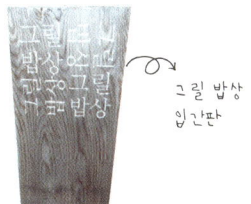

ISYFOODLE #싸이어머님 #오기하라셰프 #감각돋는일식 #명란치즈감자의고소함 #고등어구이도남달라 #신경옥인테리어작가 #일본보다더일본다운

아빠와 사케 한 잔
박용석 스시

생생한 활어처럼 퍼덕이던 왕년의 아버지는 동료들과 24시간 스시바에서 저녁을 먹다가 벌거진 얼굴이 미안해 스시 1인분을 들고 돌아오셨을 거다. 이제 돌아와 마주앉은 아버지. 그 손은 여전히 사케처럼 따스했고 적어진 말수 대신 유유히 떠다니는 지느러미를 함께 물끄러미 바라보았다.

ADD 서울 마포구 서교동 465-1
OPEN 24시간
TEL 02-325-0151
PARKING 인근 공영주차장
MENU 점심특선(~14:30, 초밥10pc, 우동, 새우튀김) 1만원, 박용석 스시(새우튀김, 우동 포함) 1만5,000원, 회덮밥 8,000원

홍대 인근에서 24시간 문을 여는 스시집 작고 소박한 공간이지만 생선회와 모듬스시는 언제가도 신선하고 푸짐하다. 돔, 광어, 연어, 참치, 병어로 구성된 생선회는 두툼하니 한입에 향미가 가득하고 적절히 간이 배인 스시는 친근하고 산뜻하여 기분 좋게 배부르다. 신선한 해물과 유기농 야채를 엄선하여 손님들에게 안심하고 먹을 수 있는 스시를 제공하겠다는 박용석 셰프. 밥도 고시히카리 쌀을 고집한다. 지금은 체인점이 늘었지만 편안한 분위기에 늘 손님이 많은 곳이다. 가끔 이렇게 주고도 남을까 걱정스럽기까지 한 곳이기도 하다.

ISYFOODLE #작지만아늑한매장 #다이에앉아먹는맛 #모듬스시푸짐하게 #이름걸고스시집 #가볍게사케한잔 #아버지젊은시절떠올라

숨소리 멈추고 칼에 기대어
코지마

숨의 털끝조차 다잡고, 손은 하얗고 냉정하게. 비스듬히 날선 칼날은 생선결을 휘리릭. 숨 쉬는 밥알, 손에서 뭉개지지 않도록 돌돌돌 빨리 말아 생선살에 착압! 내 앞의 한 사람이 하늘이 보낸 귀인이 아닐까 생각하다 공치사 생략하고 스시로 고요한 명상에 잠긴다.

ADD 서울시 강남구 청담동 89-17 분더샵 청담점 A동 6층
OPEN 12:00~22:00(브레이크 타임 14:30~17:30)
TEL 02-545-8422
PARKING 발레파킹
MENU 오마카세 점심 18만원, 저녁 36만원

고요한 우아함이 있는 스시집 코지마에 가면 손님들은 말을 하지 않는다. 사진도 찍지 않는다. 그저 바에 앉아 박경재 셰프의 손끝을 홀린 듯 바라볼 뿐. 칼맛과 손맛으로 이루어진다는 스시 하나를 집어 든다. '스시 초희'에서 오랜 시간 머물렀던 박경재 셰프는 2014년에 독립하여 코지마를 오픈했다. 초희에서 있던 시절에도 가장 좋은 자연산 생선만을 고집했으며 코지마로 옮긴 지금은 그때보다도 가격의 한계를 훌쩍 벗어나 제철에 맞는 가장 찬란한 맛을 손님께 대접한다. 최대한 심플하게. 하지만 맛은 고요하게. 몇 점만 맛을 봐도 우아함의 극치가 느껴진다.
현재 국내 레스토랑으로서는 최고가로 소수의 마니아층에게만 선보이는 맛이다. 참도다리, 아오리이까(무늬 오징어), 이시다이(돌돔) 등을 필두로 히라메(광어) 스시, 스미이까(갑오징어) 스시, 시메사바(초절임 고등어) 등으로 이어진다. 가리비나 새우 등은 과감하게 빼고 미각을 깨울 만한 신선한 생선으로만 구성. 마지막 디저트는 녹차 아이스크림으로 대신한다.

ISYFOODLE #최고가스시야 #귀한식재료만 #박경재셰프 #심플하나고귀하게 #다듬어진미소

식구가 되어줄래 장어덮밥
마루심

안으면 가슴이 따뜻하고 안기면 등이 따습다. 서러울 때는 안고 허전할 때는 안긴다. 내 옆을 지켜주는 한 사람. 함께 밥을 먹을 수 있어서 나는 그 사람을 '식구'라 부른다.

ADD 서울시 서초구 반포동 54-10
OPEN 11:30~22:00(브레이크 타임 15:00~17:00/주말은 종일 영업)
TEL 02-592-8998
PARKING 발레파킹
MENU 히쯔마부시(장어덮밥, 된장국, 계란찜, 샐러드, 절임) 3만6,000원, 장어 고무스비(장어초밥) 2만1,000원, 장어 한 마리 정식 3만6,000원, 아나고 한 마리 간장구이 2만원

해가 제 빛을 발하지 못할 때 찾게 되는 장어덮밥 한 그릇 기름기가 보드라운 민물장어에 달콤하고 감칠맛 나는 간장소스 양념이 따뜻한 흰 쌀밥에 얹어져 김이 솔솔 난다. 일본 유학 시절에 그곳 히쯔마부시 맛에 반해 한국에 돌아와 식당을 차렸다는 사장님. 국내산 장어를 엄선해 3일간 이물질을 토하게 하고 기름기를 제거한 후 바삭하게 구워 내는 나고야 지역의 전통 방식을 따랐다. '마루심'이라는 이름은 일본 나고야의 유명 장어 요리집 '마루야'와 그곳에서 공부하고 오신 이영심 오너 셰프의 이름에서 따왔다.

우선은 장어를 그대로 몇 개 집어 먹으니 입에서 살살 녹는다. 그러고는 장어의 양념과 살점을 쌀밥과 고슬고슬하게 비벼 먹는다. 그러다가 김과 깨를 토핑 삼아 얹어 먹으면 향미와 비주얼이 예뻐서 잠자던 오감이 살아나는 효과가 있다. 마지막으로는 따뜻한 차를 부어 먹는데 이때는 장어와 백미의 감칠맛이 최고조로 결합되며 잠시 숨을 멈추고 눈을 감아 향미를 느끼는 시간을 갖게 된다. 흐린 날의 장어덮밥. 따뜻했던 쌀밥은 장어를 안았다가 온기가 식으면 다시 따스운 찻물에 안긴다. 나는 그래서 이 음식이 사랑스럽다.

ISYFOODLE #히쯔마부시 #장어의진가 #나고야식장어구이 #장인의손맛 #쌀쌀한겨울에 #있어줘서고마워

편지로 보내요 샤브샤브
와라쿠샤샤

그대에게 편지를 쓰고 싶었으나 우체국에 가는 주소를 잊었어요. 돌아오는 길에 먹었던 샤브샤브, 풋풋했던 기억의 조각들. 배추는 물빛 도화지로 익어가고 버섯은 동그란 그리움을 담았어요. 고기는 살짝 적셔 파를 듬뿍 올려 먹어요. 우동을 삶을 때 즈음 국물은 완성되죠. 만날 수 있었기에 무르익어요.

ADD 서울시 서초구 반포동 19-3 파미에스테이션 1층 114
OPEN 10:00~22:00(브레이크 타임 15:00~17:30)
TEL 02-595-2292
PARKING 파미에 스테이션 주차장
MENU 와라쿠샤브샤브(야채, 두부, 버섯, 한우, 수타면, 유부초밥) 1만8,000원, 수타 우동 9,000~1만 원대

1인 샤브샤브에 수타 우동 곁들이기 우엉만 우린 개운한 탕국에 신선한 배추, 청경채, 버섯, 두부가 듬뿍 나온다. 국물이 익으면 한우를 살짝 담가 익혀 먹다가 마지막에는 일본 정통 수타법으로 만든 넓은 면을 익혀 먹는다. 일본 관동지방 정통 우동의 쯔유에 파를 듬뿍 내어 주는데 야채와 면, 고기를 찍어 먹으면 개운하다. 튀김을 올린 우동도 좋다. 이곳의 특·장점은 수타면과 우동 육수다. 수타면은 일본의 3대 우동이라는 '미즈사와 우동'의 정통 방식을 고수하고 육수는 관동 지역의 꾸미지 않는 자연의 맛을 낸다.

ISYFOODLE #신일본샤브샤브 #수타우동 #쯔유는감칠맛 #인덕션의훌륭함 #꾸밈없는육수 #고기는한우 #버섯이꽃피어 #감기예방미식 #혼자덮는담요처럼

4th DISH

Menu
중 식

Chef / 이연복

Intro

근사한 중국집은
　　　　　동네의
　　　축복

자그마한 기쁨이 맛난 삶이다
잘 되는 중국집은 하늘이 점지한다
근사한 중국집이 동네에 있다는 것은 축복
로또의 한탕이 아니라 자그맣게 축하할 일이 많은 삶이다
삼사십 년 계속 해온 중화요리집에서는
짜장면 한 그릇도 공력이 꿈틀대고
붉은 짬뽕 한 올에도 산 역사가 숨을 쉰다

바삭하게 튀겨진 탕수육을 시킬 때면
이사를 간다거나 입학과 졸업을 하는 등의 꽤나 큰일을 해냈었다
어른이 된 이후로 중화요리의 근사함과 빼갈을 맛보며
세상에는 상상하는 것 이상의 음식이 있다는 것을 알아갔다
사람보다 오래 살고 사람보다 오래가는 음식
그 가운데 중국집은 그림일기 같은 추억이며
다양한 중국 요리는
풀어보고 싶은 숙제이자 남겨진 기쁨이다.

Interview

힘들 때 그의 어깨에 기대어 쉬어 갔으면 하는 사람이 있다. 언제 찾아가도 오랜 친구처럼 어깨를 빌려주고 지긋한 미소로 곁에 있어 주는 사람. 음식도 편안한 음식이 있듯이 홀로 앉아 자장면을 비비고 짬뽕 국물 한 스푼을 입에 넣으면 '아, 이 정도의 시간은 견뎌 볼 만하다' 하며 터벅터벅 돌아온다. 음식에 위안의 맛을 넣어 주는 사람, 이연복 셰프. 그가 말하는 음식과 사랑, 친구, 살아가는 힘에 대한 이야기.
좋은 음식이란 손과 혀끝이 아닌 마음으로 한다는 사람. 이연복 셰프에게서 어떤 이는 친구를 읽고 가고, 어떤 이는 편안한 동네형님을 알고 가며 돌아서서는 아버지의 미소처럼 은근히 떠오른다 말한다.

이연복 〈목란〉 셰프

외할아버지가 중식당을 운영하고 아버지가 주방을 담당하여 어려서부터 중화요리에 입문하였다. 1977년, 한국 최초 호텔인 사보이호텔의 중식당 〈호화대반점〉에 들어가 요리 실력을 인정받았으며, 1900년에는 주한 디이완 대사관의 최연소 주방장을 역임하였다. 세 명의 대만 대사를 기친 후 일본으로 건너가 중화요리로 일본 미식가들의 입맛을 사로잡았으며 1998년, 역삼동에 '목란'을 오픈하였다. 이후, 목란을 연희동으로 이전하여 현재까지 운영 중이다.

좋은 음식이란
온 마음으로 하는 겁니다

좋은 음식이란
좋은 식자재로 시작하여 요리하는 사람의 정성으로 마무리된 음식이죠. 아무리 실력이 좋아도 원재료가 좋지 않으면 제대로 된 맛을 낼 수 없어요. 비싸다고 좋은 것이 아니에요. 본연의 향미를 고스란히 지닌 신선한 재료를 의미해요. 식당을 오픈하면 처음에는 시장을 매일 다녀야 하지만 시간이 흐를수록 계속 거래하는 식자재상이 생기기 마련이죠. 차츰 그들이 우리가 원하는 것을 알게 되고 그에 맞춰 주죠.

물론 물건이 들어올 때는 직원들이 반입하고 정리를 해요. 그런데 요리로 낼 때는 제가 꼼꼼히 하나하나 확인을 해요. 거기서 요리로 낼 수 있느냐 없느냐가 결정이 되거든요. 그 과정에 저는 신경을 곤두세우죠. 좋은 재료로 한 요리는 손님이 먼저 알아봐요. 식당을 하는 사람들 중에 싼 식재료로 대충 만드는 경우가 있는데 음식은 거짓말 못하거든요. 그런 얄팍한 마음으로는 오랜 시간 음식을 하지 못합니다. 잘못은 사람이 하죠. 좋은 음식을 한다는 것은 단순히 칼이나 불을 잘 쓰는 것이 아니라 신선한 식자재를 선택하는 그 과정을 시작으로 삼는 것입니다.

아침 주방에 서면 어떤 마음인가
떠오르는 해를 보며 요리사로서의 초심을 잃지 말자고 다짐합니다. 음식을 하면서 이름이 날 수는 있어요. 하지만 그렇다고 안하무인하고 사람에게 막 대하는 사람은 싫어요. 오늘은 어제보다 겸손해지자 되새김질하죠. 인연이 닿는 사람들에게 친구처럼 대해요. 지인이 잘 되는 것을 보면 제가 더 기뻐지거든요.

40년 이상 음식을 하다 보니 음식도 생명이고 마음이 있다는 것을 알게 되었어요. 만드는 사람이 그날 기분이 좋으면 음식에 기쁨이 들어가죠. 맛도 한결 좋아져요. 그런데 누구랑 말다툼을 한 날 악의가 서린 마음으로 만든 음식이 맛있을 리가 없어요. 먹는 사람에게도 해가 되죠. 젊었을 때는 음식 맛의 비결은 간을 잘 맞추는 것이라고 생각했거든요. 그런데 아니에요. 마음이 중요한 거죠.

위안을 얻는 음식이 있다면
손님을 모두 보내고 가게를 정리한 후 지인들과 먹는 생선회 한 접시예요. 담백하고 맛있는 요리가 편안한 법이죠. 거기다 술 한

잔 곁들이면 저를 잡고 늘어졌던 피로가 스르르 녹아요. 해가 뜨나 달이 뜨나 기분이 좋든 안 좋든 저는 낼 수 있는 시간이 영업시간 끝나서예요. 밤은 이미 깊어가는데 고기를 먹으면 밤잠을 설쳐요. 나이가 60을 바라보니 아무래도 건강에 신경을 쓰게 되거든요. 술은 많이는 못 마셔요. 지인들과 만나서 사는 이야기 하면서 생선회 한 점 먹으면 체중 불 걱정, 건강 걱정 안 하고 편안하게 먹을 수 있죠. 그게 위안이 돼요.

요리를 하는 사람으로서 지키는 원칙
요리를 시작한 지 이제 43년이 되어가네요. 그동안 꼭 지킨 세 가지 원칙이 있어요. 아침을 안 먹고 과음과 흡연을 안 하는 것이죠. 식당을 열고 손님이 11시 반쯤이면 들어오시기 시작하니 음식은 그 이전에 준비가 되어야 해요. 그런데 아침을 먹고 배부르면 음식의 간을 정확히 볼 수 없어요. 그리고 과음과 흡연을 하면 다음날 몸과 마음이 탁해지고 입이 텁텁해요. 그런 사람이 향긋한 요리를 해낼 리 만무하죠.
제가 20대 초반에 축농증 수술 후유증으로 후각을 잃었어요. 요리사에게 있어 냄새를 못 맡는 것은 치명적이죠. 그래서 저는 후각을 제외한 모든 감각을 동원해서 음식을 대하게 되었어요. 특히 중요한 것은 입안에서 느껴지는 식감이죠. 입안에서 기분 좋게 씹히는 동안 음식의 향이 그림처럼 그려져요. 저 스스로 '아, 기분 좋다'라고 느껴지면 손님에게도 같은 거예요.

장사가 잘 되는 식당의 비밀
저는 음식을 하면서 '이거 아니면 죽는다'라는 마음이 항상 들어요. 지금까지도요. 제 생명과 연결된 음식인데 정성을 다할 수 밖에 없어요. 아무리 손님이 많아져도 제가 하는 일을 아직도 다른 이에게 못 맡기는 것이 그 이유예요.
음식을 설렁설렁하면 생명력이 짧아요. 대박집은 다들 그 이유가 있어요. 음식 만드는 사람이 실력을 갈고 닦아 정성을 다하는 것이죠. 간혹 싸구려 재료로 음식은 대충 만들어 놓고 돈의 힘만 믿어서 좋은 길목 찾으러 다니는 사람들이 있어요. 안됐지만 이런 집은 오래 못 가요. 요즘은 인터넷이 얼마나 발달이 되었는데, 아무리 길목이 안 좋아도 그 집 음식이 맛있고 정직하면 손님들은 강 건너서라도 찾아가는 세상이에요.

가장 행복을 느낄 때
요리하는 사람들은 마찬가지예요. 자신이 한 요리를 먹고 손님들이 감동해주는 순간이지요. 맛있다고 이야기 해주는 사람은 많지 몰라도 감동까지 이끌어 내기란 쉽지 않거든요. 이제는 지인들이 하는 공치사인지 진심 어린 감탄인지 감이 와요. 제 음식을 먹고 정말 좋아해주는 분들이 다시 찾아주시니 음식으로 맺어진

친구가 많이 생겼어요. 제가 희생하더라도 그 한 사람, 한 사람이 행복해지면 그게 바로 기쁨이에요. 제가 여기까지 올 수 있었던 것은 제 힘이 아닌거죠. 그 한 분, 한 분의 마음이 있었기에, 지인들의 도움이 있었기에 잘 될 수가 있던 거죠. 그래서 저의 고마움을 어려운 주변과 나누려고 관심을 갖고 있어요. 초록우산 어린이 재단 후원이나 유기견을 돌보기 시작한 것도 그 이유예요.

요리를 어떻게 시작하게 되었는지

처음은 먹고 살기 위한 수단이었죠. 화교 출신이다 보니 다른 선택의 여지가 없었어요. 중국음식점에 들어가서 배달 일부터 배우기 시작했는데 혼자 돌아서서 울 만큼 힘들 때도 많았어요. 반면 음식을 하면서 웃을 일도 많았죠. 돌아보니 삶의 굴곡이 많았네요. 요리는 제 운명이라고도 할 수 있어요. 힘들 때 제 옆에 있어 준 사람이 아내예요. 투덜거리면 받아주기도 하고 하루 일과를 정리하면서 상의도 하지요. 제 나이가 되면 하소연할 사람이 필요한데 아내는 그런 제 마음을 참 잘 다독여 주는 사람이에요. 그래서 이제는 시간을 내어 아내와 여행도 많이 다니려고 해요. 서로의 마음을 이해하도록, 서운함이 없도록 대화도 많이 나누고요.

중국요리의 매력

요리를 하는 사람들에게 중국 음식은 참 괜찮은 선택이에요. 다른 음식으로는 웬만큼 고급스럽지 않으면 이름을 알리기가 힘들죠. 그런데 중국 음식은 모두 잘할 필요가 없어요. 또 모두 잘할 수도 없고요. 그중에서 네다섯 가지만 잘 해도 사람들의 마음을 움직일 수 있죠. 다른 것 다 못해도 짜장면, 짬뽕, 탕수육만 잘 해서 손님을 끄는 중국집도 많아요. 요즘 단 한 가지만이라도 성심성의껏 최선의 맛을 내어 줄 서는 집이 많아졌어요. 기분 좋은 일이죠.

저도 그렇지만 한국 사람들에게는 참 오랜 세월을 함께한 음식이 중국요리예요. 물론 본토 요리라기보다는 지금 우리나라 중국집에서 먹을 수 있는 요리들요. 한국에 와서 맛에 조정이 있었어요. 우리 입맛에 맞는 새로운 음식으로 재탄생 된 것이죠.

중국요리를 배우려는 사람들에게

요즘에는 텔레비전에 음식 프로그램들이 많이 보이잖아요. 스타 셰프들도 많이 등장했는데 그들의 멋있는 모습만이 전부는 아니예요. 그들이 그 자리에 서기까지는 고난과 눈물의 시간이 참 길어요. 요리를 직업으로 삼겠다고 판단할 시기에 이 한 가지를 고민해 보면 답이 나와요. 개인의 자유를 희생할 수 있는가. 요리를 하게 되면 아침부터 밤 10시 정도까지는 자신의 시간을 고스란히 음식에 써야 해요. 손님이 다 돌아가고 나서야 그 몇 시간 자신에게 돌아오는 것인데요, 일도 참 힘들어서 제 몸 가눔하기에도 부족한 시간이죠. 그런 시간을 견딜만하다, 그러면 꼭 시작해 보세요. 인생에 10년 정도는 투자해 볼 가치가 있어요. 노력한 만큼 대가가 따라오는 일이거든요. 남들보다 열심히 하면 고스란히 자기에게로 되돌아와요. 실력도 수익도 좋아지죠. 요리는 농사짓는 마음과 같아서 사랑하는 마음으로 정성을 쏟으면 그 결실은 자신에게로 돌아오는 겁니다.

감칠맛 어린 소스와 식감으로 꽃핀 중화요리
목란

대가란 마음에 큰 집을 짓는 사람이다. 먼길 떠난 나그네가 맘 기댈 곳 찾아오면 허기를 달래주려 음식을 한다. 뛰어난 칼 솜씨를 지닌 주인의 모든 음식이 맛난 것은 마음의 온도로 사랑의 간을 더해 신선한 정성을 내어주기 때문. 그 집 창문은 서성이는 것조차 맛있는 설렘, 목란의 향이 난다.

예약하기 어려운 중화요리집 40여 년 동안이나 요리에 몸담은 이연복 셰프는 매일 아침을 거르면서도 손님을 맞기 위해 감각을 곤두세운다. 짜장면은 감칠맛 있고 탕수육은 씹는 순간 바삭 하는 울림이 난다. 그러나 아는 사람만 즐길 수 있는 요리는 따로 있다. 동파육과 자연송이 전복볶음, 어향동구, 분정갈비, 춘병경장육사, 유린기 등. 이연복 셰프의 진가는 신선한 재료와 바람 같은 칼끝, 불과 기름을 다스릴 줄 아는 오랜 공력에서 나오기 때문. 이런 요리들은 메뉴판에 없으니 예약하기 전에 미리 알고 주문을 걸어야 한다. 동파육은 돼지 비계조차 말끔하게 녹아들며 분정갈비는 찹쌀을 묻힌 돼지갈비찜, 간장, 설탕, 청주, 파, 마늘과 생강으로 밑간을 하고 불린 찹쌀가루를 방망이로 밀어 거칠게 으깨니 입에 닿으면 보드랍게 퍼져간다. 탕수육은 감칠맛 나는 소스와 바삭한 식감의 고기가 최고조에 달한다. 삼선짜장은 면과 소스가 따로 나오는데 소스는 단맛이 덜해 춘장의 감칠맛이 새롭게 발견된다. 두반장 소스와 땅콩으로 맛을 낸 탄탄면도 이곳에서만 맛볼 수 있는 별미 중 하나다.

ADD 서울시 서대문구 연희동 132-28
OPEN 11:30~21:30(브레이크 타임 15:00~17:00)
CLOSE 월요일
TEL 02-732-0054
PARKING 주차 가능
MENU A코스(류산슬, 팔보채, 탕수육, 짜장면·짬뽕, 후식) 2만5,000원, 탕수육 2만원, 삼선짜장 6,000원, 탄탄면 1만원, 동파육, 어향동구, 분정갈비, 춘병경장육사(하루 전 예약)

#눈감으면살아오는식감 #이연복셰프 #바삭한탕수육 #동파육하늘하늘 #메뉴판에없는요리 #알아야맛본다 #주방을지키는셰프

손짜장 63년, 푸짐한 재료와 부드러운 달콤함
현래장

가족들과 가장 멀리 떨어지던 날, 내가 가장 그리웠던 건 부들부들 비벼 먹던 짜장면 한 그릇이었어. 어린이날마다 손꼽아 기다렸던, 짬뽕 국물에 비벼 먹는 잡탕밥도. 입술에 번지던 고추의 알싸함이 내 유년의 끝자락을 함께하고 있어 가끔 그때가 그리울 때면 나는 이곳을 찾곤 하지.

ADD 서울시 마포구 마포동 140 불교방송국 지하 1층
OPEN 11:30~21:00
CLOSE 명절 연휴
TEL 02-715-0730
PARKING 건물 주차장
MENU 손옛날짜장 6,000원, 잡탕밥 1만 4,000원

마포의 63년 소울 짜장면 손옛날짜장 한 그릇에는 감자와 단호박이 올라오고 주방에서 면발로 다져진 잔근육의 소유자, 면장님의 수타면이 만들어진다. 짜장면이나 요리 소스에는 기름이 듬뿍 들어가니 깍두기 두 접시는 필수. 아버지의 사업을 아들이 물려받아 여태 잘 꾸려오고 있는 곳이다.
손님이 많아도 공간이 넓어 언제나 앉을 자리는 있다. 이곳의 별미는 손옛날짜장. 통으로 올라온 찐 감자에 숭덩숭덩 들어가 있는 단호박이 매력적이다. 현래장의 소스는 기름을 충분히 두르고 볶는 스타일이다. 짜장도 그렇고 뭉근 소스가 들어가는 기타 요리도 그렇다. 그래서 단무지와 식초 뿌린 양파, 거기다 칼칼한 깍두기가 더해져야 진짜 마무리라 할 수 있다.
또 하나의 별미는 잡탕밥. 오징어, 해삼, 죽순, 버섯, 관자의 화려한 향연이다. 재료를 실하게 요리하는 것이 '현래장'의 인기비결. 어른이 되었다고 표정이 뻑뻑해질 때 슬슬 비벼 후루룩 쩝쩝 먹다 보면 오래 전의 미소로 되돌아간다.

ISYFOODLE #소울짜장면 #면장님팔근육짱 #아들이물려받아 #찐감자에짜장비벼 #잡탕밥이꿀렁꿀렁 #달큰촉촉한짜장면

천사에게 대접해도 좋을
짜장면
신성각

생긴 건 시커매도 절대 거짓말은 못하는 짜장면. 너만을 위해 준비한 한 그릇.

ADD 서울시 마포구 신공덕동 2-463
OPEN 11:37~16:00(±1시간)
TEL 02-716-1210
PARKING 가게 앞 공터
MENU 간짜장 5,000원, 탕수육 1만3,000원

ISYFOODLE #주문하면면뽑기 #어깨조심하세요 #먹으면착해져요 #노엠에스지 #솔직한짜장면 #탕수육은고기묵직 #투명한소스 #효창공원마스코트 #줄서기가미안해

진짜 맛있는 짜장면이 궁금한 그대에게
단 한 사람만을 위해 내리치는 수타면과 조미료를 더하지 않은 정직한 짜장면으로 30년을 버텨온 곳이다. 지상 최강의 아날로그 방식을 고수하는 이문길 사장님에게는 짜장면도 손님도 모두 귀하다. 수타면은 어떤 질감을 지녀야 하는지, 순결한 춘장의 맛은 어떤 맛인지, 우리가 일상적으로 먹던 짜장면의 기준을 잡아 주는 곳. 간짜장도 맛있다. 탕수육은 투명하니 예쁜 민낯을 보는 듯하고, 입에 가득 씹히는 고기의 맛과 대파의 향이 근사하다. 이곳의 음식을 맛보면 다른 중국집의 술수가 빤하게 보여 탈이다. "단 한 그릇을 먹더라도 맛있게 먹고 눈물 흘려줄 음식을 내 혼신의 힘으로 만들고 싶다."라는 이문길 셰프님의 글이 중국집 새시 문에 파란 배경으로 붙어 있다.

무뚝뚝한 사람
말문 터주는 중국집
호화반점

말수가 없는 이를 기쁘게 해주고 싶었어. 시끌벅적한 중국집에 데려가 짜장면은 곱빼기로 주문했지. 기다릴 동안 먼저 모습을 드러낸 건 새콤달콤한 탕수육. 하나를 집어 입에 물리니 바사삭 소리를 내며 잘도 먹는다. 이과도주까지 슬며시 따라주면 이미 게임 끝. 과묵한 그의 얼굴에 미소가 번지기 시작했으니까.

ADD 서울시 강남구 신사동 661-4
OPEN 11:00~22:00
CLOSE 둘째 주 · 넷째 주 일요일
TEL 02-543-8543
PARKING 발레파킹
MENU 짜장면 7,000원, 탕수육 1만7,000원, 해물잡탕밥 1만1,000원

화려한 압구정의 탄생과 함께한 38년 압구정이 개발되는 시기에 함께 생겨난 중국집으로 그때부터 지금까지 변함없이 맛있는 짜장면을 만드는 곳이다. 짜장면은 돼지고기와 양파를 듬뿍 넣어 춘장에 갈아 볶는다. 일명 '유니짜장 방식'이라 불리는 이곳의 비법. 그래서 소스 자체가 기름기 없이 깔끔하면서도 달콤하다. 보통 중국집보다 얇은 면발이라 끝까지 붇지 않고 쫀득쫀득.
탕수육은 바삭하게 튀긴 찹쌀전병에 얹어 나오는 점이 포인트! 소스는 달콤새콤한 과일의 향이 코끝을 쓰다듬는다. 튀겨진 고기의 바삭함은 살리고 느끼함은 이 기특한 소스가 잡는다. 고춧가루 살살 뿌린 간장에 찍어 먹으면 풍미가 훅 돋는다.
해물잡탕밥도 별미. 해삼, 소라, 조개관자, 표고버섯, 브로콜리, 피망, 죽순 등 풍성한 진미들이 다 들어가 기특하다. 을지로의 '안동장', 대림동의 '대성관', 압구정의 '호화반점'을 돌며 역사 오랜 짜장면을 즐기면서 추억을 만들어 가도 좋다. 아이들에게 맛집을 물려주는 재미는 덤이다.

ISYFOODLE #38년중국집 #유니짜장 #깔끔한춘장맛 #찹쌀전병탕수육 #잡탕밥이푸짐하여

짜장면계의 조용필
안동장

튀는 곳은 아니나 특유의 깔끔함으로 승부를 보는 곳이다. 기본에 충실하기 때문에 쉽게 싫증을 낼 수 있는 맛이 아닌 곳. 할아버지와 할머니 팬들은 물론 우리 세대의 입맛에도 필 꽂히게 만드는 70년의 장대한 손맛. 가히 짜장면계의 작은 거인이라 할 만한 곳이다.

ADD 서울시 중구 을지로3가 315 - 18
OPEN 11:00~21:30
TEL 02-2266-3814
PARKING 인근 공영주차장
MENU 짜장면 5,000원, 삼선간짜장 8,000원, 굴짬뽕 9,000원, 군만두 6,000원, 자연산송이짬뽕 9,000원, 탕수육 1만4,000원

우직한 뚝심으로 만든 역사 안동장은 1948년에 산둥성 출신 화상이 문을 연 곳이다. 당시 설렁탕을 두 그릇이나 먹을 수 있는 가격이었지만 기쁜 날에 먹는 고급스러운 요리로 소문이 나 품격과 부귀를 함께 누렸다. 박정희 대통령 시대에는 화상(華商) 자본이 세력화되는 것을 막으려 잘 나가는 중국집에 세금 폭탄을 때렸지만 지레 겁을 먹고 문을 닫은 곳과는 달리 안동장은 뚝심과 저력으로 험난한 시절을 버텼다. 양파와 돼지고기로 달콤함과 묵직함을 잡고, 감자를 빼 면과 함께 뒤엉키는 것을 막았다. 처음 먹는 면발만큼 마지막 한입까지 면이 풀어지지 않는 점도 이곳만의 비결. 우리가 종종 고개를 돌려 과거로부터 배워야 하는 이유는 아마도 그 시절이 더 기본에 충실할 수 있었던 시간이었기 때문 아닐까. 중요한 것은 본질이다. 화려함은 종종 우리를 조롱하기에.

ISYFOODLE #SINCE1948 #짜상년의산역사 #1층무터4층까지 #회식노쫗아요 #소용한싸상면 #가장오랜중국집 #을지로명소 #할아버지할머니 #엄마아빠의천국 #탕수육도맛있고 #유명한굴짬뽕

흥부네 박 터졌나?
넘치는 해물짬뽕!
만다린

가을바람 솔솔 불어 공기에 짬뽕의 향이 스며든다. 오징어와 주꾸미는 꼬들거리면서 춤을 추고 청경채와 브로콜리는 풋풋하게 씹힌다. 버섯은 이름에 맞는 향을 지닌다. 표고는 피어오르는 향으로, 송이는 소곤거리는 향으로. 가을은 짬뽕을 먹어야 하는 시간. 모든 것이 넉넉해질 시간이 다가온다.

ADD 서울시 서초구 방배동 875-15
OPEN 11:30~21:00
CLOSE 첫째 주 · 셋째 주 일요일
TEL 02-569-6767
PARKING 건물 옆에 서너 대 정도 주차 가능
MENU 삼선짬뽕 1만원, 탕수육 1만5,000원, 물만두 5,000원

짬뽕이 맛있는 곳을 찾는다면 내방역 작은 골목에 있지만 10년 넘게 삼선짬뽕으로 사랑받는 곳이다. 해물찜과 짬뽕의 중간 경계로 오징어, 주꾸미, 새우가 사발을 넘쳐흐르는데 미리 익혀 기름에 볶지 않는다. 국물이 매콤하나 시원한 얼큰함을 지니고 있다. 쫄깃한 면도 맛있다.
탕수육은 고기를 도톰하게 써는 방식이다. 고기 육즙이 고스란히 남아 있고 튀김옷은 얇지만 바삭하다. 소스는 새콤함과 달콤함을 극대화한 맛. 수준급이다. 물만두도 피가 얇아 연한 부추 향과 고기의 향을 남기며 입가심하기에 아주 좋다. 세련된 조리법이라기보다는 주인장의 푸근한 인심과 친절함으로 대접하는 중국집이다.

ISYFOODLE #삼선짬뽕 #주꾸미가용춤을 #개운한국물 #탕수육은새콤달콤 #중국집사랑방 #둘이먹고배터져

이제 나도 70살이에요
대성관

오래 살아남을수록 잘 사는 게 중요한 법이지. 대방동에서 69년이나 두 발을 단단히 디디고 있는 중국집인 대성관. '아프다, 마이 아파'라 말하는 노인의 목소리가 들리는 이곳에서 따끈한 굴짬뽕을 받아들면 괜한 안쓰러움이 방울방울 맺히곤 해.

ADD 서울시 동작구 대방동 384-7
OPEN 11:00~21:00
CLOSE 첫째 주 · 셋째 주 화요일
TEL 02-815-0567
PARKING 식당 앞 한두 자리
MENU 짜장면 4,500원, 부추굴짬뽕 8,000원, 송이덮밥 8,000원

69년이라는 오랜 역사의 화상 중국집 전쟁을 겪고 박정희 대통령 통치와 새마을 운동을 지나서 지금까지 그 자리에서 짜장면을 팔고 있는 전통 있는 중국집이다. 옛 모습 그대로다. 허름한 간판에 낡은 테이블, 브라운관 모니터의 TV. 그리고 간간이 달려 있는 홍등들. 역사가 오래된 집은 음식의 맛을 떠나 그 자체로도 문화적인 가치를 지닌다. 이제 대성관은 3대가 운영하며 그 맛을 이어가고 있다. 그런데 문제는 가게가 너무 방치되었다는 점. 너무 허름해서 입맛이 쉬 돌지 않는다. 손님을 위한 배려로 조금 더 위생적이면 좋지 않을까 하는 생각.
겨울철 시즌 메뉴로 사람들 사이에서 유명하다는 부추굴짬뽕을 주문했다. 굴은 많이 들었고 통통한 식감이나 국물이 시원하다. 면은 쫄깃하면서 깔끔하다. 이곳의 손맛 중 가장 생명력이 있는 건 아마도 면발인 듯.
송이버섯밥을 더했다. 살짝 볶은 계란밥에 고추기름으로 볶은 새송이버섯이 나온다. 청경채도 한두 잎. 조미료 맛이 느껴진다. 더군다나 버섯에는 양념이 배이지도 않았다. 요리라기보다는 그냥 불에 익힌 한 접시 소스덮밥인 듯하다. 이제 70년이 되어가는 역사 깊은 중국집. 다만 아직도 살아있구나 하는 안도의 숨밖에.

ISYFOODLE #할아버님단골집 #그옛날짜장면 #굴짬뽕이유명해 #70살의노곤함 #대방동문화재

주파수가 다른 탕수육
주

평범하게 생겼지만 젓가락을 가까이 대면 배달통 탕수육과 주파수가 다름을 단번에 느낄 수 있어. 아담한 몸뚱이가 파인애플과 키스하듯 스며들어 바사삭 사그라지는 튀김옷. 사탕 속에 숨어 있는 얌전한 캐러멜처럼 튀김옷 안의 고기는 입속에서 쫄깃대다 예의 바르게 사라진다.

ADD 서울시 서초구 방배동 796-5
OPEN 11:30~21:30(브레이크 타임 15:00~17:00)
CLOSE 월요일
TEL 02-3482-3374
PARKING 건물 앞 서너 대
MENU 탕수육 1만7,000원, 팔진탕면 9,000원, 오향장육 2만원

ISYFOODLE #주덕성셰프님 #탕수육달인 #줄서도맛있어 #바삭감이날아갈듯 #팔진탕면힘빨팔 #동파육도맛나요

왠지 모르게 기분이 꿀꿀한 날에는 이곳의 탕수육 여기서는 모든 손님들이 "탕수육 주세요!"라고 합창을 한다. 주덕성 셰프님은 다른 요리에도 능하심을, 오향장육이 특히 맛나다는 것은 일부만이 안다. 하지만 나 또한 그 합창단의 멤버. 의기양양하게 탕수육과 팔진탕면, 그리고 오향장육을 주문했다.

탕수육은 바삭하니 맛있다. 맛있을 수밖에 없다. 찹쌀이 들어간 튀김옷은 알맞게 두껍고 그 위를 새콤달콤한 마성의 소스가 살포시 덮고 있으니. 고기는 약간 푸석한 감이 있으나 탕수육 고기 맛에 민감할 수 있는 사람은 극히 소수다.

팔진탕면은 푸짐하다. 간장양념에 버섯, 오징어, 청경채, 죽순, 해삼 등의 재료가 듬뿍 들었다. 매운맛을 즐기지 않는 입맛에 감칠맛 나는 짬뽕을 먹을 수 있는 곳은 '주' 밖에 없다. 마지막으로 나온 오향장육은 심히 깔끔한 맛을 자랑해 놀라울 따름이다. 짜슬이 보이지 않아 섭섭하지만 고기의 은은한 향과 쫄깃한 식감이 제대로 살아 있다. 대파와 오이와의 어울림도 좋다.

삼국지를 펼쳐보는 듯한 동파육
차이린

ADD 서울 강남구 삼성동 71-24
OPEN 11:30~22:00
TEL 02-543-2847
MENU 서너 명 이상이라면 동파육, 풍미가지, 차나무 버섯볶음 등 단품요리에 불맛 나는 마늘볶음밥 **처음이라면** 런치세트(샐러드 전채, 해물누룽지탕, 탕수육, 주식, 후식 1만 8,000원)으로 시작해도 좋겠다.

ISYFOODLE #중국현지요리에충실히 #한국인입맛에도맞아요 #동파육이살살녹아 #차나무버섯향기 #와인도어울리네 #중국명주리스트

아침에 핀 꽃을 저녁에 줍고 차나무 버섯을 따서 찬을 꾸민다. 그 옆에서는 동파육이 달큰하게 녹는다. 동그랗게 몸을 만 푸른 청경채는 아삭아삭. 입 속에서 그 향이 물결치니 멀리서 온 친구와 행화촌 술 한잔을 기울인다.

중국요리의 진수를 맛보고 싶다면 이곳을 하늘이 내린 시인 소동파는 동파육을 좋아했다. 돼지고기가 부드럽게 익었는데도 기름지지 않으니, 이를 위해서는 고기를 깊은 솥에 푹 고아 졸여야 한다. 차마고도의 고장 운남의 차나무 버섯요리는 쫄깃한 복어살과 마른 고추를 넣고 볶아 내천이 흐르는 산 속의 영험한 향을 그대로 살렸다. 못생긴 할머니가 만들었지만 그 손맛만은 끝내줬다는 마파두부, 몸속의 습함을 앗아가 여름을 나게 하는 싼라탕, 매콤하면서도 바삭하여 칭다오 맥주와 환상적인 조합을 이루는 닭튀김, 라즈지까지. 이곳의 중화요리는 삼국지만큼이나 웅장하다. 더 깊고 제대로 된 맛을 내기 위해 중국과 한국을 오간 대표님의 정성이 요리에서 꽃을 피운다. 그러니 다양한 요리가 놓인 상은 금세 꽃밭이 된다.

쓰담쓰담 훈둔탕
산동교자관

토요일 아침에 눈을 떠 훈둔탕을 먹는다. 햇살은 따뜻하나 아직 바람은 싸늘하다. 청경채, 양파, 시원한 국물에 단무지 하나 얹어 먹으니 물만두가 톡 터지며 마음을 쓰다듬어 준다.

ADD 서울특별시 강남구 신사동 615
OPEN 12:00~23:00(브레이크 타임 15:00~17:00)
CLOSE 첫째 주·셋째 주 토·일
TEL 02-514-2608
MENU 오향장육 2만2,000원, 훈둔탕 8,000원, 물만두 6,000원

강남에서 즐기는 소소한 중식요리 강남권에서 드물게 소소한 중식요리를 맛볼 수 있어 사랑받는 곳이다. 화교 출신인 단병호 조리장의 손맛과, 쫄깃한 물만두가 만나니 중국식 만둣국인 훈둔탕은 시원하고 든든하다. 튀김 만두는 모양이 조금 다른데 안에 돼지고기가 식감이 느껴지도록 두툼하고 부추가 느끼함을 잡는다. 피부가 하얀 아주머님은 깐깐함이 재치 있고 가끔 얼굴을 보이는 조리장은 조용하면서도 차분하다. 테이블이 4개 정도여서 예약을 하지 않으면 앉을 수 없으니 미리 예약을 해둘 것!

ISYFOODLE #맑개개인훈둔탕 #단병호세프 #압구정표깔끔함 #예약없인허탕을 #장육엔짜슬 #육감적군만두

완탕면 영웅본색
청키면가

치명적인 총 한 발은 언제나 예상치 못했던 곳에서 날아오는 법이다. 훗날을 기약하지 않는 것이 영웅의 기질. 동생을 위해서, 딸을 위해서 혹은 친구를 위해서 지금도 깃을 세우고 홍콩 뒷골목을 거닐 듯한 이의 완탕면 한 사발. 그곳에는 욕망이나 치열함보다도 더한 그리움이 녹아들어 있다.

ADD 서울시 용산구 이태원동 128-4
OPEN 11:30~21:00
CLOSE 화요일
TEL 02-322-3913
PARKING 가능
MENU 새우완탕면 5,500원, 완탕과 수교면 9,500원, 소고기완탕면 9,500원, 청키볶음면 1만2,000원, 초이삼/카이란데침 4,000원

이태원에서 즐기는 홍콩의 맛 홍콩에서 완탕면으로 가장 사랑받는 청키면가(忠記麵家)의 맛과 기술을 고스란히 가지고 왔다. 투명한 피에 새우가 통째로 들어가 있는 완자는 짭조름하니 쫄깃하고 돼지고기가 빵빵하게 들어가나 푹 우려 담백한 수교는 서너 개로도 배가 금세 든든해진다. 거기에 쫄깃하게 씹히는 에그누들이 감칠맛을 더한다. 탕에 식초와 백후추를 가미하라 하지만 그냥 먹는 것이 돼지뼈와 해산물을 우려낸 진미를 맛보게 한다. 단지 입이 좀 심심하다면 옆에 있는 라죠장(고추기름)을 면과 수교에 젓갈처럼 조금씩 얹어 먹는 것이 좋다.

ISYFOODLE #다시오라주윤발 #홍콩의밤거리 #새우완탕면참하게 #완탕면은현재최고 #개운한국물맛

이소룡의 소룡포
쮸즈

콕! 찌르고 싶어. 터트리고 싶어. 너의 통통한 아랫배를.

ADD 서울시 강남구 신사동 540-15
OPEN 11:30~21:30(브레이크 타임 15:00~17:00)
CLOSE 일요일
TEL 02-6081-9888
PARKING 발레파킹
MENU 소룡포(3,500원/3개), 완탕면 9,000원, 광동식 청경채 4,000원

ISYFOODLE #딤섬즐기기 #소룡포물통통 #가로수길예쁜식당 #완탕면시원하게

중국 본토의 맛에 한국적 미(味)를 더한 딤섬집 압구정 작은 골목길에 귀엽게 자리한 곳, 쮸즈. 딤섬과 누들만 파는 캐주얼한 바인데 오픈한 지 6개월 만에 단골이 늘었다. 딤섬은 소룡포, 샤오마이, 누들은 딴딴면과 완탕면, 우육탕면이 인기다. 베이징에서 중국 음식을 공부하고 온 이병주 셰프가 주방에서 열심히 움직인다. 북경에서 뿐만 아니라 싱가폴과 홍콩 등 유명한 중화레스토랑 현장에서 다양한 음식 조리법을 배웠다.

중국 본토의 맛과 조리법에 충실하기보다는 원래의 맛을 기본으로 하되 한국 사람의 입맛에 맞는 대중적인 딤섬과 누들로 탈바꿈했다. 한 예로 고추기름을 넉넉히 둘러 먹는 딴딴면은 땅콩소스로 대체하여 풍미는 살리되 고소함을 더 넣었다. 샤오롱빠오와 완탕면을 주문했다. 샤오롱빠오의 모양은 참 귀엽고 정겹다. 뜨거운 육즙이 담겨 있으며 잔주름이 예쁘게 잡히고 엉덩이는 채반에 널찍하니 자리를 잡고 앉았다. 돼지고기를 듬뿍 넣어 듬직함을 살렸다. 씹는 감과 입속에서 터지는 육즙이 재미있다. 완탕면은 하얗고 시원하며 칼칼한 국물 맛이 일품이다. 오히려 완탕면에 나온 고기만두가 더 깔끔하고 맛있었다. 청경채 볶음도 담백하니 입가심이 된다. 통통한 소룡포 하나 터뜨리고 먹다 보면 기분은 이미 이소룡이 된 것마냥 지난 피로를 날려차기하고 있다.

에로틱 물만두
오향만두

오향장육과 물만두. 세상에서 가장 에로틱하면서도 매력적인 조합. 하얗게 익은 만두피를 깨물고 싶다고 말하는 오향장육과 탱탱한 근육질의 품에서 촉촉해지고 싶은 물만두는 서로를 안고 싶었다. 불타는 고량주가 둘 사이를 위험하게 오간다. 그 넘나듦을 지켜보다 보면 어느덧 든든한 한 끼 식사가 완성된다.

ADD 서울시 서대문구 연희맛로 22
OPEN 12:00~23:00
CLOSE 둘째 주 · 넷째 주 수요일
TEL 02-323-3749
PARKING 도로변 유료주차장
MENU 군만두 6,000원, 물만두 6,000원, 오향장육 1만5,000원

옛날식 오향장육과 담백한 만두의 만남 화상 주방장이자 대표님이 17년 동안 운영하신 곳이다. 군만두는 이곳의 대표 요리. 옆에서 만두를 빚는 아주머님도 다소곳하고, 손끝에서부터 주름을 예쁘게 여민 기다란 만두들이 하나둘 빚어 나온다. 옆에서 빚고 안에서 바로 굽기 때문에 만두에 촉촉함이 고스란히 스며든다. 돼지고기, 배추, 파 등이 어우러지는 만두의 속은 고소하되 담백하다. 물만두도 맛있다. 군만두보다 부추가 더 들어가 감칠맛이 싹 돈다. 만두피가 그리 얇은 편은 아닌데 숙성이 잘 되어 만두의 속과 잘 어우러지면서 입안에서 가쁜하게 녹는다.
이곳에는 옛날식 오향장육도 고스란히 살아 있다. 아마 주인장의 고집이 그 맛을 지켜내는 비결이었을 것이다. 돼지고기의 잡내를 말끔히 잡고 위에 곁들인 소스도 향을 끌어올리는 역할에 딱! 곁들여 나오는 송화단도 고소하다. 니우란산 알궈토주는 중국에서도 나쁘지 않은 술로 통한다. 화려한 오향과 52도의 센 술이 가슴을 화끈하게 불 지른다. 만두나 오향장육에 들어가는 재료도 모두 국내산을 쓰는 고집 센 주인장이기에 요리 하나하나가 깔끔하고 수준 있다. 제대로 된 오향장육과 물만두를 먹을 수 있는 귀한 중화요리점이다.

ISYFOODLE #오향장육물만두의케미 #사장님대만가지마세요 #착한만두피 #오향장육제대로 #육질도끝내줘요 #소박한진국 #군만두바삭촉촉

가지탕수의 유혹
하하

가지. 평소대로라면 무침이 되어 결 따라 갈기갈기 찢기고, 그게 아니라면 구이가 되어 프라이팬 자욱 진하게 남는 여린 식물. 그러나 중화요리점에서는 보랏빛 불꽃에 폭 안겨 어딜 썰어도 육즙이 터지는 마성의 탕수가지가 된다. 가지의 진면목이란 바로 이런 것. 낯선 시선으로 바라보는 순간 맛보게 될 거야.

ADD 서울시 마포구 연남동 229-12
OPEN 11:00~22:30
CLOSE 둘째 주·넷째 주 화요일
TEL 02-337-0211
PARKING 인근 공영주차장
MENU 군만두 6,000원, 물만두 6,000원, 피단두부 4,000원, 가지탕수 1만4,000원

연남동의 중화요리점 식감이 예술인 가지탕수를 파는 곳이다. 군만두도 좋다. 뜨거운 불맛, 튀김의 감칠맛, 중국현지의 맛에 가까운 탕수소스까지. 오리지널 중국요리에 우리 입맛을 조금 더해 만들었으나 중국의 한 골목길에서 팔 것 같은 요리를 맛볼 수 있어 자주 찾는다.

ISYFOODLE #정겨운분위기 #하하호호 #가지탕수못잊어요 #만두도맛있어

5th DISH

Menu
디 저 트

Chef / 유기헌
Chef / 제프리 해멀먼

Intro

새벽별 여행자의
          메시지를
     전하려

빵을 만드는 사람은 새벽별과 친하고
커피를 내오는 사람은 여행과 친하다
남들이 안 가 본 세상의 맛
아침과 점심 사이, 혹은 낮과 밤 사이에
우리가 있어야 할 가장 적절한 공간은 카페이다
거기서는 새벽별의 여행자들이
아침 빵을 굽고 커피와 내어 주며
결국은 우리와 함께할 거라는
동맹의식을 심어준다
삶에 필요한 것은 이 한 모금 같이 할 동반자임을

Interview

연남동에서 솔솔 빵 굽는 향기가 난다. 그 향기는 강하지 않지만 오래가며, 소리 내지는 않으나 사람을 끌어당기는 힘이 있다. 조용히 그 향내를 따라가니 연두색 양팔저울이 균형을 이루는 브래드랩 베이커리가 나온다. 브래드랩의 오너 유기헌 셰프와의 만남. 그는 말수가 적다. 그러나 검은 뿔테 안경 너머로 보이는 미소가 깊으며 따스하다. 많은 지인들이 그를 두고 유느님이라 부르는 데는 유유한 성품에 주변 친구들을 진심으로 배려하는 습관이 몸에 밴 탓이다. 주인을 닮은 그 공간도 편안했다.

그는 폭발적인 성장을 오히려 경계한다. 모두가 대박을 꿈꾸는 시대이지만 그는 사후에 일어날 위험에 대비하는 것이 대박을 이루어 내는 것보다 더 어렵다는 것을 알고 있는 사람이다. 이런 유기헌 셰프는 그 따뜻함과 고소한 행복감을 기억하며 오늘도 브래드랩에 날개를 단다.

유기헌 〈브래드랩〉 셰프

2006년 르 꼬르동 블루 숙명 아카데미를 수료한 뒤 동경제과학교로 유학을 떠났다. 이후 2009년에 뜻이 맞는 몇 명의 지인들과 브래드피트를 오픈해 우유크림빵을 대대적으로 성공시켰다. 2010년에는 브래드랩을 오픈하였으며 4년 뒤에는 연남동점까지 오픈해 성공적인 베이커로 살아가고 있다.

빵에서 삶의 균형감을
맛봤습니다

제빵을 시작하게 된 계기
대학을 졸업하고 30대까지 광고계에서 일했어요. 그 바닥에서 치열하게 살았죠. 마흔으로 접어들면서 회의가 생기더군요. 그래서 처음부터 다시 시작했어요. 머리를 쓰는 일이 아닌 몸으로 할 수 있는 정직한 일이 무엇일까. 우물 안에서 허우적거리며 살았던 저는 그때서야 하늘을 보기 시작한 거예요.
물론, 잘나가던 직장을 때려치울 만큼 마음에 드는 새 직업을 찾기란 쉽지 않았습니다. 원점부터 새로 시작하기에 나이가 주는 중압감도 무시할 수 없었죠. 수많은 직업 리스트를 작성하고 지우고 또 지워봤어요. 그래서 마지막으로 남은 게 이태리 요리와 제빵이었습니다. 그런데 제 자신이 술을 즐기지 않거든요. 그래서 최후에 남은 항목이 제빵이었습니다. 거기에 동그라미를 쳤죠.

빵을 만들면서 가장 매력적인 것은
빵 만들기는 저에게 새로운 세상을 가져다주었습니다. 손으로 무엇인가를 치대다가 그럴듯한 빵 모양이 나오는 것이 신기했어요. 디테일하고 장식에 신경 쓰는 제과보다는 정직하고 묵직하게 반죽하는 제빵 분야가 더 적성에 맞았습니다.
빵은 편안해서 좋아요. 화려한 것보다는 심플하고 정직한 것을 좋아하거든요. 한국에서 공부를 하다가 이 정도로는 만족을 못하겠다 싶어 일본행 비행기 티켓을 끊었습니다. 일어는 다행히도 공부한 만큼 빨리 숙달되었고 생활 또한 그리 낯설지 않았죠.

빵을 만드는 시간
일본에서 빵을 배우는 2년은 완벽하게 홀로 남겨졌던 시간이었습니다. 저에게 자유를 선물한 시간이었죠. 잡념 없이 빵 만드는 데만 몰두했어요. 그게 행복이라는 것을 깨달았어요. 남는 시간엔 일본 슈퍼에서 잠시 일을 했는데 고객의 소비 성향을 어떻게 장사에 접목시킬 것인가 하는 안목을 배울 수 있었어요.
식품을 구입하러 슈퍼마켓으로 들어오는 사람들, 어떤 시간대에 어떤 것을 많이 구입하고 서비스는 소비자의 구매를 어떻게 촉진시키는지 교과서가 아닌 현장에서 익힐 수 있었습니다.

한국에 돌아와서 베이커리를 열게 된 사연
마흔을 바라보며 시작한 제빵이기에 시작부터 경영자의 입장에서 준비해 나갔습니다. 2년여 동안의 수업을 마무리하고 서울로 돌아와 몇 명의 지인과 여의도에 오픈한 첫 베이커리가 성공적이었어요. 동경제과학교, 르 꼬르동 블루 출신들이 힘을 합쳐 만든 만큼 빵은 빠른 입소문을 타고 유명해졌습니다. 특히 이 시기에 개발한 우유크림빵은 증권맨과 일대 주민들의 사랑을 독차지하며 여의도를 넘어 서울의 명물로 떠올랐죠. 그리고 지금은 브래드랩을 오픈해 운영 중입니다.

빵을 대하는데 사뭇 애인을 감싸는 듯한 느낌이다. 빵을 만드는 자신만의 원칙이 있다면

빵을 만드는 것은 쉽지 않은 일이에요. 저는 올빼미형이라 밤 시간에 중요한 일들을 했었는데 제빵을 시작하면서 아침형 인간으로 바뀌었어요. 저는 빵과 건축이 상당히 비슷한 점이 많다고 봅니다. 기본기가 잘 다져질 때 좋은 빵이 나오죠. 그리고 원칙을 충실히 지켜야 합니다. 저는 빵에 화학첨가제나 유화제를 일체 넣지 않아요. 그날 아침 구운 빵은 그날에 소진하는 것이 또한 중요한 철칙입니다. 새로운 빵을 만들어 나갈 때는 우선 기존에 나와 있는 빵에 대해 고민합니다. 그러면 만들 빵에 대한 그림이 떠올라요. 그때부터 다시 레시피를 개발하고 모양을 설계하며 새로운 빵을 만들어 나가는 거죠.

브래드랩의 빵을 처음 먹는 사람들은 그 편안한 맛에 이곳을 다시 찾는다. 그 비결은?

빵을 만드는 데는 좋은 밀가루는 물론 그 속에 들어가는 재료까지 건강한 농산물을 선택해요. 그게 만드는 사람에게도 좋더라고요. 유기농을 고집하지 않아요. 단가가 올라가서 손님들에게 부담이 되는 것도 싫고요. 빵 하나, 밥 한 끼 먹는데 손님의 마음을 불편하게 한다면 절대로 사랑받는 음식이 되지 못할 겁니다. 오늘의 빵도 결국은 손님이 사랑해야 내일 다시 태어날 수 있는 것이니까요.

브래드랩을 운영하면서 얻게 된 것들

늦게 시작했지만 나만의 것을 만들자는 마음을 가장 많이 배웠어요. 그리고 가장 큰 재산, 소중한 사람들이 제게로 왔습니다. '오월의 종' 정웅 오너 셰프와 '커피리브레(COFFEE LIBRE)'의 서필훈 대표도 저의 든든한 조력자예요. 저희 세 사람이 모이면 이런 말을 한답니다. 거창하게 앞날 성공 운운하지 말고 지금 하는 일에 행복하자. 그러면 빵이건 커피건 삶이건 충실해지지 않겠냐고요. 그리고 돌아와서 제 작업장에 오면 나만의 세상과 마주하게 됩니다. 그때 느껴져요. 진짜 행복이란 것이 무엇인지.

브래드랩에서 꼭 맛보아야 할 빵

저희 가게에 오시면 꼭 맛봐야 할 네 가지 빵이 있어요. 첫째는 우유크림빵이에요. 브래드랩의 명실상부한 베스트셀러죠. 손님들이 계속 기억하고 찾아주시니 가장 많은 수량을 구워 내고 있습니다. 고생하는 스태프들에게는 미안한 일이지만요. 둘째는 불갈비소시지빵입니다. 자연농업고등학교에서 특별히 수급 받는 친환경 수제 소시지를 통째로 넣습니다. 첨가물이 일절 들어가지 않는

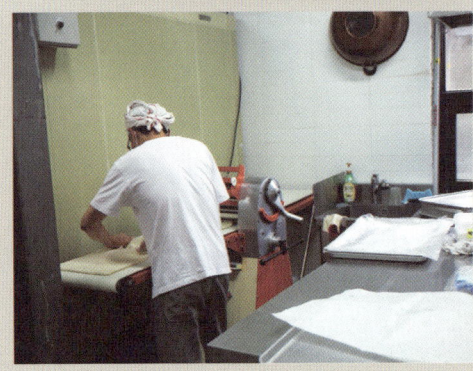

100% 돈육 햄이죠. 진짜 갈비를 뜯는 듯한 식감을 살리고 배를 든든하게 채울 수 있어요. 셋째는 할라피뇨 치즈 치아바타예요. 고구마, 시금치 등 여러 가지 조합의 치아바타를 개발했는데 매콤한 할라피뇨 고추와 치즈의 조합이 맛을 한층 더 고급스럽게 격상시켰습니다. 한때 같이 일하다 지금은 제주로 내려간 김정환 셰프의 작품이죠. 저희 치아바타는 타 매장과 비교했을 때 조금 하드한 편이에요. 고민도 되었는데 스태프들과 상의한 결과, '그냥 우리 식대로 밀고 나가보자'해서 지금의 치아바타가 만들어졌습니다. 넷째는 나폴리를 추천해요. 지금 브래드랩 헤드를 맡고 있는 심수용 셰프가 합류하면서 천연발효종을 본격적으로 적용하기 시작했고 나폴리가 그 첫 작품입니다. 나폴리 피자 맛을 좋아하는 고객들은 토마토와 크림치즈가 만들어 내는 앙상블에 점점 빠졌고 토마토도 직접 말려 사용하는 그 정성을 알아봐 주셨어요.

인생에서 가장 맛있었던 빵

일본 유학시절, 골목길에 앉아 먹던 크루아상을 저는 아직도 잊을 수가 없습니다. 프랑스에서 가장 촉망 받는 도미니크 사브롱(Dominique Saibron)이 일본에 오픈한 베이커리에서 산 크루아상이었죠. 우연히 그 앞을 지나다 버터 향이 가득한 크루아상을 발견했어요. 하나를 사서 한입 베어 물었는데, 와… 입안으로 발효버터가 스며드는 감동은 천상의 것이었습니다. 그 맛과 향이 천사의 날개처럼 가볍고 평화로웠어요.

꿈꾸고 있는 성장

이제 연남동에 베이커리를 연 이상, 이곳 주민들과 친하게 지내고 싶어요. 그리고 이 거리를 오고 가는 사람들에게 편한 친구가 되고 싶기도 해요. 즐겁게 오래 일하는 것이 저에게 있어선 가장 큰 성공입니다. 하나 소망이 있다면 빵도, 공간도 따뜻한 그 무언가가 되었으면 좋겠어요. 갑자기 유명해지고, 백만 원 벌 것을 천만 원 벌고 그러면 그 뒷면에는 누구 하나 죽을 만큼 고생하고 희생하는 겁니다. 저는 아픈 성공은 바라지 않아요. 시간이 걸리더라도 조금씩 크고 있다면 그것으로 만족합니다.

사람을 볼 때 무엇을 먼저 보나

이쪽 업계는 일손이 늘 부족한 것이 현실이에요. 그런데도 브래드랩에 생명을 불어넣어주는 사람들은 고마운 스태프들이죠. 기술은 하면 늘어요. 그러나 사람의 인상과 품성은 변함이 없죠. 정직하고 성실하면 손이 느려도 절대 탓하지 않고 기다리죠. 꾸준하게 버티는 스태프들에게는 잘해주고 싶은 게 제 마음입니다.

가을에 내리는 홍차 수플레 치즈케이크
브래드랩

가뭄에 내리는 단비. 연남동에서 홍차 수플레 치즈케이크가 촉촉하게 가슴을 적시고 어른인 나에게 주어지는 것은 내 뜻이 아니어도 해야 했을 일과 홍차 향기 퍼지는 저물녘. 수플레 의자에 기대어 아이처럼 잠드는 위안. 사박사박 내리는 비가 서둘러 너처럼 떠나지 못하게 잡힐 듯 말듯 그 빗소릴 잡고 있어.

빵을 통해 위안을 얻을 수 있는 곳 홍차 수플레 치즈케이크는 메마른 어른이 되어갈 때 은은한 홍차 향과 입에 살살 녹는 크림, 진한 치즈의 풍미로 감수성 데이터를 무제한 충전해주는 착한 케이크. 보리차로 반죽한 랩 바게트는 구수하고 친근하다. 바삭, 소리를 내며 입으로 들어가선 숭늉처럼 촉촉하게 목으로 빨려 들어간다. 바질 페이스토를 곁들이니 빗물 향기가 물씬. 브래드랩의 빵은 바삭하고 경쾌한 소리가 나면서도 그 속살에 수분이 알맞게 머금어져 씹을수록 촉촉하다. 모든 빵에 화학첨가물이 일절 들어가지 않는다. 그래서 빵이 속에서 편하다.

ADD 서울시 마포구 연남동 229-67
OPEN 10:00~22:00
CLOSE 월요일
TEL 02-337-0501
MENU 홍차 수플레 치즈케이크 5,500원, 누룽지 바게트 2,800원, 우유크림빵 1,800원

#유기헌셰프 #소화제보다편한빵 #홍차수플레치즈케이크 #바게트는구수하고 #위로 #사람에대한신뢰 #빵그리고삶

하루가 소설이 되는
화덕 샌드위치
빠니스

아침이면 까만 머리에 선홍색 입술을 가진 아내가 테이블에 꽃을 꽂아 손님을 맞는 곳. 그녀의 남편인 프랑스 남자는 화덕에 빵을 구워 정갈한 샌드위치를 만들지. 텃밭을 고스란히 담은 영혼의 수프가 있는 곳. 문밖에서 서성일 땐 그림이더니 들어가 앉으면 하루가 소설로 변하는 마법이 있는 곳이야.

ADD 서울시 서초구 서래로 6길 10
OPEN 11:00~23:00
TEL 02-537-3829
PARKING 발레파킹
MENU 프로방스풍 채식 샌드위치 9,000원, 지중해식 야채&치즈 샌드위치 1만2,000원, 허브를 곁들여 구운 소고기 샌드위치 1만 7,000원, 프로방스 허브를 곁들인 연어/참치 샌드위치 1만4,000원, 구운 야채를 곁들인 지중해풍 샐러드 1만4,500원, 오늘의 수프 7,000원

서래마을에 문을 연 화덕 샌드위치집 프랑스에서도 명장으로 인정받는 에릭 트로숑(Eric Trochon) 셰프와 그의 아내가 직접 요리를 한다. 아침마다 화덕에서 굽는 빵은 그 자체로도 쫄깃하고 구수한데 여기다 신선한 가지와 주키니, 파프리카를 더하고 리코타 치즈까지 가득 채워 내놓는다. 샌드위치를 먹는 한입이 예술이 되는 순간이다.

화덕에서 구운 샌드위치는 본래 아랍에서 사랑받는 음식이다. 지중해의 생명력 있는 요리에 흠뻑 빠진 셰프가 이를 응용해, 어깨에 힘을 빼고 캐주얼하게 즐길 수 있도록 서래마을에 문을 연 곳이 바로 '빠니스'다. 비트를 고스란히 갈아 만든 아침 수프도 향미가 살아 있다. 뽀얀 크레마가 덮인 아메리카노와 셰프의 행복이 함께 구워진 프랑스 전통 디저트 타르트 타탕(Tarte Tatin)을 먹는 것으로 하루를 시작하는 것도 좋을 것이다.

ISYFOODLE #프랑스장인 #화덕샌드위치 #에릭트로숑셰프 #찰진화덕빵 #우아한샌드위치 #건강해지는맛 #상큼 #지중해의생명력 #앞으로대세 #한번가면또가게

촉촉 차분한 하늘 브런치
빙봉

꽃샘추위 속에서 즐기는 브런치. 하늘하늘하게 구운 메밀 크레페에 초록빛 루꼴라가 쌉싸름하다. 에그 파이는 노오란 개나리빛. 향기로운 프렌치 토스트에 시럽 흩날려 촉촉하게 한입. 차근차근, 이렇게 추위에 얼어붙은 마음을 달래야지.

에그 파이와 에그 베네딕트

ADD 서울시 용산구 회나무로 51
OPEN 10:00~18:00
TEL 070-8849-6245
PARKING 바로 옆 공영주차장
MENU 브런치 테이스팅(크레페, 에그 파이, 프렌치토스트 등 3단 트레이, 커피 2잔 포함) 4만4,000원. 크레페/샌드위치 단품 1만 원대

심가영 오너셰프가 엄선한 식재료로 맛을 내는 브런치 카페 3단 트레이가 인기 있는 경리단길 맛집이다. 1층에는 봉평 메밀로 부친 메밀 크레페가 놓여 있고, 2층은 바삭한 파이지에 구운 에그 파이와 에그 베네딕트가, 3층은 촉촉한 프렌치토스트에 딸기와 바나나를 잔뜩 올려 시각적인 즐거움까지 잡았다. 심가영 오너셰프는 좋은 재료와 밝은 분위기를 브런치로 준비한다. 로스팅 일자를 매일 꼼꼼히 체크하고, 계란은 항생제가 들어 있지 않은 유정란으로, 빵은 천연발효의 자연스러운 맛을 품은 아티장 베이커스의 빵을 선택했다. 셰프의 이런 노력 덕분에 빙봉에서는 언제나 설레고 깊은 맛이 난다.

ISYFOODLE #3단브런치 #티타임하듯 #심가영셰프 #메밀크레페는담담히 #유기농재료 #경리단길오르막길 #줄서도좋은맛

216

사랑스러운 여인의 브런치
이도다이닝

버터 향 솔솔 나는 프렌치토스트는 연인의 표정을 금빛으로 바꾸고, 흑임자 팬케이크는 서로에게 주었던 상처에 살포시 스며들어. 버거 한 조각은 가버린 날들의 싱그러움을 찾아주지. 어쩌면 우리에게 토요일이 있는 이유는 말 없이 안아주던 한 사람에게 달콤한 브런치를 선물하기 위함일지도 몰라.

ADD 서울시 강남구 논현동 93-4 이도아르쎄 강남점 1F-2F
OPEN 10:00~23:00
TEL 1599-2563
PARKING 발레파킹
MENU 에그 베네딕트 1만7,000원, 흑임자 팬케이크 1만9,000원, 가지 그라탕 1만9,000원, 수제 새우버거 1만9,000원

생활도자기 이도에서 운영하는 곳 좋은 재료로 만든 음식과 우아한 도자기가 어우러진 테이블 세팅이 인상적인 곳이다. 올리브유와 곁들이는 식전빵, 샐러드, 메인과 차가 2만 원대 세트로 나와 주말 브런치를 즐기기 괜찮은 공간이다. 식재료 하나에도 건강을 생각하며 수제버거는 새우살이 도톰하여 씹는 묘미가 있다. 가니쉬로 나오는 연근튀김도 인기. 이도다이닝에서 식사를 한다는 것은 도자기를 생활로 끌어와 그 안에 건강한 음식을 담고자 하는 이윤신 대표의 철학과 만나는 일이다. 김병화 셰프의 자연미를 살린 요리는 도자기의 품격을 끌어올린다.

ISYFOODLE #도자기의곡선 #정갈한브런치 #깊은손맛 #이윤신대표 #이도

누나 오믈렛해주세요
더 플레이트 28

미끄러지기만 하던 내 뒤에 안전그물이 있었다는 것을 잊고 있었어요. 언니라고 편하게 부를 수 있는 당신. 진짜 우리 언니 같이 포근한 수플레 오믈렛을 먹고 다시 당신이 생각났어요.

ADD 서울시 서초구 방배동 933-8
OPEN 10:00~17:00
CLOSE 일요일
TEL 02-6404-2882
PARKING 매장 앞 주차공간
MENU 파머스 수플레 오믈렛 1만6,000원 (수플레 오믈렛, 메밀 팬케이크, 야채 샐러드, 그릴 포테이토 포함), 버터밀크 통밀와플 8,000원

하늘색 브런치 카페 잔정 있는 누이의 부엌 같은 곳. 폭신폭신한 수플레 오믈렛은 스펀지 케이크처럼 촉촉하고 메밀 가루로 구운 팬케이크, 버터밀크 호밀 와플이 향긋하다. 언니의 마음처럼 모든 재료는 유기농만을 쓴다. 계란은 방사유기농 유정란을 이용하고, 밀가루와 설탕도 모두 유기농. 신안섬 천일염에 뉴질랜드산 100% 퓨어 버터로 한 그릇 한 그릇 정성껏 만든다. 새롭게 선보이는 부쳐스 수플레에는 허브와 볶은 고기, 체다 치즈와 모차렐라 치즈가 알차게 들어가 하루의 영양을 골고루 섭취할 수 있다. 글루텐프리를 지키며 건강에도 신경을 쓴다. 풍성한 샐러드가 함께 제공되며 방배동에서 입소문을 타고 갤러리아 백화점에도 입점했다.

ISYFOODLE #건강한브런치 #유기농 #수플레폭신폭신 #글루텐프리 #메밀가루팬케이크 #방사유정란 #파란빛깔카페 #누나의손맛

아빠 마음 와플
25브런치카페

똑똑한 아들 위해 저 멀리 유학 보냈는데 기러기 아빠는 너무나 외롭고 서러웠다네. 결국 본인도 미국으로 건너간 한 남자. 자식을 위해 매일 기도하며 와플을 굽다 보니, 작은 카페에는 손님이 늘고 아들은 예일대에 멋지게 합격! 그 후 서울로 돌아온 그는 아직도 매일 와플을 굽고 있어. 그때 그 마음 그대로.

ADD 서울시 서초구 서초동 1474-14
OPEN 09:30~20:00
TEL 02-525-8343
PARKING 길 한편 주차공간
MENU 와플 플레이트 8,900원, 브래드볼 치즈 러스틱 수프 9,500원, 아메리카노 2,500원

훈훈한 아버지의 사랑이 있는 곳 사장님이 오랜 미국 생활 후 귀국해 예술의 전당 맞은편에 따뜻하고 편안한 브런치 카페를 여셨다.
와플은 겉은 바삭하면서도 속은 쫀득하다. 베이킹파우더 대신 천연발효종으로 숙성시키고 주문 후 오븐에 천천히 구워 내기 때문. 직접 만든 홍차 메이플 시럽을 함께 내오시는데 산뜻하면서도 촉촉하게 와플의 풍미를 더해준다. 곁들이는 햄과 계란 샐러드도 한 끼로 푸짐.
브래드볼 치즈 러스틱 수프는 직접 구운 타워 바게트에 감자를 곱게 갈아 수프를 끓여 넣고 3종의 치즈를 오븐에 넉넉하게 녹였다. 교황 모자 케이크(Zuccotto)는 특별한 맛이다. 촉촉한 카스테라 속에 견과류와 신선한 크림이 가득 채워지는데 고소하게 씹히는 맛이 좋다. 교황님을 뵙고 그 은혜를 케이크에 담았다는 귀한 디저트다.

ISYFOODLE #아빠의마음가득 #예술의전당맛집 #겉은바삭속은촉촉 #교황모자케이크추천 #따뜻한사랑가득한곳

모나카 양과 사라다 군
태극당

모나카양. 잼도 팥도 없는 그대지만 우윳빛 살결을 잊지 못했죠. 사르르 미소로 스며들어와 달콤하게 내 마음을 안아주었죠.
사라다 군. 보이는 게 전부는 아니더군요. 양배추에 으깬 달걀을 마요네즈에 비벼 먹는 내 취향을 알아준 건 당신뿐이었죠.

ADD 서울시 중구 장충동 2가 189-5
OPEN 08:30~21:30
CLOSE 명절 연휴
TEL 02-2279-3153
MENU 모나카 아이스크림 2,000원, 사라다빵 5,000원

순박한 빵과 과자를 만날 수 있는 곳 우유와 계란 노른자로 만든 모나카 아이스크림이 유명한 곳이다. 모나카 한 귀퉁이를 쪼개어 입에 넣으면 고소하게 퍼지던 우유크림이 치마를 여미듯 아련히 총총총. 사라다 빵은 뭉쳐 놓은 빵덩이 같지만 그 안에는 양배추와 당근이 아삭아삭 씹히다가 으깬 감자와 달걀이 고소고소, 후추 살짝 뿌린 톡 쏘는 마요네즈는 지겨울 틈이 없다. 이제 70년의 역사를 유지하는 전통 있는 제과점이 된 태극당은 새로운 모습으로 리뉴얼 중이다. 1960년대 경기도 남양주에 목장을 직접 지어 우유와 달걀을 공수해 빵과 과자를 만들었다. 그래서 우유가 들어가는 모든 빵은 신선 그 자체다.

ISYFOODLE #70년의전통 #모나카는싱그럽고 #사라다빵은듬직 #할아버지데이트장소 #문화재빵집

빵 다큐멘터리
쟝 블랑제리

빵이 없는 세상은 얼마나 무미건조할까. 행복한 순간을 떠올리면 언제나 두 손에는 풍만한 빵이 들려져 있었다. 세상의 모든 슬픔이 별처럼 떨어지는데 내 손엔 불 밝힐 촛불 하나 없을 때 생각나는 빵. 살면서 꼭 맛보아야 할 빵이 오늘도 빵집에서 구워지고 있다.

ADD 서울시 관악구 낙성대동 1660-7
OPEN 08:00~21:00
CLOSE 매주 일요일 · 명절 당일
TEL 02-889-5170
MENU 단팥빵 1,500원, 팥소보 2,000원, 크림치즈번 2,000원, 고로케 2,000원, 생크림 팥빵 2,000원
+TIP 단팥빵이 구워지는 시간은 12:00~12:30. 오후 3시 이전까지 가야 단팥빵을 여유롭게 구입할 수 있다.

청와대에 들어가는 단팥빵을 만드는 곳 매일 아침 이곳에는 빵을 사러 온 사람들의 줄이 길게 늘어선다. 쟝 블랑제리의 단팥빵은 팥소가 듬뿍(250g중 220g가 팥) 들어 있고 씹다 보면 고소한 호두가 씹힌다. 흰 우유와 함께 하면 충분히 용기를 건네줄 수 있는 빵. 크림치즈번에는 얇은 빵 안에 크림치즈가 80% 이상. 번의 당도를 낮추어 한입 베어 물면 빵의 맛은 사라지며 풍성한 크림치즈가 입안을 가득 채운다. 짭쪼름한 맛이 끝에 남아 커피와 음악을 부르는 재미. 아메리카노와 환상 궁합을 이룬다.
고로케는 큰일을 앞두고 용기가 필요할 때. 계란과 양파, 감자의 향미가 묵직묵직. 겉은 고소하게 튀겨져 인생이 뭐 별거 있어 하며 응원을 해주는 빵이다. 생크림 팥빵은 사랑스러운 그녀가 생겨 입술에 크림을 묻히고 싶을 때. 첨가제가 들어가지 않은 리얼 생크림이다. 느끼한 비주얼이지만 당도가 낮아 부드럽고 신선하며 팥과 함께 먹어도 라이트하다. 차가울 때 아이스 아메리카노와 함께 하면 팥빙수를 먹는 느낌이 난다. 빵에도 삶이 있다. 그래서 나는 좋은 빵을 선택하고 즐겁게 음미한다. 빵에는 방부제는 물론 화학보존제가 전혀 들어가지 않는다. 발효빵, 스콘, 페이스트리 등이 다양하게 구워져 남녀노소 누가 와도 만족스럽게 골라갈 수 있는 곳이다.

ISYFOODLE #청와대단팥빵 #10년의기록 #좋은재료푸짐하게 #빵의정의 #단팥빵은무거워 #생크림빵신선함 #줄서도행복해요 #열개는기본 #부모님의완소빵 #12시적정타임

지금은 우리가
사랑해야 할 시간
리치몬드 제과점

지금은 우리가 사랑해야 할 시간. 잃어버리고 후회할 것은 돈도 일도 꿈도 아닌 사랑을 필요로 하는 눈빛을 외면했을 때다. 약해진다고 서글퍼했으나 그 사람이 남긴 시간과 삶은 과자처럼 달콤하고 부드러우며 과일 향 나는 선물이라는 것이다.

ADD 서울시 마포구 성산1동 114-5
OPEN 08:00~23:00
CLOSE 명절 연휴
TEL 02-3142-7494
PARKING 가능
MENU 슈크림 2,000원, 무랑그상띠카라멜 4,200원, 파베도르 4,800원, 까눌레 1,800원

ISYFOODLE #Since1979 #제과점의산역사 #행복문화점 #권상범제과명장님 #권형준대표 #슈크림은사랑의맛 #물려주어야할빵맛 #숨쉬는전통 #백년기원 #제과명당

1979년부터 이어온 한 제과점의 이야기 창업자 권상범 씨는 대한민국 제과명장으로 1979년 마포경찰서 옆에 처음 리치몬드 제과점 문을 열었다. 밥이 주식이던 시절, 우리나라 사람의 입맛에 맞는 빵과 과자를 선보이며 선풍적인 인기를 얻었다. 그 당시 리치몬드 제과점에 빵을 먹으러 간다는 것은 하나의 큰 행사이자 이벤트이기도 했다. 이윤보다는 좋은 빵을 만들어가겠다는 제과점의 신념에 따라 2005년에는 유정란 생산을 위한 농장을 운영하여 2008년에는 트랜스지방 안심 제과점 1호점으로 선정되기도 했다. 2009년에는 우리나라 제과업계 중 최초로 우리밀 100% 빵을 개발했다. 현재는 성산동, 연희동, 서교동에서 그 역사를 이어가고 있다. 2014년 1월부터 2대 운영체제로 시스템을 재정비한 리치몬드 제과점은 셰프와 대표를 겸하고 있는 권형민 씨가 이끌어 가고 있다. 동경제과학교 출신으로 1세대의 전통을 견고히 하되 새로운 맛과 세련됨을 더하며 그 완성도를 높이고 있다. 그리고 2015년 9월에는 한층 업그레이드 된 과자와 케이크를 들고 홍대점을 다시 오픈하였다.

리치몬드에서 꼭 맛볼 네 가지

1. 슈크림
하염없이 위로를 받고 싶을 때는 백허그 하듯 아늑한 달콤함이 느껴지는 슈크림을 먹는다. 외로워서 변명도 못할 때 두 손 가득 들고 이 생명체를 대한다. 손으로 툭툭 치면 몽실거리고, 손안에 올려두면 엉덩이를 깔고 마주한 병아리 같다. 살갗보다 보드라운 슈껍질, 커스터드 크림의 천연 바닐라 향과 계란의 부드러움, 프랑스산 생크림의 산뜻함이 입안에서 돌고 돈다. 슈크림의 백허그 덕분에 날개는 없어도 추락하지 않는다.

2. 무랑그샹띠카라멜
바삭하고 부서지는 머랭비스킷이 부드럽게 녹는 크림을 감싼다. 마지막에 남는 버터크림이 오늘과 70년대의 케이크 사이를 오가게 한다.

3. 파베도르
층층이 곱게 쌓인 줄만 알았으나 오렌지 향이 먼저 가득 퍼진 후 즐겁게 씹히는 비스킷의 맛. 촉촉한 카스테라의 촉감이 방울처럼 터진다. 햇살이 가득한 과수원에서 귤 하나를 따주는 따뜻한 미소의 여인.

4. 3종의 과자 까눌레
기타 서울의 3대 까눌레를 맛보았지만 그보다 더 클래식하다. 만드는 사람을 내세우기보다는 고스란히 맛과 촉촉함, 향미에 충실. 참 솔직하다. 과자는 과자답게 고소하고 바삭하며 위에 올라간 레몬크림은 섹시해 〈화양연화〉의 장만옥이 먹여 주는 것 같고 그 안의 포도와 과실 잼은 바쁜 삶의 비타민이 된다.

초승달 아침의 크루아상
올드 크루아상 팩토리

ADD 서울시 마포구 서교동 327-44
OPEN 11:00~22:00
CLOSE 일요일
TEL 02-337-3636
MENU 오리지널 크루아상 3,300원, 다크 초콜릿 크루아상 4,000원, 스위스치즈 크루아상 4,000원, 넛츠포레스트 4,900원

ISYFOODLE #빚어낸크루아상 #양윤실셰프 #버터향꽃잎되어 #크루아상하나만 #평생토록 #초콜릿허그 #치즈도어울리고 #슈퍼잼 #갈수록여무니 #초승달

한방 향의 샴푸로 머리를 감고 남자친구의 셔츠를 걸쳐 입은 뒤 주방으로 간다. 토스트 오븐에 타이머를 돌린다. 커피를 내리며 금요일 아침은 초승달이 떴을 거라 믿는다. 오븐에 살짝 구워낸 크루아상. 글래머러스한 버터 향이 더해져 입으로 덥석 물어도, 빵가루 묻은 입술마저 꽃잎이 된다.

제대로 구워진 크루아상을 아직 먹어 보지 못했다면 지금 서울에서 가장 글래머러스하며 겹겹이 버터 향이 하늘거리는 크루아상과 만날 수 있는 공간이다. 크루아상 하나만 제대로 잘해내고 싶다는 양윤실 셰프의 공간이다. 소담스런 공간 안에는 갓 구워낸 크루아상이 고아한 곡선으로 구워져 하나하나 예술 작품 못지않다. 글래머러스하지만 교태롭지는 않은 외형, 그리고 강렬하지만 껴안을 줄 아는 토핑. 그 단면을 기록해두고 싶어 두 조각으로 슬라이스했으나 이윽고 두 손으로 움켜쥐고 입으로 덥석 물었다. 바삭! 이윽고 아련한 버터의 향이 입안을 가득 채운다. 진하지는 않지만 풍만하다. 다크 초콜릿 크루아상은 아메리카노의 온기를 빌어 한입 베어 무니 쌉싸래함과 함께 장미의 향미가 난다. 지금까지 먹어본 빵 가운데 가장 입체적인 식감을 주는 크루아상이다. 토요일 아침에 오븐, 살짝 구워낸 크루아상에 갓 내린 아메리카노를 곁들이면 한입, 한입이 달콤함의 연속이다.

오리지널 크루아상

발라드 흐르듯 디저트
더 디저트

불꽃 같은 사랑, 들꽃 같은 디저트가 아주 우연히 만나. 평생 가슴에 남는 한 사람은 숱한 백 한 번째 장미가 아니라 깊은 골목 홀씨로 피어나. 바람의 향과 가로등의 고독을 안으며 가슴으로 키우는 달콤함이라서, 들꽃이어서.

ADD 서울시 마포구 서교동 327-45 2층
OPEN 12:00~24:00(월요일 14:00~23:00)
TEL 02-335-4908
PARKING 인근 아오이토리 도로변 주차장
MENU 액화질소 과일과 셔벗 9,000원, 세 가지 아이스크림과 마카롱 1만원, 밀 맥주 1664Blanc 8,000원

ISYFOODLE #풍부한식감 #천연의달콤함 #라이언셰프 #손맛예술 #만드는과정도봐야 #꽃피듯디저트 #맥주에어울려요

디저트계의 발라더, 라이언 셰프의 사랑방 이태리와 프랑스요리의 기본기를 오랫동안 다져 디저트에 집중했기 때문에 달콤함과 산뜻함이 마치 오페라 같은 곳이다. 과일 셔벗은 과일의 과육을 그대로 살리기 위해 액화질소로 급속 냉각시켜 녹더라도 그 탱탱함을 유지하고 코코넛과 바질의 셔벗이 부드럽고 상큼한 풍미를 더한다. 바닥에 아로마 오일을 깔아 그 향이 구름처럼 퍼져나가도록 손님의 가슴을 꽃으로 피어나게 한다.

마카롱 스틱과 세 가지 맛 아이스크림은 아삭하면서도 바삭하고, 달콤하면서도 진득한 행복이 느껴진다. 계란 흰자로 만든 과자는 초코맛, 캐러멜맛, 얼그레이맛 세 가지 아이스크림을 경쾌하게 지휘한다. 완두콩과 크림치즈를 결합한 세미프레도는 직접 콩의 순을 따다 만든 디저트로 봄의 향긋함을 전한다. 프랑스 밀 맥주인 '1664 Blanc'과 함께 하면 죽을 때까지 기억에 남을 디저트 타임이 완성된다.

소프트아이스크림 시절에
백미당

ADD 서울시 강남구 신사동 651-16 호림아트홀 1층
OPEN 10:00~17:00
TEL 02-512-5914
PARKING 지하 주차장
MENU 유기농 소프트 아이스크림 · 직접 짠 두유로 만든 소프트 아이스크림 3,500원, 커피 4,200원, 기본 도시락(여주백미, 야채 불고기, 연어 데리야끼, 매콤한 오징어 볶음, 한우 양지 맑은 수프 포함) 1만5,000원, 백미당 도시락(기본 도시락에 너비아니 구이, 매콤한 해산물, 계절 야채 샐러드 추가) 2만원, 더블 치즈와 식빵 파니니+커피 9,000원, 유기농 샐러드+빵+오늘의 수프 1만2,000원, 우유 생크림 케이크 6,000원

주섬주섬. 있는 것을 주워 담아 주는 것이 아니라 가장 연한 고기를 하룻밤 재워 가장 윤기도는 밥을 짓고 가장 예쁜 도시락에 담아 주고픈 그 마음이 사랑이다. 살면서 한 번쯤 찾아오는 이때는 마음이 유기농 소프트 아이스크림처럼 순수해진다.

어른들의 아이스크림 맛은 소금으로부터, 식재료는 쌀의 생명력으로부터 온다고 생각하는 사람들이 이끄는 곳이다. 직접 짠 두유로 만든 소프트 아이스크림과 유기농 아이스크림은 참 순수한 맛이 난다. 백미당은 남양유업에서 운영하는 프리미엄 아이스크림 브랜드이다. 유기농 우유를 베이스로 하여 화학첨가제를 일절 사용하지 않고 신선하면서도 고소한 우유 그대로의 아이스크림을 재현했다. 어른들이 좋아하는 아이스크림으로 유명하다. 호림아트홀과 현대백화점 압구정점 · 판교점에서 매장을 운영하고 있는데 매장마다 베이커리 제품, 유기농 우유, 디저트 케이크, 도시락 등 식사가 될 만한 산뜻한 메뉴를 함께 구성하여 판매 중이다.
그중 호림점은 백미당의 플래그십 스토어라 할 수 있는데 제철 재료로 만든 건강 도시락 메뉴, 커피, 샐러드, 케이크 등이 함께 있어 식사하기에도 좋다. 추천 메뉴는 백미당 도시락으로, 윤기 도는 여주쌀밥에 너비아니식으로 하룻밤 정성 들여 숙성시킨 한우 채끝구이가 더해진다. 연어구이도 인상적이다. 데리야끼 양념에 우엉과 연근을 더해 영양마저 탄탄하게 구성했다. 버섯구이도 버섯의 향미와 아삭한 식감이 살며 오징어 고추장 볶음도 깊이 있는 매콤함이다. 한우 맑은 양지수프는 마음을 따뜻하게, 한 번 헹군 갓김치는 따뜻한 밥에 올리면 맛깔지다.
직접 짠 두유로 만든 소프트 아이스크림은 디저트로 꼭 먹어볼 것을 권한다. 자연스러운 콩의 고소함이 살아 있고 대신 유지방은 줄여 시원하고 산뜻하다. 내어 오는 모양도 통통하니 떠먹는 기분을 한층 더 즐겁게 만든다. 도시락 자체도 예술. 금속공예 전문가팀과 협업하여 한식의 멋스러움을 살리는 찬합을 개발했고 정갈하고 자연스럽게 맛을 담아 내고 있다. 남양유업의 대표 외식브랜드인 '일 치프리아니'를 이끌며 백미당 운영에도 수준 높은 실력을 보이는 김낙영 셰프와 유승훈 셰프. 그들은 언제나 '우리'를 말한다. 케이크 하나 만드는 데도 커피와 조율하며 생크림 층을 쌓는다. 하모니를 무엇보다 중시하는 것이다.
이렇듯 건강한 도시락, 유기농 아이스크림, 깊은 맛의 커피, 런치의 삼합이 딱 들어맞는 곳인 백미당은 귀한 사람을 데리고 가기에 좋은 곳이다. 식사 후 호림아트홀의 전시회를 둘러 보면 완벽한 휴식이 된다.

ISYFOODLE #통통한아이스크림 #유기농 #김낙영셰프 #유승훈셰프 #순수한녹아듬 #어른의설레임 #발레리나콘 #건강한도시락 #아트앤티타임

어제 없던 계란빵
마랑코코

무엇인가에 설렌다는 것은 어제 없던 오늘을 만드는 것일지도 몰라. 시나몬 향이 은은하게 퍼지는 뱅쇼로 마음을 따뜻하게 만든 뒤 갓 구운 계란빵에 라즈베리 잼 한 스푼을 무심하게 올리는 거지. 겉은 바삭하지만 씹으면 한없이 부드러워지는 계란빵의 속살. 정직한 그 향기에 새로운 오늘이 펼쳐져.

ADD 서울시 서초구 서초3동 1510-15
OPEN 평일 09:00~22:00, 주말 11:30~22:00
TEL 02-581-4975
MENU 팝오버 싱글(갓 구운 팝오버에 수제 라즈베리 잼과 몰라시스 버터) 2,800원, 베리베리 크리미 팝오버 4,500원, 라코타 치즈 샐러드 팝오버 7,800원, 누텔라 바나나 팝오버 4,500원, 아메리카노 3,500원, 뱅쇼 4,500원

가족과 함께 즐기는 브런치 '뉴욕식 공갈빵'이란 별명을 붙인 팝오버를 다양하게 만날 수 있다. 겉은 바삭하면서도 안은 한껏 부드러운 빵. 마랑코코의 김영민 대표는 아토피가 있는 딸에게도 어떻게 하면 건강한 간식을 먹일 수 있을까를 고민하다 이 메뉴를 개발했다고 한다.

마랑코코식의 팝오버는 팬케이크와 비슷하게 반죽을 하지만 이스트 대신 거품을 잔뜩 낸 계란을 사용해 빵을 부풀린다. 이런 정성 가득한 손길 덕분에 팝오버에는 진하면서도 담백한 계란의 향이 가득하다. 이스트를 쓰지 않기 때문에 날씨의 영향을 많이 받을 수밖에 없는데도 그는 항상 정도를 고수해 버터 대신 우유과 계란을 듬뿍 넣어 빵을 만든다.

아침에는 야채와 치즈를 곁들인 팝오버 샌드위치도 좋고 개인적으로는 생크림과 3종 베리를 듬뿍 올린 메뉴가 좋다. 오리지널 메뉴를 주문하면 직접 만든 라즈베리 잼에 고급 몰라시스 버터가 함께 나온다. 김 대표는 커피도 허투루 뽑지 않는다. 알레그리아 원두를 엄선하여 부드럽게 블렌딩 하고 하루에 쓸 양만 갈아 원두의 신선함을 유지한다. 겨울철에는 과실차와 뱅쇼도 직접 만든다. 이 때문에 동네 엄마들이 가장 좋아하는 카페로 입소문이 자자하다.

ISYFOODLE #팝오버 #아토피딸을위하여 #김영민대표 #건강한브런치 #미국식공갈빵 #겉바삭속촉촉 #수제잼 #계란과우유가득

소꿉놀이의 맛, 깻잎 아이스크림
펠앤콜

눈사람 굴릴 만큼 깨끗한 눈이 아닐 때, 파란 아이스크림 가게에 들러 눈싸움할 만한 소꿉친구가 없을 땐, 깻잎 아이스크림 한 스쿱. 길거리 뛰어놀던 어린 날의 푸르름이 우윳빛 허브로 스며와 입안으로. 눈이 내려와 햇살 속에서 깻잎 향이 입안 가득. 마음이 푸르도록 시린 겨울날의 아이스크림.

ADD 서울시 마포구 상수동 310-11
OPEN 12:00~22:00
TEL 070-4411-1434
MENU 깻잎(팔당 유기농), 베이컨, 충주산 밤막걸리, 연두맛, 딸기를 사랑한 바닐라, 미친넛, 앙가베 초콜릿, 강남 딸기(논산딸기), 6시 내고향, 나쁜피 아이스크림 5,000~6,000원

어른들을 위한 아이스크림 가게 펠앤콜의 최호준 대표는 인공색소와 감미료 대신 고급천연재료를 배합하여 식감 좋은 아이스크림을 창작했다. 그중 깻잎 아이스크림, 연두 아이스크림, 막걸리 아이스크림은 개성과 완성도를 두루 갖춘 작품. 최고의 식재를 이용해 소량으로 만들어, 먹는 이들에게 아이스크림의 행복을 되찾아주는 파란가게다.

그가 알려준 아이스크림 맛있게 먹는 법은 아이스크림을 냉장고에서 꺼낼 때 바로 듬뿍 떠 한입 가득 음미하는 것으로 시작한다. 그러곤 조금 걷다가 윗부분이 크림처럼 녹아들 때 스푼으로 휘저어 또다시 한입. 이때는 아이스크림의 향미와 입안의 식감이 최고조에 이르게 된다. 마지막으로는 마음에 드는 커피와 더불어 아이스크림을 음미하는 것. 특히 비엔나 커피와 함께 즐기면 아이스크림이 커피와 어우러져 순식간에 사라지는 치명적 달콤함을 느낄 수 있다고 한다.

ISYFOODLE #어른을위한아이스크림 #최호준대표 #깻잎과연두와소금 #식감이끝내줘요 #블루예찬

디저트의 밀회
디저트리

연상의 여자를 만났다. 가늘고 하얀 목의 실크 스카프가 눈부셨다. 누드톤의 메이크업에 가려진 캐러멜 향의 향수에는 소금의 정제됨이 돋보였다. 바나나처럼 부드러웠기에 완벽한 여인이었으나 여리게 부서졌다. 비스킷처럼. 우리는 손이 닿는 곳부터 허물어졌으나 절정을 맛볼 수 있어 행복했다.

ADD 서울시 강남구 신사동 653-7
OPEN 14:00~23:00
TEL 02-518-3852
MENU 코스(아뮤즈+메인 디저트+쁘띠푸+음료) 2만4,000원, 소금 캐러멜 아이스크림과 구운 바나나, 헤이즐넛 비스킷 1만3,000원, 패션 프룻 바나나 크림브륄레, 트리플 베리 소르베 1만3,000원, 소르베 6,000원

디저트도 하나의 요리가 될 수 있다 디저트리의 디저트는 그 자체로 아름답다. 디저트도 하나의 요리로 완성될 수 있음을 조용히 말해 주는 곳. 화이트 컬러의 카페에 앉아 마음에 드는 디저트를 주문하면 달콤함이 완성되는 과정을 함께 지켜볼 수 있다. 프랑스에서 요리와 디저트를 공부한 이현희 셰프. 미식의 완성은 디저트라는 생각으로 지금의 '디저트리'를 열었다.
2011년 겨울의 서울, 그때만 해도 서울에는 디저트 전문점이 없어 홀로 걸어야 하는 외로움의 연속이었다. 그러나 그녀의 솜씨는 서서히 나비 효과처럼 퍼져가기 시작해 금세 디저트의 명소로 유명해졌다. 소금 캐러멜 아이스크림과 구운 바나나, 트리플 베리 소르베와 패션 프룻 바나나 크림브륄레는 기쁨의 완전체를 가져다 주는 곳이 되었다. 이현희 셰프. 그녀는 정말 서늘하도록 아름답다.

ISYFOODLE #디저트의절정 #이현희셰프 #소설의주인공 #미식의완성 #보는맛 #아름다움 #미련없이달콤하게

골목 안 프랑스 과자점
매종 엠오

커피는 상처마저 아름다운 날들의 일기이며, 디저트는 자신에게 쓰는 러브레터다. 골목 안 프랑스 디저트 가게에는 만드는 사람도 사는 사람도 달콤한 날들의 기억에 충실하다. 배달 오토바이도 제 갈 길을 가고 있는 골목길. 그 갈림길에서 헤맬 때 걸터앉아 커피에 마들렌을 먹으며 하는 생각.

ADD 서울시 서초구 방배동 876-41
OPEN 11:30~20:30
CLOSE 월 · 화
TEL 070-4239-3335
MENU 몽블랑 엠.오 8,500원, 치즈 케이크 후레즈 바나나 8,000원, 파리 브레스트 서울 8,000원, 밀푀유 캐러멜 8,500원, 마들렌 2,800원, 마들렌 글라세 3,100원

방배동 골목의 프랑스 과자점 문을 열자마자 케이크는 날개 돋친 듯 팔리고 갓 구워진 마들렌은 입술로도 부서져 고소하다. 작은 유리잔에 담긴 푸딩, 블랑망제. 입에 넣는 첫맛은 오렌지이며 편안한 단맛의 배 잼, 그리고 아몬드 바닐라 크림이 구름처럼 감미롭다.

메종 엠오는 일본동경제과 출신의 이민선, 츠지쯔 출신의 오오츠카 테츠야 부부가 대표로 있는 곳이다. 각자의 이니셜을 따서 이름을 지었다. 두 셰프 모두 일본 피에르 에르메(Pierre Herme)의 수장급 역할을 맡은 바 있다. 잔잔한 골목에서 프랑스와 일본, 서울의 하모니를 녹여 섬세한 디저트를 만들고 있다. 오픈한 지 1년이 채 안 되지만 서울에서 맛보는 디저트의 수준을 한 단계 끌어올린 안테나 같은 곳이다. 프렌치 디저트의 정통을 고수하면서도 서울의 이미지를 맛으로 연출하는 창의력이 돋보인다. 무엇보다 정교한 기술과 감각적인 미각을 지닌 셰프이기에 가능한 디저트이다.

특제 칵테일

ISYFOODLE #미각의균형미 #교과서같은디저트 #행복의절정 #부부파티쉐 #이민선셰프 #오오츠카테츠야셰프 #행복한순간에떠올릴맛 #몽블랑은오전완판

그게 바로 인생, C'est La Vie!
몽상클레르

반얀트리점
ADD 서울시 중구 장충동2가 201 반얀트리 클럽동 로비층
OPEN 10:00~21:00
TEL 02-2250-8171
PARKING 반얀트리 주차장 2시간 무료
MENU 세라비 8,500원, 몽상클레르 8,000원, 커피류 8,000원

현대백화점 판교점
ADD 경기도 성남시 분당구 백현동 541
OPEN 평일 10:30~20:00, 주말 10:30~20:30
PARKING 현대백화점 주차장

ISYFOODLE #쓰지구치히로노부 #평온한달콤함 #입에서살살녹아 #한입먹고또먹고 #천재의숨은노력

C'est La Vie, 그게 바로 인생이야. 지치고 힘들 때 케이크 한 조각 맛봐요. 육각형이 사람에게 가장 안정감을 주는 모양이라죠. 화이트 초콜릿이 감미롭게 퍼지다 피스타치오 시트가 바삭거려요. 달콤하면서도 때론 바삭하고 종종 새콤하기까지 한 그게 바로 인생이라죠. C'est La Vie!

디저트 천재라 불리는 쓰지구치 히로노부의 브랜드 일본에서 디저트 천재라 불리는 쓰지구치 히로노부의 디저트에는 '맛의 기하학'이 보인다. 육각형에 가장 완벽한 인생의 맛을 담고, 삼각형에는 세 가지 초콜릿의 맛을 층층이 쌓아 과일의 앙증맞음까지 함께 담는다.

그는 일본 이시키와 현에서 할아버지 때부터 화과자점을 운영하는 집에서 태어났다. 일본뿐만 아니라 프랑스에서도 실력을 인정받는데 2013년에는 '초콜릿의 미슐랭'이라 불리는 프랑스의 C.C.C(Club des Croqueurs de Chocolat)로부터 최고 레벨인 5스타를 획득하였다.

우리나라에서는 반얀트리 클럽&스파(Banyan Tree Club&Spa)와 현대백화점 판교점에 들어와 있는데 그의 베스트셀러 디저트와 함께 식빵, 크루아상, 천연발효빵 등의 식사빵도 좋은 재료로 만들어 맛이 훌륭하다. 최근에는 망고를 모티브로 한 새로운 디저트를 선보이는 중이다.

담배 한 개비 쥐어 물듯
빠따슈

아빠가 도넛 모양으로 내뿜은 담배 연기가 사라지는 순간에 난 이 세상에서 최고로 맛난 빵은 공기처럼 가볍고 달콤하리라 생각했었다. 아삭하며 입에서 바스러지는 슈. 성냥 긋는 순간의 불꽃처럼 경쾌하고, 입안으로 뿜어져 나오는 크림이 혀를 감싸며 허공조차 감미롭다.

에클레어와 쿠키슈만을 전문으로 하는 부티크 프랑스에서 공수해 오는 원재료에 제철 과일은 SSG에서 사오는 김민정 대표. 예술적 감각과 맛, 영양을 살려 스스로가 매혹될 수 있는 디저트를 만들고 싶었다고 한다. 쿠키슈는 바삭함과 고소함이 강점이고 에클레어도 풍부하나 달지 않다. 드디어 에스프레소에 어울리는 디저트를 발견했다. 김민정 대표는 감각적인 에클레어를 세상에 내놓은 뒤 파운드 케이크 전문점 '일파운드', '크로크무슈by Cantine'으로 그 영역을 확장하고 있다. '깐띤(Cantine)'이란 프랑스어로 '간이식당'이라는 의미로 가벼운 셔츠 차림으로 걸어와 편안하게 식사할 수 있는 따뜻한 샌드위치 가게이다. 크로크무슈 빵으로는 직접 만든 호두빵, 현미밥빵, 청양고추빵 등을 선택할 수 있다. 빵과 치즈, 가벼운 토핑의 센스로 녹아든 샌드위치가 맛있다.

ADD 서울시 강남구 신사동 520-12
OPEN 12:00~20:00
CLOSE 일요일, 공휴일
TEL 02-3446-4762
PARKING 인근 공영주차장
MENU 쁘띠 에클레어(말차/망고/바닐라 3,500원, 티라미스 4,500원) 아메리카노 4,000원

ISYFOODLE #에클레어보석같아 #눈감기는맛 #김민정대표 #기획력여신 #반지보다디저트 #날개가있다면 #디저트와인 #1파운드 #크로크무슈바이깐띤 #프랑스보다낭만적인

화이트 치즈케이크의 오후
부티커리 미엘르

화이트 치즈케이크과 커피의 오후. 친구는 카페로 와 먼저 기다리고 천천히 조심히 오라며 카톡으로 보내온 문자 한 통. 내가 널 보는지 알고 있을까. 네가 볼 때도 보지 않을 때도 곁에 있음을. 좋은 것만 주고파서 이곳으로. 화이트 치즈케이크가 순수한 디저트 카페.

ADD 서울시 서초구 동광로 93
OPEN 11:00~23:00
TEL 02-522-3464
MENU 커피 및 음료 4,000~6,000원대, 수제 케이크(화이트 치즈케이크/갸또 쇼콜라/말차 케이크 6,000원대), 발로나 더블 초코 쿠키 3,500원, 앉은뱅이 밀 휘낭시에 2,500원, 브런치 1만 원대

ISYFOODLE #최상급재료 #엄지아대표 #잘뽑아낸손맛 #케이크의절정 #브런치도좋아서 #소중한친구는여기서 #서래마을아지트

좋은 것만 주고 싶은 사람은 이곳에서 만나요 옷을 사다 보면 슬슬 기성복에 싫증을 느껴 점점 맞춤복을 그리워하게 된다. 원단은 좋게, 내 몸에 딱 맞게, 그리고 싫증나지 않게. 그러다 보면 자연히 클래식함으로 되돌아간다. 기본이 좋으면 유행을 타지 않는다. 중후한 멋이 있으면 그 울림이 깊다.

먹는 것도 이런 클래식함으로 돌아간다. 내 몸에 들어가는 재료니 식재료는 믿을 만하게, 맛의 하모니는 들쭉날쭉함 없이 조화롭도록. 이러한 이유로 미엘르를 찾는다. 디저트와 차 모두 엄지아 대표가 절정의 재료를 골라 만드는 곳. 그녀는 '부티크'와 '베이커리'를 조합해 '부티커리'라는 명칭을 처음 쓴 사람이다. 오랜 시간 서래마을에서 살아왔기에 어느새 그 분위기를 닮아 있는 그녀. 그녀가 만드는 커피는 마일드하고 깊다. 원두 선별이나 로스팅 정도도 특별히 '편안함'에 코드를 맞추었다. 대신 임팩트는 디저트의 재료에 있다.

화이트 치즈케이크는 우선 촉촉하고 견고한 듯 보이지만 커피를 만나면 크림처럼 녹는다. 프랑스 엘앤비르 크림치즈와 고메 버터의 풍미가 입안을 가득 채운다. 녹는 동안 마다가스카르 바닐라빈이 코에 향긋함을 전달. 그 위에 코팅된 화이트 초콜릿이 커피로 진정된 마음을 다시 한번 가볍게 업 시켜준다.

갸또 쇼콜라에는 약간의 밀가루가 들어가는데, 국산 앉은뱅이 밀을 썼다. 초콜릿 함량은 발로나 66% 까라이브 초콜릿. 초콜릿 특유의 달콤 쌉싸래함이 고스란히 살아 있다. 엘앤비르 버터와 생크림이 부드럽게 녹아 들어가기에 커피 한입과 먹으면 정말 치명적이다. 한 조각으로도 디저트가 줄 수 있는 기쁨의 최대치를 선사하는 초코 케이크.

말차 케이크는 진한 말차의 향이 말 그대로 달콤쌉싸름하게 어울리는 맛이다. 따뜻한 차 한 모금으로 녹아 들어가 마지막에 풍기는 향기는 오후를 향긋하게 한다. 거기다 시원한 녹차 젤라토를 함께 내어 주니 행복감이 더블. 몇 가지 안 되는 케이크이지만 그 시기에 맞는 가장 좋은 재료로 절정의 맛을 내는 곳이다.

미엘르에 가면 꼭 맛볼 수플레
미엘르의 수플레는 어느새 전설이 되었다. 계란의 폭신한 촉촉함에 진한 초콜릿의 매력이 스며든다. 한입 물면 피카니 짜릿하여 달콤함에 취한다. 아메리카노와 함께하면 치명적인 매력이. 휘낭시에는 국산 앉은뱅이 밀로 만든다. 최근 진정한 슬로우푸드를 지향하는 집들이 하나하나 빵으로 구워 내는 앉은뱅이 밀. 누르스름한 빛깔의 달금하고 구수한 맛. 달지 않고 촉촉하며 코끝에 과실 향이 맴돈다. 깊은 따뜻함을 주는 진저 허니라테와 함께하니 누군가에게 소울 메이트가 된다는 건 이런 느낌이구나. 빵에서 지혜를 얻는다.

너의 오늘이 씨앗 되어
오월의 종 + 커피 리브레

영등포 타임스퀘어점
ADD 서울시 영등포구 영중로 15(영등포동4가) 112호(구 경성방직 사무동)
OPEN 10:30~20:00
TEL 02-2636-3801
PARKING 타임스퀘어 주차장
MENU 오월의 종 크랜베리 바게트 3,000원, 포카치아 3,000원, 호밀 무화과(호밀 80%) 2,500원, 피자 바게트 3,500원, 크루아상 2,000원, 깜빠뉴 3,000원, 호두 앙금/흑임자 크림치즈 2,500원, 르방 크랜베리 3,500원
커피 리브레 아메리카노 4,000원, 카페라테 4,000원, 싱글커피 4,000원, 각종 리브레 원두 1만 원대

ISYFOODLE #오월의종 #정웅셰프 #커피리브레 #서필훈대표 #두남자의우정 #장인 #발효종의변천사 #데니쉬통밀강황식빵은와인안주 #모비딕 #치명적중독 #카페라테홀릭

울산 작은 양조장의 막걸리가 한 남자에게 가서 빵을 만드는 발효종이 되었고, 그의 보드라운 식빵은 한 여자에게 가서 비밀을 여는 열쇠가 되었다. 어쩌면 지금 내가 숨 쉬는 일분일초도 타인에게 날아가 무엇인가의 씨앗이 될지도 모를 일이다.

두 친구는 어깨를 기대어 꿈의 가게를 만들었다 영등포 타임스퀘어에 있는 '오월의 종' 정웅 셰프와 '커피 리브레'의 서필훈 대표는 빵의 진정성과 커피의 진정성을 몸소 실천하는 사람들로 업계 사람들로부터 인정을 받고 있다. 특히 정웅 셰프는 빵을 만든 지 20년이 다 되어 간다. 베이커리의 새로운 트렌드로 불리는 그는 그저 빵이 좋아서 빵을 굽는 사람이다. 건강한 빵을 만든다고 하기보다는 부담 없이 먹을 수 있는 빵을 만든다는 신념을 가지고 마트에서 흔히 보이는 곰표밀가루로 빵을 만드는데 평범한 재료로 최상의 맛을 이끌어 내니 과연 장인의 손맛이라고 할 수 있다. 특히 이곳의 빵은 한국 사람의 입맛에 최적화되어 있어 손님의 80%가 단골이다. 그리고 나머지 20%는 먹고 난 다음 날부터 단골이 된다.
정웅 셰프는 밀가루가 가지고 있는 촉촉함과 쫀득함, 부드러움과 은은한 달콤함을 빵 한 조각에 꽉 들어차게 굽는다. 이는 밀가루의 선정, 반죽, 성형, 굽는 온도의 완숙한 조화가 있기에 가능한 일이다. 그리고 그 옆에서 서필훈 대표는 깊고도 산뜻한 맛을 지닌 커피를 뽑는다. 생두 산지에 직접 가서 생두를 고르고, 로스팅하고 완벽하지 않으면 과감히 버리는 것이 일상이다. 최고의 산도와 향미를 잡아 내는 서필훈 대표의 이러한 완벽주의 덕분에 오늘도 우린 그윽한 풍미의 커피를 즐길 수 있다. 본래 이곳은 옛 경성방직 터에서 영업을 하다 지금은 영등포 타임스퀘어에 입점하게 되었는데 이 역사적인 건물만큼은 경석방직에서 고유 가치를 지니고자 보존하고 있다. 빵과 커피, 그리고 예술이 함께하는 공간은 젊은 예술가에게 무료로 대관해주기도 한다. 붉은 벽돌의 경성방직 옛터는 현재, 빵 굽는 온기와 커피의 향기, 예술 작품의 멋스러움이 어우러진 공간으로 탈바꿈하였다.

Mini Interview

with '오월의 종'
정웅 셰프

빵 만드신 지 오래되셨죠?
아니요, 17년밖에 안 됐어요.

빵이 거의 다 팔렸네요.
손님의 80%가 단골이라 사가는 손님들이 또 찾아오세요. 그래서 팔릴 만큼만 빵을 만드는 거죠.

어떻게 빵을 만드시게 되셨어요?
빵 만드는 것 자체가 좋았어요. 만들수록 재미있어진다고 할까.

오늘 특별히 제 눈에 들어온 빵입니다. 강황 앙금빵. 다른 곳에서 볼 수 없었던 제품인데, 제품 구상은 어떻게 하시나요?
지인이 강황이 몸에 좋다 하니 빵에 넣어보라는 조언을 해 주셨죠. 그래서 시도해 봤는데 반응이 괜찮았습니다. 일반적으로 일본의 카레빵이 속을 야채와 카레로 넣는 것과는 달리 반죽하는 단계에서 강황 가루를 넣습니다. 입에 넣은 첫맛은 커리 향이 아주 잠깐 느껴지다 식감이 더욱 쫄깃해지는데 이는 강황 가루를 반죽하는 과정에서 넣었기 때문입니다. 달콤한 앙금과 빵이 어우러져 경쾌한 식감이 살아납니다. 단맛이 은은해서 카레의 향과 부드럽게 어울리게 되죠.

건강한 빵을 만드시네요.
그건 아니고요. 사실 건강하려면 빵을 먹지 말아야 해요. 그보다는 만약 빵을 먹는다면, 식사 대용으로 하려는 분에게는 먹어도 속 편한 빵을 만들자는 것이 저희의 기본적인 마음이죠. 저희는 수입산 밀가루를 쓰지 않아요. 슈퍼에서 보이는 가장 흔한 국산 밀가루를 쓰거든요. 대신 오랜 시간을 들여 발효를 시킵니다. 반죽과 숙성에 정성을 들이는 거죠.

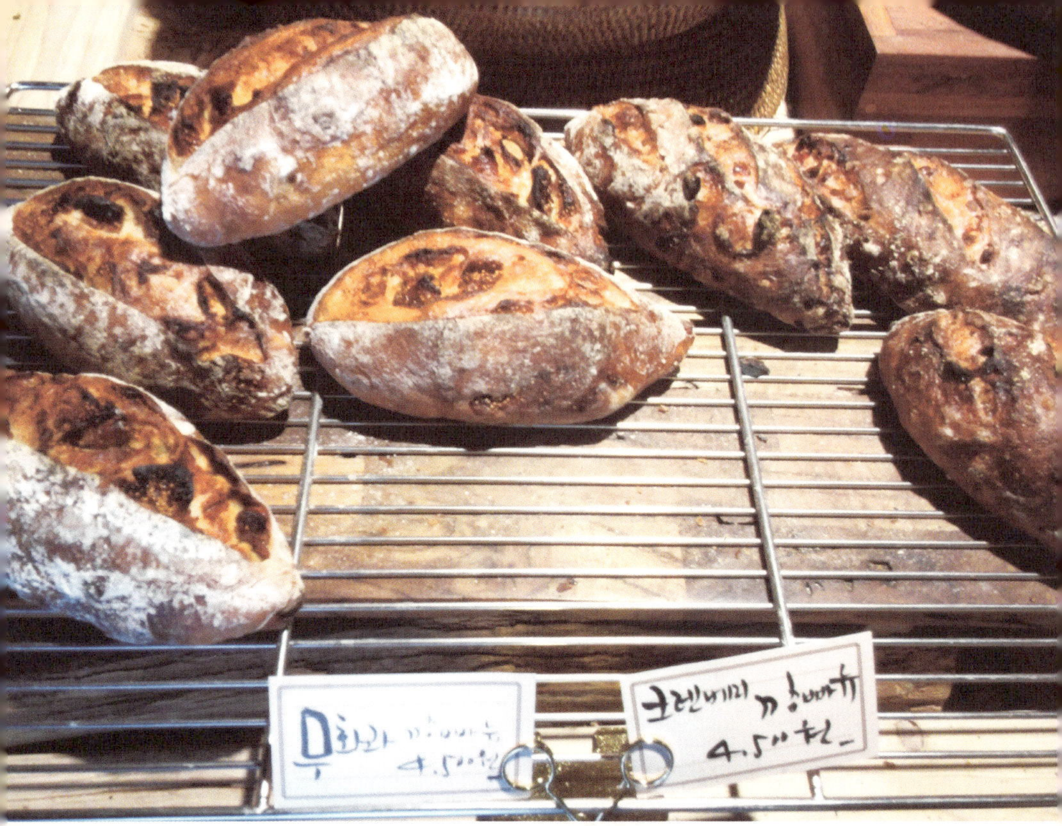
무화과 깜빠뉴
4,500원
크랜베리 깜빠뉴
4,500원

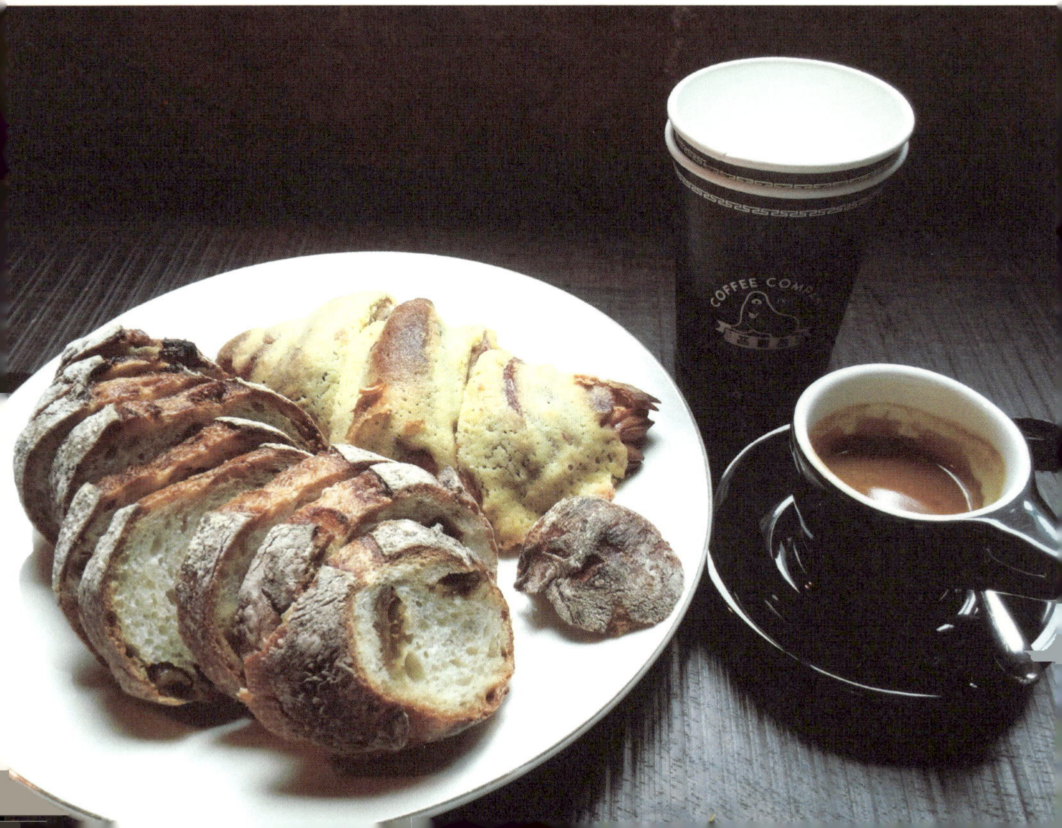

그 남자의 작업실
프린츠 커피 컴퍼니

ADD 서울시 마포구 도화동 179-9
OPEN 평일 08:00~23:00, 주말 10:00~23:00
TEL 02-3275-2045
PARKING 인근 도화동 주민센터 공영주차장
MENU 에스프레소 3,800원, 아메리카노 3,800원, 카푸치노 4,300원, 크랜베리 깜빠뉴 4,500원, 크루아상 2,500원, 크랜베리 스콘 3,000원, 옛날 샌드위치 4,000원, 생크림빵 2,800원

ISYFOODLE #천재들의모임 #커피와빵의최고조합 #김병규대표 #허민수셰프 #빵의타임머신 #전경미컵테이스터 #김도현로스터 #박근하바리스타 #송성만바리스타 #물개박수 #그옛날한옥집 #도화동집값오름 #전무후무

무화과 깜빠뉴는 소리 없이 정직하게. 옛날 크림빵은 에스프레소 마신 자도 딸바보 미소 짓게. 산딸기 크루아상. 긴 하루 지친 자도 초승달빛 단꿈 꾸게. 쫓고 쫓기는 자가 코를 골며 자는 동안 먼저 일어나 새벽불 밝히는 건 그 남자의 빵 작업실.

커피계의 슈퍼스타와 베이커리 천재가 뭉친 카페 작업실의 네모난 창으로 허민수 셰프가 정성을 들여 맛난 빵을 따끈하게 구워 내는 모습이 보인다. 귀한 손님과의 대화 자리에 이 빵만큼 불 밝히는 촛불이 없다. 우리나라를 대표하는 커피계의 슈퍼스타와 베이커리 천재가 뭉친 카페로 국내뿐만 아니라 해외에서 실력과 열정으로 더 유명한 사람들이다. 여기에서는 꼭 에스프레소를 마신다. 생두부터 로스팅, 블렌딩까지 신뢰할 만한 사람들이 뽑은 한 잔이기에. 거기다가 갓 구워진 크루아상은 낭만적인 짝이 된다. 겉은 바삭하고 속은 촉촉하다가 에스프레소에 회오리쳐 입 안에서 녹는다. 그만큼 커피는 커피답게, 빵은 빵답게 절정을 맛보여 주는 곳이다. 맛뿐만 아니다. 2층 한옥집을 근사하게 고치고 편안한 우드톤 테이블에 추억의 팝송까지 드라마틱하게 흐른다.

대외적으로 BK라 알려져 있는 로스터이자 생두감별사인 김병기 씨가 대표로 있는 곳. '카페뎀셀브즈' 로스터 출신의 김도현, '커피 대통령(커통)'이라는 별명을 가진 바리스타 박근하(2013 한국 바리스타 챔피언 · 국가대표 바리스타), 바리스타 대회 첫 출전부터 3년 연속 파이널리스트 진출로 평균 성적 1위를 자랑하는 '무관의 제왕' 송성만, COE(Cup Of Excellence) 커퍼 전경미, 그리고 '커피 템플'로 유명한 창작 메뉴 국가대표급 바리스타 신채용 씨까지 합류했다.

커피의 본질을 제대로 된 빵이 살린다. 지하에 있는 빵 공장에서 늘 행복한 마음으로 빵을 굽는 허민수 셰프. 홍대 인근 '오븐과 주전자'를 정리하고 이제는 프린츠에만 열중이다. 커피를 사랑하는 작가들도 조용히 들어와 커피 한 잔 털고 가는 곳.

자유를 되돌려 준 샌드위치
북스쿡스

봄바람 부는 날엔 북카페에 가곤 해. 일평생 책과 여행을 떠나고 돌아온 사람이 있는 곳. 한옥의 고즈넉한 지붕 아래에는 언제나 바삭하게 구운 치아바타의 향이 가득. 바비큐가 듬직한 쿠바 샌드위치 한입 물고, 투명한 럼의 가슴에 라임 향기 그득한 쿠파 리브레를 한 모금 꿀꺽. Viva! Cuba Libre!

ADD 서울시 종로구 가회동 177-4
OPEN 10:00~22:00
TEL 02-743-4003
PARKING 인근 공영주차장
MENU 쿠바 샌드위치와 쿠바 리브레 2만원, 커피 5,000원

지붕 높은 한옥에서 인생의 책장이 눈앞에 펼쳐지는 곳 가회동에 있는 북카페 〈북스쿡스〉의 정영순 대표는 음식과 책을 친구삼아 세계를 여행했다. 최근에는 지인들과 쿠바 여행을 다녀온 후 현지 쿠바 샌드위치와 쿠바 리브레를 테이블에 내어 놓았다. 반응이 폭발적이다.

요즘에는 쿠바 샌드위치를 쉽게 찾아볼 수 있는데 굳이 이곳을 선택한 이유는 엄선된 식재료 때문이다. 빵 사이에 두툼하게 깔린 구운 고기는 경상북도 영천 대림축산으로부터 직송 받은 돼지를 바로 마리네이드한 것인데 쿠바에서 맛보고 배운 그 향미 그대로 조미한 후 저온으로 오래 로스팅하여 지방을 빼낸다.

쿠바 리브레(Cuba Libre)는 럼과 콜라, 그리고 라임으로 연출하는 봄날의 칵테일이다. 건배할 때는 "Viva Cuba Libre"를 외친다. 일반적으로 쿠바 리브레를 파는 곳 대부분이 쉽게 구할 수 있는 바카디를 쓰지만 북스쿡스에서는 오리지널 하바나 클럽 럼을 쓴다.

ISYFOODLE #한옥아늑한북카페 #정영순대표 #쿠바샌드위치 #여행자의꿈 #세계모든요리책 #자유로움 #일요일장터 #빵순이장터 #아름다운여인

하는 마음, 파는 마음
라본느 타르트

타르트 만드는 마음이 파는 마음과 같다면 트랜스지방인 마가린 쇼트닝을 버리고 밀가루와 우유는 유기농으로. 풍미는 퓨어버터, 단맛은 무농약 쌀조청으로. 가게를 열기 전 친환경 고구마, 단호박, 블루베리, 사과를 주문. 10년간 미쳤다는 소리를 들었지만 타르트에 미쳐간 건 10년 단골손님들.

ADD 서울시 서대문구 대신동 90-1 국제빌딩 1층
OPEN 09:00~18:00(일요일・공휴일 10:00~22:00)
TEL 02-393-1117
PARKING 30분 무료
MENU 사과 타르트 4,500원, 호두 타르트 3,500원, 블루베리 치즈타르트 4,500원, 초콜릿 반 치즈 반 타르트 4,500원

이대 후문에 있는 고즈넉한 베이커리 이대 출신 김희연 대표는 2004년에 처음 문을 열고 11년째 아침 재료 준비로 분주하다. 성형과 굽기는 스태프가 할지언정 좋은 재료를 엄선하고 농장과의 관계를 만들어 나가는 건 최우선적으로 대표가 나서야 하는 일이기 때문. 타르트 가게에서 시작해 주식이 될 만한 신선한 빵으로 천천히 범위를 넓히고 있는 중. 마카다미아가 층층이 올라간 초콜릿 마카다미아 타르트가 가장 인기 있으며 유기농 블루베리 타르트, 사과 타르트는 상큼함이 살아 있다. 촉촉한 치아바타에 팥소가 들어 있는 앙버터도 그만. 소중한 사람의 생일이면 종종 라본느 타르트의 미니 타르트를 선물한다.

ISYFOODLE #유기농타르트 #좋은타르트라는의미 #김희연대표 #이대교수님완소선물 #식사빵도좋아서 #고즈넉히티타임 #미니타르트는선물로

건강빵과 브런치가 대화를 불러
롤링핀

방배점
ADD 서울시 서초구 방배동 751-3, 2층
OPEN 09:30~22:30
TEL 02-599-0668
MENU 브런치 4종 9,000원~1만2,000원, 치즈 케이크 및 녹차롤 4,500원

ISYFOODLE #언니와동생의힘 #이숙은대표 #이지은매니저 #건강빵 #대화를부르는브런치 #치즈케이크는향긋해 #식빵명가 #손님한분귀한곳 #원칙을지키는삶 #식사빵이좋은곳

장사를 한다고 해서 삶의 가치관이 변하는 건 아니에요. 건강한 빵을 만들고 사람들과 모여 음식을 나누고 조금 더 적극적으로 행복해지고 싶어서 이 일을 하게 된 거죠.

건강하고 쫄깃한 식빵으로 유명한 곳 롤링핀 방배점은 브런치 메뉴로 인기가 더 높다. 이숙은 대표는 식품영양학을 전공한 후 미국에서 빵을 배웠고, 동생 이지은 매니저는 고객 서비스의 전문가이다. 천연효모로 숙성시킨 빵이 신선하니 브런치의 격은 자연스레 올라간다. 진한 과일 향과 질 좋은 치즈로 향미와 영양도 잡는다. 수제 햄과 스크램블 에그도 입에서 살살 녹아. 생각이 변하면 음식이 변하고 음식이 제대로라면 사람이 행복하다. 치즈 케이크는 고소하면서도 개성 있는 맛이다. 좋은 크림치즈를 많이 넣는 대신 당도를 조금 낮추었다. 가운데 블루베리 잼을 더하니 뉴욕 스타일과 블루베리 치즈 케이크를 두 개 사먹는 선물을 받은 기분. 위에는 마카다미아를 듬뿍 올리니 고소하다. 캐러멜 시럽도 향미가 잘 어우러진다.

롤링핀이 특별한 체인이 된 이야기 롤링핀은 압구정에서 유명한 동네빵집이다. 작지만 잘 만들어진 빵, 건강빵으로 입소문이 난 후 지점이 생겨났는데 단순한 문어발식 확장이 아니라 빵을 제대로 굽는 사람들에게만 혹은 교육을 제대로 시킨 제과장을 보낸 후에만 지점을 내어 주는 시스템을 갖추었다. 물론 롤링핀의 중심이 되는 식빵과 건강빵들은 공통적으로 맛을 유지하고 있으면서도 동네에 맞게 브런치도 하고 디저트도 개발해서 매 지점마다 다른 느낌을 준다. 그래서 지역에 문을 연 매장들이 이슈가 되었으며 대표적인 곳이 '롤링핀 방배점'이다.

언니는 빵을 구울게, 동생아 서비스를 부탁해 롤링핀 방배동은 브런치 카페로 인기가 많다. 제과제빵 기능장인 이숙은 대표와 동생 이지은 매니저의 환상 조화가 극강의 케미스트리를 만들어 내는 곳. 이숙은 대표는 롤링핀 본점 못지않은 빵을 만들어 내며 입맛이 깐깐한 동네 아주머님부터 반하게 만들었고, 서비스업의 전문가 이지은 매니저는 눈높이에 맞게 손님들을 맞이하니 그 어떤 공간보다 따스한 느낌으로 가득하다.

방배 롤링핀, 이곳의 빵이 맛있는 이유 언니 이숙은 기능장은 식품영양학을 전공한 후 미국에서 빵을 공부하고 한국에 돌아왔다. 동생 이지은 매니저는 프랜차이즈 가게를 몇 개 운영하면서 고객 서비스에 관한 탁월한 전문가가 되었다. 이숙은 기능장은 유럽 스타일의 식사빵과 페이스트리, 제과류를 두루 섭렵했으며 좋은 재료를 쓰고, 정성을 들였을 때 빵의 맛이 제대로 산다는 것을 누구보다 잘 알고 실천하는 사람이다. 본점에서 잘 만드는 빵은 그만큼 잘 굽고 본점에 없는 요소들까지 깨알 같이 많다.

빵이 맛있으니 브런치도 산뜻 우선 실하고 알찬 브런치 메뉴. 수제 소시지에 삼삼한 스크램블 에그, 치즈와 베이컨으로 짭짤한 감칠맛을 살린 한 접시. 샐러드 야채도 결이 살아 있으며 오렌지와 자몽을 아낌없이 섞어 소스 역할을 제대로 한다. 이는 롤링핀의 쫀득하면서 겉은 바삭한 식사빵과 참 잘 어우러지며, 먹물식빵은 그 고급스러움을 살린다. 본사에 없는 케이크와 마카롱, 롤 케이크도 맛있다. 전체적으로 라이트한 느낌. 요거트 생크림이 롤지와 잘 어우러져 상큼하나 식감이 부드러우면서도 묵직한 편이어서 커피와 참 잘 어울린다.

Mini Interview

with 이숙은 대표
이지은 매니저

이숙은
"늦은 나이에 제과제빵의 길로 들어섰어요. 그래서 더 애착이 가나 봐요. 아침 일찍 나와서 천연으로 키운 종으로 반죽을 하고 빵을 구워요. 그리고 그날 팔지 못하는 빵은 정리를 하지요. 원칙을 지키는 삶을 살아왔습니다. 음식은 만들어 나누는 것이 미덕이라고 배웠어요. 그래서 장사를 한다고 해서 이런 삶의 원칙을 깨뜨리는 게 싫었답니다. 사는 모습 그 자체로 가족들에게 먹이는 마음으로 빵을 구워요."

이지은
"저희 동네는 유동인구가 많은 편은 아니에요. 저희를 알고 오는 손님이 대부분이죠. 그리고 주민들이 많으세요. 그러니 한 분, 한 분 소홀히 대할 수가 없어요. 그분들이 원하는 것을 맞춰 드리는 공간. 사랑스러운 롤링핀이 되고 싶거든요."

빵 한 봉지 사가고 잊혀지는 공간이 아닌 동네 사랑방이 되고 싶다지만 이곳은 이미 건강빵과 좋은 브런치를 찾는 사람들이 멀리서도 찾아가는 명소가 되었다.

아빠가 널 지켜줄게
파파스
해피 파이

인생은 상향선과 하향선으로 이루어진다. 절벽이 아니라 파이처럼 동글동글 에둘러 간다. 엄지로 누른 도우가 바탕이 되고, 한시 방향에 가득찬 베리베리로 상큼 충전, 여섯시 방향 호두로 고소함 충전, 아홉시 방향 홍옥으로 낭만충전, 잘 구운 파이 한 판은 행복 한 조각이 된다.

한지에 적힌 손편지의 정성 식재료가 몸에 미치는 영향을 오랜 시간 동안 연구한 이건수 대표가 딸에게 좋은 것만 먹이고 싶은 마음으로 매일 파이를 굽는다. 유기농 통밀과 호밀을 배합하고 프랑스 최고급 무염버터로 풍미를 잡는다. 설탕은 최소한으로 쓰고 되도록이면 과실의 단맛이나 메이플 시럽으로 대체한다. 블루베리와 과실류는 냉동이 아닌 제철 유기농 생과일을 쓴다. 계란마저 무항생제 인증을 받은 방사유정란으로. 한 조각 먹고 있으려니 보살핌과 사랑을 듬뿍 받는 느낌이다. 이건수 대표는 식재료와 맛에 대해 엄격한 사람이다. 방부제나 화학적 첨가제를 일체 사용하지 않음은 물론 엄선된 유기농 재료를 파이에 가득 얹어 낸다. 따로 인건비가 들지 않고 가게 임대료도 부담 없기에 남는 돈을 재료 사는 데 쓴다.

이렇듯 좋은 재료를 쓰기에 기본적인 맛은 인증 받은 셈. 거기에 맛의 조율을 고급스럽게 했다. 파이 도우는 두껍지 않다. 쿠키와 페이스트리의 중간 맛. 부서지지도 않고 눅눅하거나 하지도 않다. 바삭거림과 보드라운 존재감으로 그 안의 맛을 감싼다. 블루베리와 라즈베리는 과즙이 살아 있는 생과일 맛. 피칸과 호두파이는 두툼하니 고소한 맛이다. 아이들뿐만 아니라 어른들 와인 안주로도 좋다.

특히 인상 깊었던 것은 호두파이다. 다른 제과점이 단호박을 쓰는 것과는 달리 국내산 늙은 호박을 선택했다. 약로서의 가치나 자연스러운 단맛을 자랑해 그 가치가 훌륭하지만 특유의 텁텁함과 느끼함으로 제과 재료로서는 외면 당하던 늙은 호박. 호박의 단점은 보완하고 장점을 최대화하기 위해 이 대표는 수많은 조율의 과정을 거쳤다. 그러면서 2014년, 한국 최초의 늙은 호박파이를 선보이기에 이른다. 할머니 댁의 구수함과 프랑스 들녘의 낭만이 적절히 섞여 있다. 생 초콜릿 같은 달콤 씁싸래함이 커피 중에서도 에스프레소나 탄 맛이 나는 스타벅스 커피와 잘 어울린다. 와인과도 훌륭한 매칭.

만약 제철 우리 식재료로 특별한 파이를 개발해 낸다면 우리나라를 대표할 만한 파이로서도 충분한 자격이 있다. 재료 선택, 만드는 과정에 정성이 많이 들어간 파이. 2014~2015년에 만난 가장 훌륭한 수제 파이다. 매장은 경기도 부천에 있으며 그리 크지 않지만 동네에서부터 입소문이 나서 서울 청담동에서도 주문해 먹는 파이로 유명하다.

ADD 부천시 원미구 상2동 564-3, 103호
TEL 070-7517-7129
MENU 모둠파이(제철 과일파이, 메이플 호두파이 등으로 구성) 3만1,000원, 메이플 호두파이 3만원, 블루베리 치즈파이 3만2,000원
+TIP 받을 날짜에서 2일 전 주문. 전화하면 파파님이 취향과 입맛에 맞게 베스트 파이를 추천해 주고 아이스패킹되어 최상의 상태로 전국 배송된다(택배비 별도).

ISYFOODLE #아빠의마음으로 #이건수대표 #식재료엄선 #냉동식재료따윈없어요 #피칸과호두가득 #유기농재료 #와인과어울리게 #늙은호박의우아함 #계피향센스 #택배로보내는완벽한선물 #친절한안내문자

울려 퍼져요
종소리 머핀
길트프리

누군가가 나의 건강을 기도하고 행복한 오후의 시간을 선물한다면, 그 사람을 위해서만 살아도 되겠습니다. 촉촉한 바나나 머핀과 커피 한 모금. 내버려둔 꿈에 나를 적셔도 좋겠습니다.

WEB http//www.guiltfreebakerykorea.com(온라인숍만 운영. 주문·결제하면 택배로 배송된다)
MENU 더블 초코 머핀 3,500원, 얼그레이 머핀 3,500원, 바나나 초코칩 머핀 3,500원, 단호박 무화과 머핀 4,200원, 길트프리 머핀 선물세트 2만5,000원

6가지 유해 요소를 뺀 건강한 머핀 바나나 초코칩 머핀은 바나나의 진한 달콤함이 커피를 통해 확 퍼지며 기분 좋은 힘을 준다. 당근 머핀은 한입 물면 아삭한 코코넛이 함께 씹히며 상큼하니 토끼가 된 기분. 얼그레이 머핀은 씹을수록 고급 홍차의 향이 입에 감돈다. 미국 거주 시절부터 오랫동안 건강에 좋은 빵을 연구한 리사 리(Lisa Lee) 대표. 흰 밀가루, 버터, 설탕, 우유, 계란, 방부제를 빼고 몸에 들어가 고스란히 자연이 되는 천연재료들로 대체하여 꾸준한 연구 끝에 달촉튼(달콤촉촉튼튼) 머핀을 만들어 냈다. 음식을 타인의 손에 맡기는 시대에 이런 시도는 언제나 반갑고 고맙다.

ISYFOODLE #건강한데맛있어 #촉촉달콤 #리사리셰프 #6가지무첨가 #노버터노우유노계란 #비건베이킹 #아토피아이에게 #천연재료로충분해 #귀중한선물 #디저트의뉴스타

팥을 잘 다루면 인생이 러블리
팥고당

잘 여문 팥을 통통 삶아 얇은 빵의 속살 사이로 폭. 녹차크림 퐁당에도 빠져 러블리해지는 팥빵. 그윽한 계피 향이 나는 팥죽에서는 길 떠나는 나그네 맛이 나네.

ADD 서울시 강남구 역삼동 830-38
OPEN 10:30~22:00
TEL 02-552-1379
MENU 녹차크림빵 2,700원, 팥고당 팥빵 2,000원, 호도견과단팥빵 2,500원, 팥죽 7,000원, 팥빙수 7,000원, 찰밥 팥떡 2,500원

팥을 잘 아는 사람만이 만들어 낼 수 있는 맛 팥 갤러리 같은 매장에서 소량씩 팥을 삶아 구수한 향을 낸다. 여기 팥빵을 상견례 때 선물하여 예비 장모님께 사랑을 듬뿍 받고 있다는 청년의 이야기도 들린다. 녹차크림빵이 맛있고 팥죽은 비 오는 날 좋다. 빙수도 깔끔한 곳. 찰밥 팥떡은 식사로 인기가 많다. 팥을 주제로 한 전문점 중에서도 손맛이 으뜸인 곳이다.

ISYFOODLE #팥천재 #녹차크림빵에빠져

비 오는 거리의 젤라토
일 젤라또

비 오는 월요일. 우산 없이 거리를 걸으면서 젤라토를 사 먹는다. 홀로라도 멋있는 인생은 원래 이 맛이에요. 오 솔레 미오.

ADD 서울시 강남구 논현로 175길 61
OPEN 11:30~23:00
PARKING 인근 공영주차장
MENU 한 가지 맛 4,000원, 두 가지 맛 5,000원, 세 가지 맛 6,500원

ISYFOODLE #이태리장인 #젤라토는건강해 #쌀젤라토 #이태리보다맛나요 #생크림에와플얹어

이태리 장인이 손수 만든 리얼 젤라토 우유의 고소함, 커피의 이끌림, 천연과즙의 상쾌함이 쫀득하게 어우러지는 맛이다. 16세기부터 이태리에서 먹기 시작한 젤라토, 클래식의 가치로 호흡하고 두 살부터 젤라토를 먹고 자란 미케레 까발라로(Michele Cavallaro) 셰프와 오랜 이태리 유학을 마친 후 젤라토의 삶을 사는 백지현 대표의 공동작품. 이태리에서는 식욕이 없는 아이들에게 젤라토를 먹이라고 권장하기도 한다. 견과류, 커피 시럽과 어울리는 젤라토는 깔끔한 디저트로 그만이다. 서울에 살고 있는 이태리인이나 프랑스인들에게 이곳은 벌써 믿고 찾는 아지트가 되었다.

손님의 취향을 물으며 젤라토를 추천하는 배려심도 한몫한다. 젤라토 위에 생크림을 살짝 올리고 와플쿠키를 얹는다. 크림의 부드러운 풍미, 쿠키의 바삭함, 젤라토의 상큼함이 하나로 조화되는 맛. 젤라토의 문화를 함께 나누고 싶다는 젤라토 장인 미케레 까발라로, 하나하나 만드는 과정을 고객들과 함께하기 위해 주방도 통유리로 마감했다.

일 젤라토에서 가장 맛있게 먹었던 것은 쌀 젤라토(Riso Giacomo)이다. 쌀알이 젤리처럼 쫀득하다가 레몬 향 흩날리는 한입에 녹는다. 세계 최고의 젤라떼리아로 선정된 볼로냐 소르베테리아 지아코모 선생님으로부터 직접 사사받은 작품. 이탈리아인들조차 밀라노보다 더 맛있는 젤라토라며 엄지를 들었다.

16세기부터 이태리에서 만들어 먹었다는 젤라토. 꽁꽁 언 아이스 상태가 아니라 우유와 과즙이 입에서 바로 녹아 풍미를 만끽할 수 있는 온도에서 만들어지기에 바로 먹는 게 중요하다. 이곳을 리얼 젤라토라 말하는 이유는 만드는 방식 때문이다. 젤라토 메이커의 명가 에페(Effe)의 기계를 이태리에서 바로 들여왔다. 이 기계는 전자동이 아니라 한 개의 날만을 사용하여 인간의 손과 최대한 비슷하게 원액을 주무른다. 젤라토계의 슬로푸드라 할 수 있다.

Interview

월드 브래드 마스터인 제프리 해멀먼이 한국을 방문한다는 어마어마한 소식을 듣고 가슴이 뛰었다. 전 세계 베이커들의 바이블로 불리는 책 『Bread』의 저자이기도 한 제프리 해멀먼. 그 책으로 빵을 공부하고 있는 사람들은 이렇게 말한다. 그저 기술의 전달이 아니라고. 제프리라는 한 사람이 책장에 들어와 "빵은 이런 것이니 이렇게 대하도록 하세요."라고 말을 하는 것 같은 느낌이라고. 빵을 만드는 사람들은 그를 멀리 있지만 가장 힘이 되는 동반자라 말한다. 아티장 베이커스의 모태성 셰프의 번역으로 『Bread』는 한국어로 출간되었다.
35년 동안 빵을 굽고 빵을 가르친 월드마스터. 그에게는 빵을 만드는 것이 어려울까 아니면 가르치는 것이 어려울까. 그는 가르칠 때가 훨씬 애로사항이 많다고 했다. 빵은 재료를 마주하고 혼자만 잘 해도 되지만 빵을 가르친다는 것은 사람과 사람의 커뮤니케이션이기 때문. 자신이 아무리 잘 가르친다 해도 상대를 이해하지 못하면 제대로 된 빵을 만들게 할 수 없으니 이 또한 가르치는 자의 책임. 빵이라는 연결고리로 세상의 동반자를 만들어 가는 마스터 베이커. 빵을 통해 세상과 사람이 연결되는 한 그에게 있어 빵은 네버엔딩 스토리다. 책과 빵을 가운데 두고 월드 브래드 마스터와 이야기를 나누었다.

제프리 해멀먼 Jeffrey Hamelman

책 『BREAD』의 저자이며, 미국 베이킹 업계 최고 전문가에게만 수여하는 마스터(MASTER) 영예를 지닌 베이커다. 미국 국가대표 베이킹팀 팀 리더 및 감독을 역임하였으며 미국의 역사와 품질에서 최고의 권위를 지닌 킹 아서 플라워(King Arthur Flour)사에 합류, 1999년 전문 베이커리와 베이킹 교육 센터를 개설했다. 미국 브래드 베이커스 길드(Bread Baker's Guild)가 주관한 대회에서 골든 바게트상을 수상하였으며 현재 매월 3주간의 시간은 베이커들과 함께 토론하고 배움을 주고받으며 현장에서 활동 중이다.

음식은 사람과 사람간의
관계입니다

제빵을 시작하게 된 계기

청년 시절 존스홉킨스 대학에서 인류학을 전공했습니다. 그런데 공부를 할수록 중요한 무엇인가를 놓치고 있다는 느낌이 들었어요. 그 갈증이 심해진 나머지 2년 반 만에 중도 하차하고 귀농을 결심했죠. 그러나 펜을 잡고 있던 손으로 농사를 잘 지을 리 만무했어요. 돈을 벌지 못해 살림은 가난해지고 열정은 점차 재가 되었습니다.

그러던 어느 날 농장 인근에 작은 독일식 빵집이 문을 열었어요. 빵이 고급스럽진 않았으나 맛과 모양이 특별했고 무엇보다 주변에 진열된 독일산 식재료에 마음을 빼앗겼습니다. 당시 저는 돈이 없어서 신선한 빵은 엄두도 못 내고 날짜가 지난 빵들을 사서 먹곤 했어요. 그리고 진열대에 놓인 따끈따끈한 빵들은 저의 삶에 대한 열정을 다시 불타오르게 했죠.

정말 빵을 만들고 싶었어요. 그래서 주인에게 일자리를 청했는데 단번에 거절당했죠. 농사 짓는 미국인이 무슨 빵이냐. 여주인은 애원하는 저를 거들떠보지도 않았어요. 그렇다고 물러설 제가 아니죠. 두 번 세 번 찾아갔다가 이래선 안 되겠다 싶어 직접 구운 빵을 들고 여주인의 집까지 찾아간 거예요. 정신없이 달려가 보니 새벽이더군요. 파자마 차림으로 나온 여주인은 어이가 없었는지 고개를 흔들며 그럼 한번 나와서 빵을 구워보라고 결국 승낙을 했어요.

당신에게 있어서 빵은 어떤 의미인가

과거와 현재를 잇는 하나의 연결고리입니다. 영어에는 동반자를 뜻하는 'Companion'이라는 단어가 있어요. 이 어원을 보면 라틴어로 'Com'은 '함께'라는 뜻이며 'Pan'은 '빵'을 의미합니다. 동반자란 인생에서 빵을 함께 나누어 먹는 사람을 의미해요. 예로부터 빵은 삶의 근원이 되는 음식입니다. 빵이라는 매개체로 인해 사람이 모일 수 있었던 거예요.

베이커는 농사꾼과 닮았어요. 손으로 무엇인가를 만들어 내는 일을 한다는 점에서요. 가장 원초적인 노동이자 산업의 근간이 되는 일이에요. 사람의 생명이든 경제 시스템이든 건축물이든 그 근간이 튼튼하지 않으면 하루아침에 무너질 수 있습니다. 저는 묵묵히 그 근간을 만들고 싶었어요.

빵을 만드는 시간

빵을 만드는 동안 저는 늘 알람시계와 사투를 벌였습니다. 일을 매일매일 새벽 3시 반에 시작했어요. 새벽에서 밤으로 이어지는 고된 작업은 쉬운 일이 아니었습니다. 그러나 해가 뜨면 사람들이 저의 빵을 기다리고 그 한입으로 살아갈 힘을 얻는다는 생각에 게으름을 피울 수 없었어요. 베이커로서 빵과 사람에 대한 책임감과 사명이 어느덧 몸과 마음에 배인 것입니다.

빵을 만드는 젊은이들에게

자신이 젊다고 생각하고 더 크게 되고 싶다면 훌륭한 빵집에서 일하는 기간을 거치세요. 반드시! 작업장 안에서는 자존심을 버리고 겸손해야 합니다. 기술이 좀 늘었다고 이것저것 만들 수 있다 해서 자만하면 끝입니다. 개인 베이커리가 꿈이라 해도 오픈 시기를 될 수 있으면 늦추세요. 제 주변에는 개인사업을 하다가 다시 다른 사람 밑으로 들어가는 경우가 많아요. 상당히 어려워하지요. 그러나 성숙한 사람들은 그것을 해냅니다. 자존심과 자만은 지독한 독이에요. 자신이 아직 부족하다는 생각으로 임하세요. 전 세계 훌륭한 제과·제빵 명장들은 한결같이 겸손한 성품을 지녔습니다. 자존심을 버리고 겸허함을 택했기 때문에 명장의 반열에 오를 수 있었던 거예요.

행복한 베이커가 되는 길
세상의 모든 베이커들은 새벽에 일어납니다. 미국에서 빵을 만드는 사람도 한국에서 빵을 만드는 사람도 새벽 별과 함께 작업장에 들어가요. 어찌 보면 굉장히 외롭고 고독한 직업이에요. 그래서 동료들과의 커넥션이 상당히 중요합니다. 서로가 구운 빵을 내놓고 함께 나눠 먹고 토론하면 서로 배우며 성장해 나갈 수 있어요. 저와 함께 모인 사람들은 빵이 존엄성으로 가득한 음식이기를 희망합니다. 그저 제품으로만 인식하면 서로 베끼고 싸우고 그 가운데 본질이 변하기 때문이죠. 적어도 빵을 하겠다고 결심한 사람은 자신에게 있어 빵의 의미에 대해서 다시 한 번 생각해봐야 해요. 빵으로 떼돈을 벌겠다는 사람은 오히려 다른 일을 찾는 편이 나으니까요.

좋은 빵을 고르는 방법
38년간 빵을 만든 저라 일반 소비자와는 관점이 다를 거예요. 가장 일반적인 이야기를 하자면 빵에 들어가는 재료가 천연에서 온 것들을 구하세요. 슈퍼마켓에서 유통기간이 열흘에서 한 달까지 가는 빵들은 계량제나 유화제를 굉장히 많이 써요. 이는 이미 생명을 잃은 빵입니다. 그보다는 그날 구운 신선한 빵을 사세요. 기계가 찍어낸 빵 말고 개인이 만든 빵을 사세요. 그 이유는, 빵이든 야채든 어떠한 음식 뒤에는 사람이 있습니다. 음식은 사람과 사람간의 관계예요. 개인 베이커들은 빵을 반죽하고 구워 내는 과정에서 빵의 생명을 살리는 시간이 있어요. 먹는 이들에 대한 존엄이죠. 빵을 만드는 일이란 상당히 힘든 작업인데 이러한 사명감 없이는 빵을 만들어 낼 수 없어요. 생명에 대한 존엄으로 만들어 내는 빵, 그래야 먹는 사람들도 빵을 먹을 때 자연스럽게 감동과 에너지를 얻을 수 있습니다.

절대적으로 맛있는 빵, 누구나 먹고 맛있다 할 만한 빵은 존재할까
빵이든 음식이든 자신의 취향에 따라 맛을 느끼기 마련이에요. 좋은 재료로 열과 성의를 다했다고 해도 모든 이를 만족시킬 수는 없습니다. 그러니 혼자 고민하지 마세요. 빵을 나누고 맛에 대해서 이야기하세요. 물론 시간과 노력이 들 테지만 그럴수록 빵을 통한 만족감의 범위는 커져나갑니다. 내 빵이 최고라는 생각은 베이커의 치졸한 오만입니다.

한국 베이커들에게 느끼는 인상은 어떤가
한국 베이커들은 정말로 믿기 힘든 열정을 보여주었어요. 베이커로서 갖추어야 할 세 가지, 섬세함, 헌신적인 사명감, 열정과 성실성. 이 모두를 갖추었습니다. 세계 최고라고 말해도 될 거예요. 열

심히 배우고 싶은 그 눈빛에 저도 허투루할 수 없었습니다. 투철한 직업정신과 전문성도 높이 삽니다. 그들과 함께한 시간은 최근 저에게 너무나 큰 행복감을 주었어요.

미국 베이커리 트렌드에 대해서

간단히 '로컬푸드(Local food)' 라는 말로 정리가 되겠네요. 거대한 베이커리 체인점이 아니라 로컬빵집이 대세입니다. 그 집에서 쓰는 빵은 그 근거리에서 자란 밀로 만들어요. 그리고 그 주에서 자란 밀의 품종이 베이커리의 빵 종류를 결정하죠. 베이커들도 그렇지만 미국의 소비자들도 이젠 좋은 빵에 대해서 교육이 많이 된 상태예요. 같은 돈을 내고 화학첨가제 덩어리를 사던 과거에서 이제는 밀의 종류, 빵의 반죽법, 맛과 영양의 균형감을 꼼꼼히 비교하며 빵을 선택하고 있어요.

물론 미국에서도 '글루텐프리(Gluten free)'의 개념이 식품업계의 주요 키워드가 되기도 했습니다. 그러나 이는 전체적인 빵 시장에 영향을 미치는 수준은 아니에요. 일부 인스턴트 식품을 경계하기 위한 조율책 역할일 뿐이었죠. 좋은 밀로 소금과 함께 잘 반죽되고 구워진 빵은 건강을 해치지 않습니다. 빵이 바로 인류를 키운 음식이기 때문이죠.

당신의 집밥은, 그리고 소울푸드는 무엇인가

일 년에 한 번씩 오리를 사요. 그리고 가족들과 함께 프랑스 남부 스타일로 오리를 다듬어 마늘과 소금으로 하룻밤 재어 두고 집 뒤뜰에 모닥불을 피워 고기를 구워 먹어요. 참 행복한 시간입니다. 맛도 좋지만 사람들과 모여서 먹는 그 시간이 행복해요. 물론 제가 가장 좋아하는 음식은 빵이에요. 하루에 주된 시간을 빵을 만들고 일주일에 일곱 번 빵을 먹지요. 야채는 텃밭에서 가꾸어 먹고 직접 기른 배추로 김치도 담가서 먹어요. 거의 스스로 키운 식재료로 식사를 하기 때문에 음식의 생명에 대해서 늘 감사하게 된답니다.

앞으로의 꿈은

미국 조지아 주에서 메인 주까지 하이킹을 하고 싶어요. 총 2,271 마일 정도 되는 코스죠. 이 거리를 하이킹할 수 있다는 것은 그만큼 신체나 마음이 건강하다는 것을 의미해요. 몸과 마음의 컨디션을 그 정도로 유지하고 싶은 게 저의 솔직한 꿈입니다.

정직하게 굽는 빵
어니스크

머리를 쓰는 이는 화려한 성의 문지기가 되었고, 마음을 쓰는 이는 겸손한 마을의 주인이 되었다.

방배점
ADD 서울시 서초구 방배동 920-29
TEL 02-521-0010

서초점
ADD 서울시 서초구 서초동 1698-33 지앤지빌딩 1층
OPEN 07:00~22:00
TEL 02-537-5094
MENU 크랜베리 천연발효빵 4,800원, 무염 소보로 2,000원, 저당 단팥빵 1,500원, 화이트 폴리쉬 바게트 3,500원, 무화과 천연발효빵 4,800원, 참 에멘탈 3,000원, 곡물 식빵 4,500원

정직하게 빵을 만든다(Honestly make Bread) 방배동에 있는 작은 빵집으로, 정직하게 빵을 만드는 권순만 셰프가 있는 곳이다. 빵에 소금을 넣지 않는 무염빵을 구워 내고 천연발효종으로 숙성시킨다. 딱딱해서 다소 먹기 불편했던 발효빵을 촉촉하고 폭신폭신한 식감으로 바꿔 놓았다. 식사빵인 식빵은 우리나라 우수 산지의 잡곡들을 한 조각에 모았다. 아담한 가게에 끊임없이 주민들이 찾아들면서 빵도 먹고 주인장도 찾고 동네 사는 이야기도 나눈다.
권 대표가 무염빵을 만들게 된 원인은 아내의 건강을 위해서였다. 신장이 좋지 않은 아내도 행복하고 맛있게 아무런 걱정 없이 먹을 수 있는 빵을 고민하다가 무염빵을 만들기에 이른다. 밀가루의 글루텐을 활성화시키는 소금을 과감하게 빼고 그 대신 얼음으로 반죽의 온도를 낮추어 자신만의 레시피를 개발, 독특하고 맛있는 식감마저 잡았다. 권 대표의 빵맛과 건강함을 맛보면 팬이 되는 것은 한순간. 전국에서 택배로 주문해 먹는 단골이 많다. 2015년 9월, 서초동에 2호점을 오픈하고, 방배점에는 없었던 테이블을 구비하여 손님들에게 더욱 안락한 공간을 마련했다. 다양한 샌드위치와 수제 젤라토, 잘 조율된 커피의 맛이 먹는 행복감을 더해주기도. 권순만 대표는 2014년 우수숙련기술인으로 선정되었다.

ISYFOODLE #정직하게만들고 #정직하게굽습니다 #권순만셰프 #무염빵 #저당베이킹 #no계란no버터no설탕no소금빵도 #이게가능해 #아내사랑 #당뇨에부담없이 #소화잘되는빵 #자연에서얻은효모

눈 감고도 맛있을 수 있어
아티장 베이커스

좋은 빵이란 무엇일까요. 밀이 자란 세상에서 소금과 물이 만나고 사람의 손을 빌어 시간과 불이 구워낸 음식. 겉은 견고하나 속살은 꿈결 같이 버터 향이 층층. 나비 날개 팔랑거리며 단호박 치아바타. 저녁 들녘 호박색이 노랗게 물들어 풍년이 든 마을처럼 푸근하다.

ADD 서울시 용산구 한남동 30-3 1층
OPEN 10:00~21:00
CLOSE 일요일
TEL 02-749-3426
MENU 바게트 3,500원, 잡곡롸우겐 3,500원, 단호박 치아바타 3,000원

빵 하나에도 생명이 있다고 믿는 모태성 셰프의 베이커리 모태성 셰프는 빵 하나에도 생명이 있다고 믿는다. 빵의 종류에 따라 최적의 밀을 사용하고 장시간 키워낸 발효종 사워도우로 조용히 숙성시킨다. 먹는 이들에게 최고의 식감을 선물하기 위해 새로운 빵 하나를 개발하는 데도 반죽하고 성형하고 굽고 버리고 하기를 수천 번해서 합격을 받는 빵들이 이 작은 베이커리를 가득 채우고 있다.
오랜 시간 발효된 자연스러운 빵은 더부룩한 속까지 편안하게 소화시킨다. 눈을 감고도 구별해 내는 빵. 이렇듯 좋은 빵이란 분명 존재한다. '아티장 베이커스'를 다녀오면서 향긋한 믿음이 생겼다. 모태성 셰프는 그가 빵을 만드는 데 영감을 준 도서 『Bread』를 더 많은 사람들과 공유하고자 번역자로 나섰으며 저자 제프리 해멀먼 장인을 한국으로 초청해 함께 공부하는 시간을 마련하기도 했다.

ISYFOODLE #정직한빵 #숨쉬듯살아있어 #모태성셰프 #브래드번역 #사워도우 #좋은빵은존재한다

백 년 후 빵집 전설
루스티크

옛날 옛적 호랑이가 빵 뜯어 먹던 시절. 용이 하늘을 날기 위해서 17년간 빵을 반죽했던 아득한 시간. 제 하나의 이름으로 세상에 드러나니 마음으로 구워 내는 빵이 나온다. 거칠고도 투박하나 손님의 몸을 살리는 천연발효빵. 여의주가 빛나며 하늘로 오르는 빵의 전설이 이곳에 있다.

ADD 서울시 서초구 서초동 1523-7
OPEN 08:00~23:00
TEL 02-423-7776
MENU 통밀칠공 5,200원, 크랜베리 깜빠뉴 5,000원, 쇼콜라 깜빠뉴 5,000원, 슈발츠 초코 케이크 6,000원, 바게트 샌드위치 6,000원, 팥빙수 9,000원

자연스럽고 편안한, 구수한 향이 가득한 빵집 발효빵이 대중화되면서 웬만한 발효빵에 대해서는 만족하지 못 할 때 루스티크를 찾는다. 빵집의 이름은 단지 밀과 소금, 그리고 천연발효종과 시간으로만 구워낸 빵을 의미한다.

'제빵계의 성시경'이라 불리는 성시학 셰프. 대한민국 제과기능장이자 빵에 건강을 담는 사람이다. 그의 여의주는 밀, 사람, 시간이 만든 천연발효빵이다. 서초동 건강빵집으로 유명한 루스티크에서는 흰 셔츠를 입은 성 셰프가 여전히 손님의 사랑을 듬뿍 받고 있다.

특히 이곳의 베스트셀러는 통밀칠공이다. 통밀 70%, 호밀 30%의 비율에 크랜베리, 에멘탈 치즈, 롤치즈를 풍성하게 넣어 씹을수록 고소하고 풍미 넘친다. 바게트 샌드위치는 6,000원이 채 안 되는 가격대에도 잘 구워진 빵, 질 좋은 햄과 치즈, 아삭한 양상추로 파워풀한 듬직함을 갖추고 있다.

여름에는 팥빙수가 인기절정이다. 그해 당도가 가장 높은 국산 팥을 엄선하여 셰프가 직접 팥을 쑨다. 신선한 우유꽃을 흩날리며 입에 녹는 맛. 팥은 오동통 알이 살아 있고 부드럽게 터지다가 영양이 된다. 팥 더미 아래 깔린 우유꽃과 그 아래 다시 한 층의 팥. 그 흔한 젤리 토핑 하나 없지만 달콤함, 고소함, 신선함, 깔끔함으로 꽉 차 있는 팥빙수다.

ISYFOODLE #루스티크 #고객이만드는빵 #성시학셰프 #빵이소화제 #빵의감칠맛 #케이크도맛있어 #커피의어시스트 #고메팥빙수 #한번가면단골되는 #가족적

Mini Interview

with 성시학 셰프

눈에 보이지 않지만 기본을 제대로 지키는 사람의 음식. 성시학 셰프의 초코 케이크인 슈발츠토르테를 두고 짧은 대화가 오고 갔다. 케이크 하나에도 셰프의 철학이 층층이 쌓여 있음을 느낄 수 있어 루스티크의 빵과 케이크를 맛보는 걸 가히 예술적 체험이라고도 할 수 있겠다는 생각이 들었다.

슈발츠토르테는 한국인들에게 인기 있는 초코 케이크 중 하나다. 정통 독일식 맛을 내기 위해 어떻게 빵을 만드나
체리와 체리술, 초콜릿의 조율에 신경을 씁니다. 독일의 클래식한 기반을 바탕으로 하되 당도나 식감은 우리 입맛에 맞게 재해석했습니다. 특히 너무 단 것을 싫어하시는 취향을 잘 알기에 체리를 통해 당도를 조절했어요.

체리에서 잘 조율된 달콤함이 느껴진다. 비결이 있다면
체리는 일반 당절임 통조림을 구입하지 않아요. 죽기 전에 맛보아야 할 식재료 중 하나로 꼽히는 그리오트(Griotte)(체리의 일종으로 '신버찌'라고도 불린다)를 들여와 직접 설탕에 처리를 하지요. 그러면 제가 원하는 달콤함의 정도를 잡아낼 수 있어요.

촉촉한 초코시트는 어떻게 만드나
초코시트를 만들 때는 발로나 코코아만 써요. 다른 것을 쓰면 코코아 유지 함량이 낮아서 식감이 퍽퍽해 목이 막혀요. 케이크는 촉촉함이 생명인데 그럼 안 되죠. 크림은 동물성 생크림만 써요. 유지방이 조금 높아야 하는데 신선한 동물성 생크림은, 특히 국내산 생크림은 너무 보드라워서 힘이 없어요. 그래서 케이크를 만들고 냉장고에서 숙성을 시킨답니다. 그래야 조금 힘이 붙어요.

케이크를 먹으면 입속에 기분 좋은 잔향이 남는다
저는 케이크에 리퀴드를 잘 쓰는 편이에요. 체리술을 먹고 나면 입에 깔끔한 느낌이 나거든요. 케이크 맛에는 크게 영향을 주지 않으면서 잔향이 은은하게 남아요. 기분 좋은 잔향이라고 느끼신 게 바로 적당량으로 가미된 체리술일 겁니다.

지칠 때는 없나
왜 없긴요. 쉽게 가고 싶죠. 그럴 때마다 힘이 되어 주는 사람은 누나예요. 너의 빵을 먹는 사람들이 너를 키워준다고, 그 한 분, 한 분께 고마운 마음을 갖고 있어야 손끝의 빵이 맛있어진다고 항상 이야기하죠. 빵은 제가 만드는 것이 아니에요. 이 작은 베이커리를 찾아주시는 분들이 애정으로 반죽하고 성숙되게 구워 주시는 겁니다.

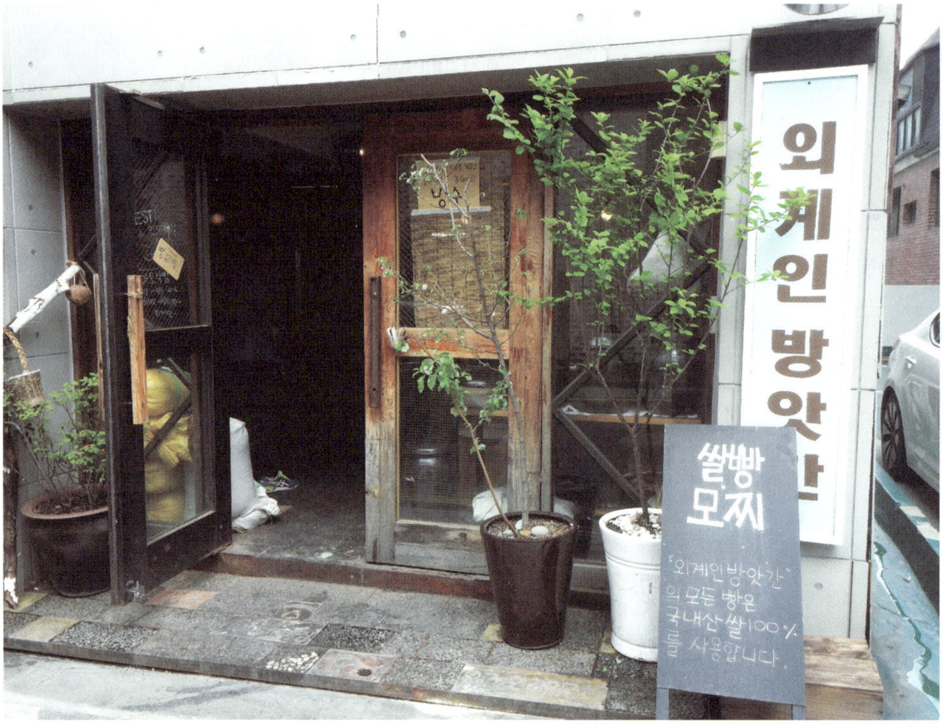
외계인 방앗간
쌀빵
모찌
'외계인방앗간'
의 모든 빵은
국내산쌀100%
를 사용합니다.

Bugia

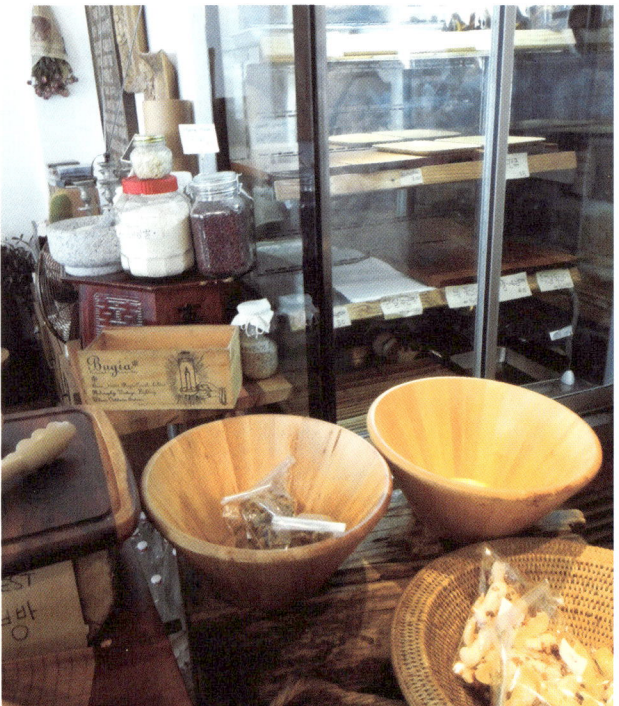

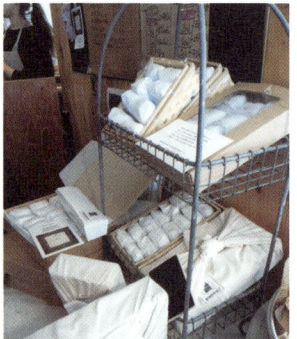

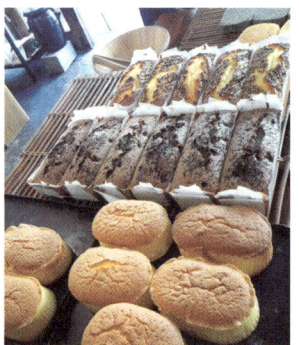

할머니가 아가 보듯
외계인 방앗간

ADD 서울시 강남구 논현동 33-3
OPEN 10:00~21:00(빵 나오는 시간 10:00, 15:00)
TEL 02-3444-5554
MENU 아토 식빵 4,000원, 쌀 팥빵(저당) 2,500원, 쑥 찹쌀떡 2,000원, 올리브빵, 옛날 카스테라 3,000원

ISYFOODLE #쌀발효종 #흑미쌀백미쌀 #고구마전분 #정수된솔잎물 #한번먹으면단골 #어르신들효도빵 #택배도인기 #손에감기는폭신함 #얼굴파묻고싶어

엄마는 잔칫날 아침이면 밤새 불려둔 쌀을 이고 방앗간으로 갔다. 쌀이 포슬포슬, 김이 모락모락. 쌀을 숙성시켜 빵을 굽는 동네 쌀빵집. 아침에 구워 나오는 쌀식빵은 할머니 손이 아기를 쓰다듬는 듯하고, 통팥이 그득한 팥빵과 찹쌀떡은 목장우유 탓에 쫄깃쫄깃. 시골집 워낭소리로 퍼진다.

쌀로 만든 쌀빵집 국산 쌀 100%로 밤낮을 지새우며 만든 빵이다. 김성훈 대표는 맛있고 속 편히 먹을 수 있는 쌀빵을 만들기 위해 쌀가루와 사탕수수원당, 그리고 일정량의 물을 항아리에 담아 수일 발효시키고 그 발효종의 도움과 손반죽의 힘으로 촉촉한 식감의 빵을 구워낼 수 있었다.

No 버터, No 설탕, No 계란으로, 소화가 잘 되고 알레르기 반응을 일으키지 않는 아토 식빵은 아이들 엄마에게 뽀로로급의 인기를 자랑한다. 국산 팥과 호두를 듬뿍 넣는 단팥빵은 흥부가 박타듯 반을 가르면 그득한 팥이 가득하고 찹쌀떡은 쑥맛, 깨맛, 호박맛, 콩가루맛과 어우러져 혀에 찰싹 달라붙는다. '쌀빵'이라 적고 글루텐을 첨가하는 곳과는 엄연히 다르니 새로운 빵이나 늘 밥상에 올랐던 것처럼 친근하다.

epilogue
에 필 로 그

위대한 셰프가 되기 전에 위로하는 셰프가 되어라.

어느덧 셰프와의 만남을 통해 기록한 그들의 맛집에 대한 이야기가 책 한 권이 되었다. 그중에는 미디어에 이름을 올리며 매일마다 사람들이 줄을 서는 곳도 있었고 깊은 시간을 홀로 버티며 오랜 단골들이 조용히 드나드는 곳도 있었다. 맛집의 한결같은 공통점은 주인의 얼굴에 진심이 담겨 있다는 것이었다.

"부족하지만 잘 드셨나요?"
"다시 와 주셔서 감사합니다."
"음식은 어떠셨어요?"
"다음에 또 오세요."

이 네 마디로 음식을 내어 왔고 손님이 밥을 먹는 내내 부족함이 없도록 주위를 맴돌았다. 손님은 안다. 그 음식이 얼마만큼의 솜씨와 정성으로 만들어졌는지, 신선한 재료인지 눈속임은 아닌지. 진심 어린 음식으로 대하면 손님은 진심 어린 관심으로 답했다. 맛집이란 단순히 맛있는 식당이 아닌 맛으로 지어낸 따뜻한 집이었다.

그 울타리 안에서는 주인도, 손님도 식구가 된다. 내 집으로 가면 찬밥으로 때웠을 것을 그 울타리 안에 가서 위안을 맛보았고, 홀로 밥을 먹었으면 기운 없이 잠들 것을 둘러앉아 나눠 먹어 사랑을 맛보았다.

오늘도 수많은 사람들이 길거리로 쏟아져 식당을 드나든다. 빼빼한 지하철에서 스마트폰으로 맛집을 검색하고 블로그에 맛집에 대한 기록을 올린다. SNS에 올린 음식 사진이 자신의 얼굴보다 많은 메모리를 차지한다. 무엇을 먹었느냐가 그 사람의 삶을 엿보는 창문이 된 요즘. 음식을 만드는 사람과 음식을 먹는 사람 간의 연대는 더욱 끈끈해진다.

이제 나의 황금수저는 갈수록 빛을 발하고 있는 중이다. 좋은 음식에 닿을 때마다 자연의 숨과 향기가 고스란히 배어들고 있기 때문. 물론 음식은 사람의 일이라. 어떤 날은 간이 덜 맞고 어떤 날은 미지근하기도 했지만 좋은 음식을 만들어야 한다는 그 마음이 평범한 쇠수저도 황금빛으로 물들이는 작고도 향긋한 기적을 만들었다.

손과 손이 맞닿은 음식 한 그릇.
마음으로 대접하고 마음으로 쓱쓱 비운 음식 한 그릇.
위대한 음식을 만들기 전에 삶을 위로하는 음식이 되라고 오늘도 나의 식당은 밥 짓는 향기로 따스하다.

셰프의 맛집

초판 1쇄 | 2015년 12월 2일
초판 2쇄 | 2015년 12월 21일

지은이 | 임선영

발행인 겸 편집인 | 유철상
책임편집 | 장다솜
디자인 | 서은주
교정·교열 | 장다솜
마케팅 | 조종삼, 임지연

펴낸 곳 | 상상출판
주소 | 서울시 동대문구 정릉천동로 58, 103동 206호(용두동, 롯데캐슬피렌체)
구입·내용 문의 | **전화** 02-963-9891, 070-8886-9892 **팩스** 02-963-9892
이메일 | cs@esangsang.co.kr
등록 | 2009년 9월 22일(제305-2010-02호)
찍은 곳 | 다라니

※ 가격은 뒤표지에 있습니다.

ISBN 979-11-86517-40-6(13980)

© 2015 임선영

※ 이 책은 상상출판이 저작권자와 계약에 따라 발행한 것이므로
본사의 서면 허락 없이는 어떠한 형태나 수단으로도 이용하지 못합니다.
※ 잘못된 책은 구입하신 곳에서 바꿔 드립니다.

www.esangsang.co.kr